옛그림속
양반의
한평생

옛그림 속 양반의 한평생

허인욱 지음

2010년 9월 6일 초판 1쇄 발행
2024년 5월 20일 초판 4쇄 발행

펴낸이 한철희 | 펴낸곳 돌베개 | 등록 1979년 8월 25일 제406-2003-000018호
주소 (10881) 경기도 파주시 회동길 77-20 (문발동)
전화 (031) 955-5020 | 팩스 (031) 955-5050
홈페이지 www.dolbegae.co.kr | 전자우편 book@dolbegae.co.kr

책임편집 조성웅·김보경 | 편집 이경아·소은주·좌세훈·권영민·김태권·김진구·김혜영
표지디자인 이석운 | 본문디자인 박정영·이은정 | 인쇄 한영문화사 | 제본 한영제책사

ISBN 978-89-7199-384-2 (03910)
책값은 뒤표지에 있습니다.

이 도서의 국립중앙도서관 출판시도서목록(CIP)은 e-CIP 홈페이지
(http://www.nl.go.kr/cip.php)에서 이용하실 수 있습니다.(CIP제어번호: CIP2010001398)

옛 그림 속
양반의 한평생

허인욱 지음

돌베개

차례

책머리에 009

양반은 어떻게 살았을까 013

1장   **조선의 할아버지, 육아일기를 쓰다**
　　　　출생에서 돌잔치까지

대만 이어 준다면 020 | 한 해를 견딘 대견함 025 |
검동이 보러 어서 집에 가고 싶네 030

2장   **책벌레가 되어야 한다**
　　　　아이들은 서당에 다녔네

서당은 언제부터 있었을까 040 | 놀림 받는 훈장님 047 |
서당은 누가 세웠을까 051 | 매일매일 읽고 외우고 검사받다 054 |
즐거워라, 책시리 날이라네 063 | 한 빈에 급제하라 069

3장 시집가고 장가오는 게 이리 힘들어서야
인륜지대사, 혼례

여섯 가지 순서를 꼼꼼히 따졌을까 076 | 사모관대 쓰고 백마 타고 가네 081 |
신랑·신부 절하시오 090 | 이제 시댁으로 갑니다 094 |
옛사람들도 이혼·재혼이 가능했을까 103

4장 가문의 영광을 위하여
관리의 등용문, 과거 시험

막고 막고 또 막아라, 부정시험 112 | 이게 무슨 과거장인가 122 |
무예가 출중한 자들의 경합장, 무과 131 | 말 타고 활쏘기가 그리 쉬운가 138 |
신고식을 해야지 ─ 방방의와 신은래 143 | 임금이 축하하고 사흘을 뽐낸다 150

5장 일인지하 만인지상을 향하여
조선 양반네들의 관직 생활

신참내기의 신고식 168 | 출세를 하려면 '청요직'을 거쳐야 173 |
목민관으로 나가다 180 | 당상관에 올라야 왕을 제대로 모신다 184 |
일인지하 만인지상 188 | 일흔이 되면 사직서를 내다 191

6장　60이라는 특별한 축하
회갑·회혼례·회방

하늘이 여분의 삶을 주었다 202 | 혼인하여 60년을 해로하다―회혼례 211 |
급제 60년을 축하하다―회방연 219

7장　삶과 죽음의 갈림길
3년으로 부모의 은혜를 어찌 다 갚나

불러도 대답 없는 이름이여 228 | 저승사자를 대접하다 232 |
저승길 노자랍니다 237 | 보낼 준비를 하다 239 |
소생하기를 기다리다―소렴과 대렴 240 | 거친 삼베옷을 입고 지팡이를 짚다 242 |
가시는 길이 너무나 멀구나 245 | 망자의 집자리를 찾아 묻다 248 |
아직 보내지 않았네―제사를 지내다 255 | 3년 동안 생전처럼 모시다 259

조선 사회에서 양반으로 산다는 것 263

미주 281

책머리에

　몇 년 전, 대학에 '한국의 역사와 문화'라는 교양 강의를 진행하면서 어떻게 하면 학생들에게 우리 조상들의 모습을 제대로 이해시킬 수 있을지 고민한 적이 있다. 우리 조상들이 침입해 오는 적을 물리치기 위해 얼마나 애썼는지 문화 발전을 위해 얼마나 많은 정성을 쏟았는지 이야기하는 것도 중요하겠지만, 위인이 아닌 보통 사람이 태어나서 죽기까지 어떻게 일상을 영위했는지 살펴보고 싶었다. 당시에도 사소한 일에 울고 웃던 사람들이 많았으리라. 국가와 민족을 위해 자신을 희생하고 가족의 피해를 감내하는 '대인'이 아닌, 작은 이익을 얻으려고 타인을 등치고 슬플 때는 눈물을 흘리는 지극히 평범한 '소인'의 일상을 말해 보고 싶었다.
　평범한 사람들의 일상을 다루는 것이 과연 역사적으로 어떤 의미가 있는가 하는 고민도 해 보았다. 그러나 역사라고 하는 수천 년의 과거에는 '대의'를 위해 살다 간 소수의 위인보다 평범하게 자신의 삶을 살아 낸 보통사람이 대부분이었다. 그런 의미에서 이들의 평범한 삶을 이야기해 보는 것도 나쁘지 않을 것 같다는 생각으로 강의를 준비하게 되었다.
　강의를 준비하면서 가장 크게 고민했던 내용 중의 하나는 평범한 사람을 어떻게 정의할까 하는 점이었다. 신분제가 명확한 시기를 살았던 사람 중에서 어떤 계층을 평범한 사람이라고 해야 할지 결정하기가 어려웠기 때문이다. 일반적으로 농사짓고 세금 내는 백성을 평범하다고 할 수도 있지만, 많은 숫자를 차지하는 노비 등의 천민은 어떻게 봐야 할지, 또 양반이지만 크게 출세하지 못하고 시골 동네에 묻혀 일반 백성처럼 살다 죽은 사람은 또 어떻게 봐야 할지 등등 모든 것이 고민거리였다.

그러나 이러한 고민은 자료의 한계라는 난관을 만나면서 불필요한 것이 되었다. 전근대 시기에는 글을 아는 사람이 한정되어 있었고, 한자로 기록을 남길 수 있는 이들은 더욱 적었기 때문이다. 아예 글공부를 할 수 없는 것은 아니었지만 하루 벌어 하루 살기 힘든 일반 백성이나 글공부 자체를 하기 어려운 천민이 남긴 기록은 거의 없었다. 물론 사대부들이 남긴 문서를 통해 하위 계급에 위치한 사람들의 모습을 더러 찾을 수 없는 것은 아니지만 사대부의 관점에서 서술한 내용이었으므로 정확하다고 보기 어려웠다. 오랜 고민 끝에 양반의 일생을 재구성해 보아야겠다는 생각이 들었다. 지배층이고 조선 사회를 유지했던 핵심임에도 불구하고 정작 이들에 대해 아는 것이 별로 없음을 깨달았던 것이다.

'조선 양반의 일생'이라는 주제로 강의를 준비하면서 필자는 스스로의 한계를 절실히 느꼈다. 역사를 전공하지만, 아무래도 정치사 중심의 역사에 매몰되어 있다 보니 조상들의 일상 생활이나 그들이 입었던 옷, 그들이 치렀던 행사 등에 대해서는 문외한이었던 것이다. 우리 조상들의 일반적인 삶이 머릿속에서 구체적으로 그려지지가 않았다. 스스로도 명확하게 이해하지 못하면서 학생들에게 설명한다는 것은 어불성설이었기 때문에 여러 자료를 통해 당시 모습을 재구성하려고 애썼다. 이때 조선시대 풍속화가 많은 도움을 주었다. 이전부터 이러저러한 이유로 풍속화에 관심이 많았고, 주제에 따라 나름대로 분류해 둔 적이 있었던 덕분이다. 문헌과 그림 외에 부족한 부분은 민속학 분야를 참고하여 사회상을 재구성할 수 있었다. 이렇게 재구성한 글 중 일부는 2006년 『마음수련』이라는 잡지에 연재하기도 했다.

우리 조상들의 삶을 규모 있게 정리해 보려고 했지만 부족한 점이 많다. 혹여 잘못된 부분이 있다면 질정을 바란다. 부족한 강의를 듣느라 고생하고 필자가 생각지도 못했던 부분을 지적해 준 학생들에게 고마움을 전한다. 못난 동생 걱정하느라 늘 노심초사하는 우리 가족과 관심을 가지고 지켜봐 주시는 주위 분들에게도 감사드리며, 마지막으로 올해 초 돌아가신 외삼촌에게 이 책을 바친다.

허인욱

양반은 어떻게 살았을까

유몽인柳夢寅(1559~1623)은 『어우집』於于集 후집後集 「조수재서재기」 趙秀才書齋記에서 양반兩班에 대해 이렇게 말한다.

우리나라에서는 사족士族을 귀하게 여겨 양반이라 부르는데, 양반이 된 자는 동반東班과 서반西班에 나간다.

동반과 서반, 즉 문관文官과 무관武官을 합해 양반이라 부른다. 기본적으로 양반은 조선 사회에서 가장 높은 사회 계급으로 사士·농農·공工·상商 중 사족에 해당하며, 정치에 참여할 수 있는 관료와 관료가 될 수 있는 잠재적인 자격을 가진 가문 그리고 사림士林이라 불렸던 학자 계층까지 포함된다고 한다.

그렇다면 양반은 어떤 사람들이었을까? 구한말 조선에서 이탈리아 외교관으로 근무했던 까를로 로제티Carlo Rossetti라는 외국인의 눈에 비친 양반은 아래와 같은 모습이었다.

한국을 실질적으로 통치하는 자는 귀족 계층인 소위 양반 계층이며, 관리는 대부분 이 계층이다. 중국과 마찬가지로 이론적으로는 몇몇 예외를 제외하고 누구나 관직에 들어갈 수 있어야 하나 거기에 받아들여진 사람은 양반뿐이다.

양반 계층 사람들의 중요한 특성은 어떠한 종류의 일도 하기 싫어한다는 것인데, 나라의 지도부에서 이러한 성향을 보이기 때문에 행정 전반에 만연하고 있는 내부의 무질서는 놀랄 일이 아니다. 더구나 이들은 누구도 생산적인 일에 참여하지 않는데, 그것은 노동이 자신의 품위를 떨어뜨린다고 믿기 때문이다. 따라서 이들 양반을 직·간접적으로 부양할 의무를 지고 있는 대중에게 양반이란 존재는 큰 부담이 될 수밖에 없다. 간혹 아주 빈곤한 상태로 전락한 양반도 적지 않은데, 이러한 상황에서도 자신의 생계유지를 위해 적당한 일거리를 찾는 것은 그들의 자존심이 허락하지 않는다. 양반에게는 일보다는 차라리 친구들의 도움을 얻거나 들붙어 살거나 사기 또는 기만에 의지하는 편이 더 품위 있는 일이다. 이상한 것은 이런 식으로 삶을 꾸려 가는 것이 전혀 수치스럽지 않고 오히려 한국인의 후한 마음에 영광스러운 것으로 받아들여진다는 것이다. 실제로 모든 부유한 양반의 주위에는 엄청난 수의 들붙어 사는 사람들이 모여 손님을 이룬다. 서울의 아주 부유한 몇몇 가정에는 가족의 구성원 중 자신의 생계를 도움에 의지하는 몰락한 친척, 하인, 양반 식객의 수가 3~4백 명에 이르는 경우도 있다.

매우 참담한 상태로 몰락한 양반일지라도 그 양반에게 당연히 표해야 할 존경을 부정하는 사람은 아무도 없으며, 반면에 아무리 유력한 관리일지라도 양반 출신이 아니면 그에게 존경을 표하지 않는다. 실례로 재무대신이며 황제의 총애를 받고 있던 이용익李容翊(1854~1907)은 당시 최고의 명예를 누리고 있었음에도 불구하고 나의 하인 중 그 누구도 나를 방문하러 오는 그에게 양반 출신의 다른 관리에게 보였던 존경의 절반도 표하지 않았다. 양반도 그들과 같은 계층에 속하는 사람들이 들어올 때는 규칙적으로 일어나 목례를 하다가도 이용익이 들어오면 자리에 있던 그 누구도 일어나려 하지 않았다.

까를로 로제티는 양반의 존재를 매우 부정적으로 서술하고 있는데, 이 글에서 재미있는 점은 재무대신으로 고종황제의 총애를 받고 있던 이용익을 보고 어느 양반도 인사를 건네기는커녕 자리에서 일어나지조차 않았으며, 심지어는 계급이 엄연히 다른 하인들조차도 다른 양반과 확연히 차이가 날 정도로 그를 대우했다는 것이다. 그는 사회 구성원들에게 철저히 무시를 당한 것 같다.

이용익은 함경북도 명천明川의 미천한 집안에서 태어난 것으로 알려져 있다. 조선을 건국한 태조 이성계李成桂(1335~1408)의 이복형 이원계李元桂(1330~1388, 완풍대군)의 후손이라고도 하지만, 열여덟 살에 금광으로 뛰어들었다는 점을 고려하면 한미한 집안 출신이었을 가능성이 높다. 지금까지도 이 점에 대해서는 논란이 있는데, 까를로 로제티의 언급대로라면, 적어도 그 당시 사람들은 이용익을 양반으로 생각하지 않았던 것 같다.

여하튼, 이 글을 통해 양반이라는 존재가 구축한 공고했던 계층의 벽을 느낄 수 있다. 아무리 유능해도 양반이 아니면 제대로 대우받지 못하는 사회가 조선이었다. 그러한 사회의 주축이었던 양반, 그들이 어떻게 살았을까 하는 궁금증이 이 글을 쓰게 된 가장 큰 동기였다.

이 글은 누구나 잘 안다고 생각하지만 정작 아무것도 제대로 알고 있지 못한 양반의 일생을 일반인도 쉽게 이해할 수 있도록 그림과 글로 재구성한 것이다. 지금부터 조선시대의 대표적인 풍속화인 '평생도'를 보면서 태어날 때부터 죽을 때까지 양반의 삶을 가벼운 발걸음으로 따라가 보자.

1장

조선의 할아버지, 육아일기를 쓰다

출생에서 돌잔치까지

붓을 집으니 문장으로 대성하고
활을 잡으니 무예도 출중할 것이며
쌀을 집은 것으로 보아 건강할 것이니
어느 하나 우리 손주에게 나쁜 것이 없겠구나

명종明宗 6년(1551) 정월 초5일에 경북 성주星州에서 한 아이가 태어났다. 그 아이의 이름은 이수봉李守封이었다. 아이의 할아버지 이문건李文楗(1494~1567)은 손자의 탄생을 맞아 이런 감격을 쏟아 놓았다.

> 이리하여 (대를 이을) 맏아이를 내려 주셨으니, 이것이 천세의 경사를 연 것이며, 이것이 가통을 계승하는 것이며, 이것이 곧 만복의 근원을 베풀어 주신 것입니다. …… 잇고 잇고 또 이어서 가문을 끝없이 보존하고, 자자손손 세대를 유지하여 끊어지지 않게 하여 주소서.[1]

이 글은 손자 수봉이 출생하자 할아버지 이문건이 천지신명에게 올린 「양초문」禳醮文의 일부이다. 할아버지의 이런 감사에도 불구하고 이수봉은 큰 이름을 얻는 인물도 되지 못했고, 그저 그런 양반으로 살다가 죽었다. 하지만 손자 수봉으로 인해 적어도 이 집안은 대를 이었다. 글에서도 알 수 있듯이 대를 잇는 것 자체가 엄청나게 중요한 일이었다. 전통적인 가부장제 사회에서 대를 잇는다는 것, 즉 아들을 낳는 일은 부모로서의 행복에 앞서 조상에게 갖추어야 할 예이자 다해야 할 도리였으며, 이는 18세기 이후 조선시대 사람들의 임무이자 숙명이었다.

대만 이어 준다면

오늘날에도 아이를 가지지 못하는 사람들은 온갖 방법으로 '기원'을 하는데, 대를 잇는 일을 중시했던 옛사람들은 오죽했을까. 혼인한 후 몇 년이 지나도 아들을 낳지 못하면 온갖 기원을 드리는 것이 당연했다. 절을 찾아가서 치성을 드리고, 사당에 가서 아이를 갖게 해 달라고 빌고, 굿을 하는 등 주술적인 방법을 사용하기도 했다.

남원 수지마을에서는 정월 보름 무렵 깨끗한 샘에 가서 상을 차려 놓고 빌었다. 밥을 지을 때는 쌀을 여러 번 정결하게 씻어야 했다. 주로 시어머니가 두 손을 합장하고, "유왕님네, 우리 며느리가 아들을 못 난게 손자 낳게 잘 좀 해줏씨요" 하고 빌었는데, 치성을 드리기 사흘 전부터는 비린 음식을 먹지 않았고, 길을 갈 때도 부정한 곳을 피해서 다녔다. 그 치성 덕인지는 몰라도, 이렇게 해서 아이를 갖게 되면 그때부터 태교가 시작되었다. 반듯한 자리가 아니면 앉지 않았고, 음란한 소리는 듣지 않았으며, 더러운 것은 보지 않았다. 또한 개나 오리 고기는 먹지 않았다.

이윽고 출산일이 가까워지면 출산에 필요한 물건들을 준비하는데, 태어날 아기에게 입힐 배냇저고리와 삼신상에 차릴 물건, 아기 낳을 때 깔 짚 등을 주로 챙겨 놓는다.[2] 짚을 까는 이유는 짚이 출산할 때 양수와 피 같은 분비물을 편히 흐르게 하기 때문이다. 아울러 옛사람들은 짚에 순산을 도와주고 아이의 성장을 촉진하는 힘이 있다고 믿었다.[3]

아이를 낳을 때는 시어머니가 주로 산파 노릇을 했는데, 난산일 경우는 남편이 산방에 들어가 산모가 힘쓰는 데 도움을 주기도 했다. 혹은 밖에서 물을 떠놓고 치성을 드리거나 아기가 잘 나오기를 바라는 마음으로 논에 가서 물꼬를 트기도 했다.

이문건의『양아록』養兒錄에서 손자 수봉의 출생 당시 모습을 살펴보자.

성주성星州城 동남쪽 아래 옥산리玉山里의 아전 배순裵純의 집 북쪽 방이 아이가 태어난 곳이다. 늙은 처 김씨金氏와 여종 돌금乭수이 출산을 돌보았다. 출산하자 돌금이 배꼽의 탯줄을 자르고 싸맸다. 여종은 성품이 어질어 숙희淑禧를 부지런하고 조심스럽게 돌보았다. 그런 까닭에 (손자를) 다시 돌보도록 했다. 더러워진 포대기를 씻고 감초탕甘草湯을 주어 핥게 했더니 토하지 않는다고 한다. 또 주밀朱蜜을 핥게 했다. 오래 그렇게 한 후에 젖을 먹였다.[4]

며느리 김씨가 출산을 한 후 시아버지 이문건은 여종으로 하여금 손자를 돌보게 했다. 여종인 돌금이 자신의 딸 숙희가 태어날 때 잘 돌보았기 때문이다. 아이에게 감초탕과 주밀을 주어 핥게 한 후에 젖을 먹였다고 하는데, 이것이 당시 일반적으로 신생아에게 행해진 일인지는 분명치 않다. 그런데 이문건은 손자를 낳느라 고생한 며느리에 대해서는 따로 언급하지 않았다. 별 탈 없이 순산했기 때문이겠지만, 며느리 입장에서는 매우 서운했을 일이다.

일반적으로 이렇게 아기가 태어나면 태를 자르고 뜨거운 물로 아기를 목욕시킨 다음 미역국에 밥을 말아 산모에게 먹였다. 민간에서는 태어난 아이의 태를 자를 때 칼이나 가위 등 날 있는 쇠를 사용했는데, 이 행위를 '삼 가른다'고 한다.[5] 이렇게 자른 태는 깔았던 짚과 함께 사나흘 구석에 세워 두었다가 태우거나 묻었다. 『양아록』에 이 태에 관련된 이야기도 나온다.

> 초6일에 억금億수과 삼월三月 등으로 하여금 태의 껍질을 내어 개울가에서 깨끗이 씻도록 했는데, 나 또한 뒤따라가서 감독했다. 씻고 나서 황색 사기 항아리에 담고 유단油單으로 싸고 새끼줄로 묶어 가지고 돌아와 집 안에 두었다가 18일 병오에 귀손貴孫과 거공巨公 등으로 하여금 경건한 마음으로 받들게 하여, 아침에 선석산禪石山 서쪽 골짜기 태봉胎峯 아래에 가서 조심스레 묻게 했다.

태를 깨끗하게 씻어 항아리에 담고, 기름에 절인 두껍고 질긴 종이인 유단에 싸서 줄로 묶은 후 다시 산 아래에 묻기까지 태를 묻는 일을 할아버지 이문건이 하나하나 정성스레 살피고 있다. 이렇게까지 정성을 들인 것은 아이를 갖지 못하는 여인이 태를 먹으면 효험이 있다고 해서 몰래 훔쳐 가기도 했으므로 은밀히 처리해야 했기 때문이다.[6] 또한 태가 사람의 길흉화복과 연결된다는 생각과도 관련이 있다.

『문종실록』에 이런 대목이 있다.

> 풍수학風水學에 "『태장경』胎藏經에서 대개 하늘이 만물을 낳는데 그중 사람을 귀하게 여기며, 사람이 날 때는 태로 인하여 장성하게 된다고 했다. 하물며 그 현명하고 어리석음과 성하고 쇠하는 것 모두 태에 매여 있으니 태란 것은 신중히 하지 않을 수가 없다. …… 남자가 좋은 땅을 만난다면 총명하여 학문을 좋아하고, 구경九經(중국 고전인 아홉 가지 경서)에 정통하며, 얼굴이 둥글고 상쾌하게 생겨 병이 없으며, 높은 관직에 오르는 것이

삼신 삼신은 아기를 점지하고 산모와 아기를 돌보는 신령이다. 경주 기림사 소장.

다……"라고 합니다.[7]

이처럼 옛사람들은 사람의 현명함과 어리석음 그리고 성함과 쇠함이 태와 관련 있다고 생각했다. 그만큼 태의 처리가 중요했던 것이다.

옛사람들은 천지의 모든 신에게 기원을 드려 아이를 낳았다면, 그 감사를 표하는 것도 잊지 않았다. 남원 수지마을에서는 아이를 낳은 후 방 윗목에 삼신상을 차렸다. 상에 물·쌀·미역을 올려놓고 삼신할머니께 아이를 잘 낳게 해 주셔서 감사하다고 빌었다. 아기를 낳은 지 초사흘이 되면 다시 삼신상을 차려 빌었는데, 이레마다 삼신상을 차려 삼 이레, 즉 21일까지 빌었다.

삼신은 '살다'(生)에 어원을 두었다고 여겨지는 '삼'에 신神이 합쳐진 말로 생명이나 생산의 여신을 말한다. 삼신의 신체神體는 안방·마루·부엌

금줄 금줄은 신성한 곳 또는 대상물에 부정한 것의 침입을 막기 위해 사용하는 것으로 신성한 대상물에 매달거나 신성한 대상물의 길 앞 양쪽을 가로질러 매단다. 산모가 아기를 낳았을 때도 쓴다. ⓒ김성철

이나 조용한 곳에 모시는데, 주로 안방의 윗목 구석에 자리했다. 이때 집 안에서 삼신을 잘 받들지 않거나 가정이 화목하지 못해 신이 집을 나가게 되면 아이를 낳지 못하거나 아이에게 병이 생긴다고 믿었기 때문이다.

또한 집 밖에는 금줄을 쳐서 아이의 출생을 알렸다. 아들인 경우에는 고추·숯·창호지를, 딸인 경우에는 숯·미영(목화)을 꽂는데, 대개 남편이나 시아버지가 왼새끼로 꼬아 꽂았다. 이 금줄은 일곱 이레, 49일 동안 걸어 두었으며, 금줄은 자연히 썩게 했다. 금줄을 왼쪽으로 꼰 것은 왼쪽을 신성이 깃든 방향으로 보았기 때문인데, 왼쪽은 보통 제액과 벽사, 정화 등과 관련된 방향으로 여겨졌다. 보통 금줄에는 푸른 소나무 가지와 고추 그리고 숯을 사용했다. 소나무 가지는 제의나 의례 때 부정한 것을 물리치는 도구로서 제의 공간을 정화하는 의미를 지니고 있고, 고추의 붉은색은 양기와 불을 나타내며, 숯 또한 불을 상징하므로 요사스러운 귀신을 물리

치는 기능이 있다고 믿었기 때문이다.⁸

그리고 아기가 태어나서 100일이 되면 '백일'이라 하여 떡을 만들어 돌리고 이웃에서는 선물을 했으며, 만 1년이 되면 '돌'이라 하여 축하 잔치를 벌였다. 여기서 100일이란 실제로 태어나서 지난 날수를 이르기도 하지만, 많은 날을 지냈다는 의미도 있었다.

한 해를 견딘 대견함

한 기와집에서 돌잔치가 열리고 있다. 돌상을 중심으로 사람들이 그려져 있다. 아이 왼쪽에는 아버지로 보이는 인물이 하얀 도포와 갓을 착용하고 있고, 아이 뒤쪽으로는 문을 열고 담뱃대를 문 채 손자의 돌잔치를 바라보는 할아버지가 보인다. 마당에는 높은 벼슬아치의 집안일을 맡아보는 여자 하님下任들이 돌잔치를 구경하고 있으며, 꼬마들과 개도 보인다. 싸리로 엮어 만든 닭장 부근에는 몸종인 시비侍婢가 꼬마 아이를 보살피고, 대문에는 음식물을 담은 것으로 보이는 바구니를 이고 한 여자아이가 막 들어서고 있다. 그런데 시끌벅적한 모습과는 달리 축하 손님은 왼쪽 모서리 부근에 기둥과 기둥 사이에 앉아 있는 한 사람뿐이라는 게 의외다. 아직 돌잔치가 본격적으로 시작되지 않았을까, 아니면 조촐하게 돌잔치를 하는 풍속 때문일까?

이 그림은 단원檀園 김홍도金弘道(1745~?)가 그린 것으로 '초도호연' 初度弧筵이라는 제목이 붙어 있다. 김홍도는 그의 나이 서른일곱인 1781년에 모당慕堂 홍이상洪履祥(1549~1615)의 일생을 여덟 폭으로 나누어 그렸는데, 홍이상은 풍산豊山 홍씨의 중시조로 선조 6년(1573) 사마시를 거쳐 선조 12년(1579) 식년 문과에 갑과로 장원 급제하고, 광해군 원년(1609)에 대사헌을 지낸 인물이다. 아버지는 홍수洪脩(본가에서는 脩를 술잔 유 자로 읽는다)이고 할아버지는 홍우전洪禹甸이며, 어머니는 백승수白承秀의 딸이다. 이 〈초도호연〉은 바로 홍이상의 어린 시절 돌잔치를 재연한 그림이다.

이 돌잔치의 주인공 홍이상이 돌상을 앞에 두고 앉아 있고, 그의 오른쪽에는 이것저것 돌상을 정리하는 유모, 그 뒤로는 젊은 어머니 백씨가 보인다. 백씨는 일흔여덟이 되던 선조 38년(1605)에 경수연慶壽宴의 대상자가 되기도 했다.

기와지붕 왼쪽 뒤로 보이는 나무에 잎사귀가 보이지 않는다. 태어난 지 1년 된 아이가 마루에서 돌잔치를 하고 있으니, 짐작컨대 찬바람은 가신 초봄쯤이 아닐까. 하지만 기록을 보면 홍이상은 명종 4년(1549) 9월 18일에 태어났다.⁹ 양력으로는 10월 하순경이니 실제 돌잔치를 마루에서 했는지는 불분명하다. 김홍도는 《모당 홍이상 평생도》를 그리면서 홍이상과 관련한 여러 가지 사실을 고증해서 그렸다기보다는 그림으로 표현될 만한 상황을 상상해서 그렸을 터이다.

한 가지 덧붙이자면, 이 그림에는 있어서는 안 될 물건이 하나 있다. 바로 담뱃대이다. 담배는 임진왜란 이후 조선에 전래되었기 때문이다. 이익李瀷(1681~1763)의 『성호사설』星湖僿說에는 "우리나라에 담배가 많이 유행한 것은 광해군 말년부터인데, 세상에서 전하기로는, 남쪽 바다 가운데 있는 담파국湛巴國이란 나라에서 들어온 까닭에 속칭 담배(湛巴)라 한

김홍도, 〈모당 홍이상 평생도〉 중 〈초도호연〉   8폭에 걸쳐 그린 《모당 홍이상 평생도》 가운데 첫 번째 그림이다. 아이 하나에 온 집안은 물론이고 이웃까지 들썩이는 잔치를 여는 것은 어느 나라에서도 유래를 찾아볼 수 없는 흥겨운 풍속이다. 국립중앙박물관 소장.

다고 했다"¹⁰라고 기록되어 있다. 이 글을 통해 담배가 광해군 말년쯤 조선에 들어왔음을 짐작할 수 있다. 그러니 임진왜란 이전이었던 홍이상의 돌잔치에 담뱃대가 있을 수는 없는 노릇이다. 이 또한 김홍도가 사실을 철저히 고증했다기보다 자신이 살던 시기의 상황을 반영해 그렸기 때문에 벌어진 일이다.

'돌'을 한자로는 초도일初度日, 수晬, 수일晬日 등으로 표기하는데, 아이가 출생하여 만 1년이 되는 첫 생일을 기념하는 것이다. 이렇게 큰 잔치를 어린아이에게 베푼 데는 여러 의미가 있겠지만, 무엇보다 당시만 해도 아이가 태어나 돌을 맞을 때까지 살아남기가 쉽지 않았기 때문이다.

『양아록』을 보면 이문건은 아들 셋을 두었다. 또 1521년 6월에 정중貞中과 1525년 8월에 순정順貞이라는 딸 둘을 낳았다고 기록되어 있다. 하지만 1517년 처음 가졌던 태아는 8개월 만에 유산했으며(다른 남자아이의 출생 기록이 없는 것으로 보아 사산한 아이가 사내였던 것 같다), 정중은 천연두로 죽었고, 1524년 3월에 아들을 낳았으나 하루 만에 죽었다. 순정 또한 1544년 5월에 천연두와 풍 그리고 간질로 고생하다가 열아홉 나이에 죽었다. 3남 2녀 중 1518년에 태어난 온熅만 살아 남은 것이다. 하지만 온도 열병과 풍에 걸린 탓에 온전한 정신으로 생활하지는 못했다.

당시만 해도 수시로 전염병이 돌았는데, 수많은 아기들이 전염병에 희생되었다. 조선 말기에 살았던 공인貢人 지규식池圭植의 『하재일기』荷齋日記를 보면, 섣달 그믐날에 전염병인 온역瘟疫을 물리치기 위해 붉은색의 주사朱砂로 이미 병이 지나갔다는 뜻으로 '천행이과'天行已過 네 자를 써서 대문 위에 붙여 두기도 했다.¹¹ 이는 물론 연말에 행하는 풍습이었겠지만, 그만큼 당시에 전염병에 대한 공포가 대단했음을 보여 준다.

옛사람들이 아이를 잃는 슬픔은 여러 기록에서 찾을 수 있다. 난설헌

蘭雪軒 허초희許楚姬(1563~1589)의 「곡자」哭子라는 시에도 아들을 잃은 슬픔이 잘 드러난다.

> 지난 해 사랑하는 딸을 잃었고
> 올해에는 사랑하는 아들을 잃었네.
> 슬프디 슬픈 광릉 땅이여
> 두 무덤이 서로 보고 있구나.
> 백양나무에는 으스스 바람이 일고
> 도깨비불은 숲 속에서 번쩍인다.
> 지전으로 너희 혼을 부르고
> 너희 무덤에 술잔을 따르네.
> 아아, 너희 남매의 혼은
> 밤마다 서로 어울려 놀리.
> 비록 뱃속에 아기가 있다 한들
> 어찌 그것이 자라기를 바라겠는가.
> 황대 노래를 부질없이 부르며
> 피눈물로 울다가 목이 멘다.

허난설헌은 열다섯 살이 되던 선조 10년(1577)에 안동 김씨 가문의 김성립에게 시집을 갔다. 이 시는 그녀가 열아홉 살이던 선조 14년(1581)에 딸을 잃고 이듬해에 아들 희윤을 잃은 슬픔을 그린 시이다. 여러모로 당시 아기의 생존율이 그리 높지 않음을 알 수 있다.

사대부 집안의 신생아 생존율이 이 정도라면 일반 백성의 신생아 생존율은 분명 더 낮았을 것이다. 그러니 사대부든 평민이든 그 당시에 돌을 맞는 일은 새 생명이 오래 살 수 있을 거라는 믿음을 주었으리라. 이런 까닭에 첫돌은 특별히 소중히 여겨 잔치를 베풀고, 돌상에 다양한 음식과 물건을 갖추어 아이의 장수와 복을 빌었다.

검동이 보러 어서 집에 가고 싶네

앞에서 《모당 홍이상 평생도》 중 〈초도호연〉은 홍이상의 돌잔치 장면을 그린 것이라고 이야기했다. 그렇다면 제목인 '초도호연'初度弧筵은 무슨 뜻일까? '초도'初度는 '첫째'라는 의미다. 그리고 '연'筵은 '대로 엮은 자리'를 뜻하지만, 연상筵上 혹은 연석筵席의 예에서 보듯 주연 또는 연회를 뜻하기도 한다. 그렇다면 호弧는 무슨 의미일까. 호와 관련해서는 『예기』禮記 「내칙」內則에 있는 "자식을 낳았을 때 남자일 경우에는 활을 문 왼쪽에 걸고, 여자일 경우에는 수건을 문 오른쪽에 건다. 사흘째가 되면 비로소 자식을 업고서 남자면 활 쏘는 의식을 행하고, 여자면 하지 않는다"는 대목을 참고할 수 있다. 즉 그림 제목에 '호'를 사용했다는 것은 이 그림의 주인공이 남자아이임을 말해 준다.

돌잔치의 아기

그림에서 사내아이는 오색의 돌옷을 입고 있다. 돌잔치에서 사내아이는 연보라색 풍차바지에 옥색이나 분홍색 저고리를 입고 남색 돌띠를 매었다. 개화기 이후에는 그 위에 남색 조끼와 연두색 길•에 색동 소매를 단 마고자를 덧입기도 했다. 집안 형편이 좋은 경우에는 오색

• 저고리나 두루마기 웃옷의 섶과 무 사이에 있는 넓고 긴 폭.

복을 바라는 '길상문자'가 수놓아진 돌띠 우리 조상들은 삼다三多라 하여 다복多福, 다수多壽, 다남자多男子의 소원이 성취되기를 바라는 마음이 담긴 글자를 도안했다. 이를 길상문자라 하는데, 보통 돌띠에 수놓곤 했다.

으로 지은 까치두루마기를 입고 그 위에 전복과 복건 또는 호건虎巾을 착용했다. 전복은 답호 또는 쾌자라고 하는데, 등솔이 길게 트이고 소매가 없는 옷이다. 여기에 돌띠라 하여 뒷등 부분에는 12개월을 상징하는 열두 개의 작은 염낭에 여러 종류의 곡식을 담아 매달아 주며 부귀영화를 염원하기도 했다. 앞에는 수를 놓은 주머니를 채워 주었고, 한쪽에는 만수무강·수복강녕壽福康寧 등 길상 문자를 수놓아 늘여 주었다.

돌상은 일반적으로 네모진 상보다는 둥근 상을 사용했는데, 이는 걷는 것이 아직 온전치 못한 아기가 모서리에 다칠까 염려한 것이다. 돌날에는 떡을 쟁반이나 대접에 담아서 이웃집에 보내는데, 이것을 돌떡이라고 한다. 돌떡을 받은 집에서는 떡을 가져온 그릇에 돈·쌀·실타래 등을 넣어 답례하는데, 이 또한 아이가 장수를 누리고 복 받기를 기원하는 것이며, 이웃 간의 정을 주고받는 행위이기도 했다.

돌상에는 다양한 음식과 물건을 놓아 아이의 복을 기원했는데, 백설기는 깨끗하고 순수한 정신을 의미하고, 송편은 그 모양처럼 배부르게 식복이 있으라는 뜻을 지녔다. 대추 등 각종 과일은 열매를 맺듯이 자손이 번영하라고 축복하는 뜻으로 놓으며, 쌀은 앞으로 식복이 많으라는 뜻에서 새 밥그릇에 가득 담아 놓는다. 장수長壽를 비는 뜻에서 국수와 타래실을 놓고 미나리 등의 나물도 자르지 않고 길게 무친다. 돈은 부유해지기를

1장 조선의 할아버지, 육아일기를 쓰다

전통적인 돌상 풍경 지금은 돌잔치 풍경이 많이 달라졌지만, 돌상 위에 여러 가지 물건을 놓고 아이의 미래를 점치고 복을 기원하는 마음만은 변함이 없다.

비는 뜻에서, 천자문 책이나 먹·벼루 등은 학문을 익히거나 재주가 많으라는 뜻에서 놓는다.

요즘은 아들과 딸을 구분하는 것이 의미가 없지만, 예전에는 아들에게는 무운과 용맹의 상징으로 활과 화살을, 딸에게는 바늘 및 색지·자·실 등을 놓아 남자와 여자의 기본을 지니기를 바라기도 했다.

중국 남조南朝 양梁나라와 수隋나라를 걸쳐 살았던 학자인 안지추顔之推(531~591)는 『안씨가훈』顔氏家訓에서 이런 풍습을 가리켜 '시아'試兒(돌잡이)라고 적었다. 그는 시아에 대해 "사내아이면 화살·종이·붓을, 계집아이면 가위·자·바늘·실 따위를 사용하고 거기에다 음식물과 보배·의복·완구 등을 더하여 아이 앞에 갖다 두고는 어느 것을 가지려 하는가를 관찰하여 앞으로 탐욕스럽거나 청렴할 것과 어리석거나 슬기로울 것을 확인해 본다"고 말했다. 원래 '시아'는 길한 운명만을 점치는 것이 아니라 아이에게 탐욕이나 어리석음과 같은 좋지 않은 성격도 있는지를 알아보고

자 했던 것 같다.

그런데 우리나라에 전해지면서 아이의 인생에서 좋지 않은 의미를 가진 것들은 사라진 것 같다. 『양아록』에는 이문건의 손자 숙길淑吉이 돌잔치에 붓과 먹, 옥에 금으로 테두리를 두르고 안에 장식을 한 고리인 투환套環, 활·쌀·도장·책의 순서로 집었다고 적혀 있다. 이문건은 손자가 붓과 먹을 집은 것은 문장으로 업을 삼을 조짐으로, 옥으로 만든 투환을 잡은 것은 덕성을 갖춘 인물이 될 조짐으로 보았고, 활을 잡은 것은 무예도 겸비한 인물이 된다는 것으로, 쌀을 집은 것은 잘 자라 강건하게 사는 것으로, 도장을 집은 것은 관직에 나가 임금을 보필할 것으로 해석했다. 돌상에 올려둔 것 중에 나쁜 것은 한 가지도 없음을 알 수 있다.

돌과 관련하여 이덕무李德懋(1741~1793)가 쓴 『청장관전서』青莊館全書에 실린 「아우가 배우는 자권字卷 끝에 씀」이라는 글을 보자.

> 내가 태어난 첫돌에 아버지가 손수 천天·지地 등의 글자 수백 자를 써서 돌잔치에 놓았다. 언어를 배움에 이르러 조금 통했고, 이제 나이가 장성하여 글자를 조금 알게 된 것은 그러한 근거가 있어서이다.
> 어린 동생 정대鼎大가 태어난 첫돌에 아버지가 다시 손수 써서 주니, 덕무가 글자를 조금 알게 된 것을 사랑하는 마음으로 다시 아정阿鼎(정대를 가리킨 말)을 사랑한 것이다. 이제 아정의 나이 다섯이니 배울 수 있다. 너의 형도 그 나이에 배웠다.[12]

이덕무는 아버지가 자신의 돌에 배움에 뜻을 두기를 바라는 마음에서 글자 수백 자를 써서 돌잔치에 놓았다고 하면서, 동생 정대도 학업에 힘쓰기를 바란다. 돌상에 붓과 먹은 물론이고 손수 쓴 글자까지 올리는 것을 보면 당시 양반의 삶에서 글이 갖는 의미를 가늠할 수 있다.

돌잔치와 관련된 이런 여러 가지 이야기도 결국은 옛사람이 자식을 대하는 마음의 표현이 아닐까. 조선 초의 문신이었던 권근權近(1352~1409)이 지은 『양촌집』陽村集에 보면 「검동黔童을 생각하다」라는 시가 있다. 여기에서도 '돌'과 관련한 옛사람의 생각을 엿볼 수 있다. 세주細註에 보면 "검동은 바로 도蹈인데 작년 6월 1일에 태어났다"고 되어 있다. 즉 검동은 후에 권제權踶(1387~1445)로 이름을 바꾸는 권근의 아들 권도權蹈임을 알 수 있다. '검동'은 권제의 아기 때 이름인 것이다. '검동'은 '검을 검黔' 자에 '아이 동童' 자를 쓰고 있는데, '검둥이'를 이두식으로 표현한 것으로 보인다. 이는 귀한 아이일수록 귀신의 시샘을 피하기 위해 개똥이나 돌이 등과 같은 천한 이름을 붙여 주었던 풍습 탓이다. 권근이 자신의 아들 검동이를 애틋하게 생각했음은 이 시를 읽으면 알 수 있다.

지난해 네가 처음 태어났다
돌잔치엔 나도 집에 갈 수 있네.
재롱이 눈에 삼삼 어제 같으니
보고픈 이 생각 뉘 그르다 하리.
꿈속에 자주 와 품 안에 드네
만나 보면 옷자락을 끌어당길걸.
동남쪽을 바라보며 오래 섰으니
아득아득 떠가는 한가한 구름.[13]

권근은 1387년 4월에 중국에 진헌할 말을 점고點考하기 위해 평안도에 가서 4개월 동안 안주·평양 등지에 머물렀고, 1388년 4월에는 요동 정벌을 독려하려고 평양으로 가는 우왕을 호종했다. 게다가 10월에는 하정사賀正使로 가는 이색·이숭인 등을 전송하기 위해 평안도에 다녔으니[14] 그는 아들 권도가 태어나 돌이 될 때까지 집에 있는 시간이 별로 없었을 것이다. 그런 그가 아들 도가 첫돌을 맞는 즈음에 집에 가게 되어 꿈에서도 그리던 아들을 볼 생각에 들뜬 것이다. 대를 이을 아들이 태어나 1년을 무사히 넘긴 자리에 가 보고 싶은 옛 부모의 마음이 얼마나 기뻤을까.

2장

책벌레가 되어야 한다

아이들은 서당에 다녔네

하늘천 따따지
가마솥에 눌은밥
득득 긁어서
선생님 똥죽가래 퍼 주고
너랑나랑
은숫가래 둘이 먹자

만화 「맹꽁이 서당」을 기억하시는지? 1980년에 창간된 어린이 월간 만화잡지 『보물섬』에 연재되던 이 만화는 윤승운 화백의 작품으로, 글공부와 함께 학동들을 바른 사람으로 키우려는 훈장 선생님과 공부가 싫어 어떻게든 꾀를 부려 놀려고 하는 학동들 사이에서 일어나는 에피소드를 다루었다. 이 명랑만화를 재미있게 본 사람들이 많을 것이다. 그런데 왜 서당 이름이 '맹꽁이'였을까? 학동들의 하는 짓으로 보면 거의 '청개구리 서당' 수준인데 말이다. '맹꽁이 서당'은 원래 공자와 맹자의 글을 배운다는 뜻의 '공맹서당' 孔孟書堂에서 온 이름이다. 사람들이 공맹을 거꾸로 하여 맹꽁이 서당이라고 불렀던 것이다.

맹꽁이 서당의 훈장

서당書堂은 고려시대부터 조선시대에 걸쳐 지속된 사설 교육기관으로, 대한제국과 일제강점기를 거치면서 점차 사라졌다. 지금도 한학에 뜻을 둔 몇몇 사람들을 중심으로 소수의 서당이 유지되고 있지만, 이제 예전과 같은 서당은 추억 속의 만화 같은 것이 되었다.

서당은 언제부터 있었을까

그토록 오랫동안 지속된 교육기관이었던 만큼 서당에 얽힌 재미있는 이야기가 곳곳에 전해져 온다. 그중 많이 알려진 것은 방랑시인으로 유명한 김삿갓의 시와 얽힌 일화이다. 김삿갓이 방랑 중에 어떤 서당에 들렀는데, 당시 서당의 훈장은 부재중이었고 학동만 칠팔 명 앉아 있었다. 김삿갓이 방에 들어가 윗목에 가만히 앉아 있는데, 그를 보고는 학동들이 흉을 보면서 수군댔다. 잠자코 듣고 있던 김삿갓은 계속 학동들이 자기 흉을 보자 화가 난 나머지 서당의 분판에 다음과 같은 시를 한 수 지어 놓고 말없이 서당을 나와 버렸다.

書堂乃早知
房中皆尊物
學生諸未十
先生來不謁

이 글을 해석해 보면 다음과 같은 뜻이다.

서당을 내 일찍이 알았으니
방 안에는 모두 존귀한 물건이네
학생은 모두 열 명이 안 되는데
선생은 와서 뵙지를 않는구나

이렇게 보면 방 안에 학동들만 있고 훈장이 오지 않아 느끼는 지루함

서당에서 사용하던 분판 종이가 귀할 때 글씨 연습용으로 사용하던 소형 칠판 같은 것으로, 나무에 여러 번 분가루를 칠했다 해서 분판이라 했으며 서당에 갈 때면 노트 대신 분판을 가져가야 했다.

을 표현한 것으로 내용이 평범하기 그지없다. 하지만 그냥 독음만 읽어 보자.

서당내조지
방중개존물
학생제미십
선생내불알

소리 내어 읽기에 민망할 정도로 심한 욕이 아닐 수 없다. 손님을 불러 놓고 자신의 일을 보느라 코빼기도 보이지 않는 훈장과 철없는 학동들에 대한 서운함을 교묘하게 표현하고 있는 것이다. 뜻글자인 한자의 이중성을 절묘하게 표현한 삿갓 시인의 천재성을 엿볼 수 있는 일화다.

그렇다면 서당은 언제부터 시작되었을까? 학자에 따라서는 서당의 기원을 고구려 시절의 경당扃堂으로 보기도 한다. 중국 송대의 역사서인 『구당서』舊唐書에는 고구려 사람들이 책을 좋아하여 문지기에서 말 먹이는 사람의 집에 이르기까지 거리마다 큰 집을 지어 경당이라 부르며, 자제가 결혼하기 전에는 밤낮으로 이곳에서 책을 읽고 활쏘기를 익힌다고 적혀 있다. 그 이후의 기록이 더 이상 보이지 않아 경당이 서당과 어떤 관련을 맺고 있는지는 알기 어렵다.

고려시대에도 서당의 모습으로 보이는 기록을 찾을 수 있다.

마을 거리에는 경관經館과 서사書社가 두세 개씩 서로 바라보고 있고, 미혼 자제들이 무리를 지어 스승을 따라 경서를 배우고 있으며, 조금 성장해서는 벗을 택하여 절간에 가서 공부한다. 아래로 나이 어린 아이들까지도 역시 향선생鄕先生을 찾아가 배우는 것이 매우 번성하다.[1]

이 기록은 고려 인종 때 송나라의 문인 서긍徐兢이 고려에 사절로 왔다가 지은 『고려도경』高麗圖經에 적힌 내용이다. 이 글에 보이는 경관과 서사는 학교 기능을 담당했던 곳이고, 향선생은 훈장을 말하는 것 같다. 지금 우리가 알고 있는 서당의 모습과 비슷해 보인다.

고려시대 서당의 모습은 이규보李奎報(1168~1241)의 시「신申 대장大丈*이 내 아들 징澄을 가르치는 데 사례함(신군은 나이 여든에 가까웠는데 항상 학생을 모아 가르쳤다)」이라는 시를 통해서도 알 수 있다.

내 셋째아들 징은
썩은 나무 같아 새길 수 없네.
장성한 나이인데 글을 알지 못하고
밥 주머니로 곡식만 축내네.
자기 자식을 가르칠 수 없어

• 고려시대에 관청이나 관원에게 분급되어 잡직雜職에 종사한 말단 이속吏屬의 하나.

> 자식 바꿔 가르친다는 옛말이 있으니
> 세상의 참모습을 볼 수 있도록
> 갇혀 있는 초파리에게
> 술 단지의 뚜껑을 열어 주듯이
> 누구도 자기 자식은 맘대로 할 수 없네.
> 대장은 일흔이 넘었는데, 학문은 더욱 정심해지니
> 효선孝先의 오경五經 상자로 배가 불룩하구나.
> 심신은 맑고 눈은 거울 같아
> 오경을 깨알같이 베껴 읽네.
> 동몽들이 배우기를 청하면 거절하지 않으니
> 학생이 모여들어 숙塾을 이루었네.[2]

이규보는 부족한 자신의 셋째아들 징을 가르치는 신 대장의 깊은 학문에 감탄하고 있는데, 여기에 '숙'이라는 말이 나온다. 숙은 서숙을 가리키는 것으로 생각된다. 시에서 나오는 동몽童蒙은 어려서 사리에 어두운 아이이며, 서숙은 조선시대에 어린아이들을 가르쳤던 서당과 같은 것으로 짐작된다. 서당이라는 명칭이 처음 기록에 등장하는 것은 조선 성종 3년(1472)이다.

> 유인달兪仁達이 광주廣州에 거주하면서 따로 서당을 세워 가르침을 게을리하지 않았는데, 마을 안의 자제가 모여들어 수업을 하여, 생원生員과 진사進士가 그 문하에서 많이 나왔다고 한다.[3]

『성종실록』에 기록된 이 글은 유인달이 광주에 서당을 세우고 그 지역

자제들을 모아 수업을 하였음을 보여 준다. 향중鄕中, 즉 마을의 자제들이 모여 수업을 하고 있는 것이다. 서당의 본격적인 확산은 중종 때 사림파의 향약 보급 운동 및 향촌 사회의 구조 변동과 맥락을 같이한다. 이후 제향 기능을 가지고 있는 향교나 서원이 제약을 받은 것과 달리, 서당은 위치하고 있는 장소나 시기에 따라 다양한 모습을 보인다. 정조 대로 가면서 서당은 전국적으로 보편화된다. 다음 기록을 보자.

> (정조가) 하교하기를, "문과 무는 똑같이 필요한 것이어서 한쪽만을 중히 여겨서는 안 된다. ……근래 들어 숭상함이 점점 해이해져 무예를 수치로 여기고 모두 이름난 선비를 사모하게 되었다. 아이가 말을 이해하게 되면 곧장 강경講經에 응하는 구두口讀를 익히게 하여, 인구가 많은 큰 마을에도 혹 도적에 대비하는 활과 화살이 부족해 장차 기풍이 나약한 지경에 이르게 되었으니, 변경의 방비가 허술한 것을 내가 매우 근심하고 있다. 따라서 지난번 어떤 의주부윤義州府尹의 말에 깊이 취할 점이 있다고 느꼈다. 의주부의 온 경내에 서당이라고 불리는 것이 수십 개가 되는데, 문이 성하면 무가 쇠하니, 그 기세가 자연스러운 것이다.[4]

무향武鄕으로 알려진 의주부조차도 무보다는 문을 더 숭상하여 서당이 수십 개나 존재했음을 알 수 있다. 다른 지역에는 서당이 이보다 더 많고, 매우 보편화되었을 것임을 추측할 수 있다. 서당이 지역마다 널리 퍼졌던 데는 글공부의 가치가 높기도 했지만, 국가 차원에서도 유학의 진흥을 장려했기 때문이다.

안정복安鼎福(1712~1791)의 『순암집』順菴集을 보면, 김광악金光岳은 흡곡歙谷 지방의 현령縣令이 되어 서당을 세우고 훈장을 두어 몽매한 선비들을 가르쳤다. 그리고 경내의 학생들을 모아 놓고 3등급으로 나누어 달마다 두 차례 강론하게 하고는 몸소 독려하기도 하고, 상을 내려 권장하기도 했다.[5] 이는 조정에서 수령이 지방민을 통치할 때 주력해야 할 조목인 '학교흥'學校興에서 서당을 설치해 백성을 얼마나 잘 교화했는가를 고을 수령의 근무 성적을 평가하는 중요한 기준의 하나로 삼았기 때문이다.

조선시대에는 서당이 증가하면서 양반뿐 아니라 사회적 지위가 낮은 사람도 교육받을 기회를 얻었다. 그 예를 안광수安光洙에게서 찾을 수 있다.

안광수는 자가 성로聖魯이고 스스로 호를 죽헌竹軒이라 했다. 순흥 사람이며 아버지는 절충장군 도정道挺이다. 조상 때부터 성균관 근처 반촌泮村으로 흘러 들어와 살았는데, 반촌의 풍속은 힘깨나 쓰는 자는 도박판을 전전하며 협기나 부리고, 인색한 자는 자잘한 이익을 다투어 쫓느라 예절의 가르침을 지키는 사람이 거의 없었다.

광수가 개탄하기를, "태학은 선善을 으뜸으로 삼는 곳이라 하거늘 풍속이 이래도 괜찮단 말인가" 하고는 반촌의 자제 중에서 똑똑한 사람 70명쯤을 불러 모아 계를 만들어 제업문회齊業文會라 했다. 재주의 높고 낮은 정도에 따라 각각에게 경사자전經史子傳을 가르치되, 어버이를 섬기고 어른을 공경하는 도리를 밤낮으로 깨우치게 하고 이끌었다. 관혼상제에 대해 손수 도식을 그려 이해하기 쉽게 하되 정자程子·주자朱子가 마련한 법도를 넘지 못하게 했다.

매달 초하룻날에는 학생들을 모두 불러 모으고 주어진 공부의 성취에 따라 상을 주어 격려하기도 하고 말로 나무라며 타이르기도 했다. 이에 반촌의 자제들이 분발하여 모두 광수를 믿고 따르게 되었다.

광수는 "공부란 여유를 갖고 노는 것도 귀중한 법이다. 그렇지 않으면 기상이 좁아져 무우舞雩에서 바람을 쐬고 읊조리며 돌아오는 깊은 뜻과는 멀어지게 된다"고 말하고 날씨가 좋으면 경치 좋은 곳에서 학생들과 술을 마시고 시를 지었는데, 모두 몇백 편이나 되었고 깃든 뜻이 아득히 컸다. 이로 말미암아 재능을 성취한 사람이 아주 많았다. 그들은 장성해 관례를 치른 뒤 서리胥吏나 전복典僕(관청의 노비)이 되었는데, 모두 묘우廟宇를 공경할 줄 알고 석채釋菜*에서 조심할 줄 알아 각기 맡은 바 제 직분을 수행하는 데 모자람이 없었다고 한다.⁶

『이향견문록』里鄕見聞錄**에 있는 위의 기록을 보면, 안광수가 성균관이 있는 반촌에 서당을 세워 반촌의 자제들을 가르쳤다고 한다. 그런데 반촌에 살던 사람들은 마포 일대의 짐꾼이나 막노동자들과 교류할 정도로 사회적 지위가 낮은 사람들이었다.⁷ 물론 반촌인과 같이 사회적 지위가 낮은 사람들이 양반 자제들과 동일하게 과거 시험을 위해 공부하지는 못했을 것이다. 이옥李鈺(1760~1813)의 「필영장사」必英狀辭에는 다음과 같은 글이 나온다.

먼 시골의 학동들이 배우기를 원하는 것은 소지장所志狀의 글이다. 그러므로 베껴서 외우는 것이 대부분 이러한 것이다.⁸

이렇게 과거에 합격할 가망이 거의 없는 시골 학동들이 서당에서 글

---

* 2월과 8월, 문묘에서 공자를 제사 지내는 의식.
** 유재건劉在建(1793~1880)이 조선시대 중인층 이하 308인의 삶을 전傳 형식으로 기록한 책.

공부를 한 이유는 『논어』나 『대학』, 『시경』 같은 사서삼경을 배우기보다는 자신의 억울함을 관청에 하소연하기에 적합한, 소지장과 같은 탄원서 쓰는 법을 배우고자 했던 것이다. 이 기록은 실제 과거 시험이 큰 의미가 없는 계층에서 필요로 했던 공부가 무엇인지를 알려 준다.

놀림 받는 훈장님

『국조보감』을 보면 서강·마포·용산 등 삼강三江 지역은 그 지방에서 훈장으로 적합한 자를 골라 분교관으로 임명하고 그 지방의 동몽들을 가르치게 했다고 나온다. 그 외 지방에서는 자기 고을에서 공론에 따라 자체적으로 훈장을 선출해 맡긴 다음 그 결과를 관에 보고하고 마을마다 나누어 두게 하여 취학의 편의를 도모한다고 기록되어 있다.[9] 하지만 이렇게 훈장을 임명하는 경우는 관에서 설치한 학당學堂에 한정된 것으로 보인다. 훈장이 되는 데 특별히 자격이 필요한 것은 아니었기 때문이다.

백범白凡 김구金九(1876~1949)도 서당을 다녔는데, 그가 경험한 훈장의 모습은 어떠한지 『백범일지』를 통해 살펴보자.[10]

이 말을 듣고 나는 서당에 보내 달라고 아버님께 졸랐다. 아버님은 주저하셨다. 동네에 서당이 없어서 다른 동네 양반 서당에 갈 수밖에 없는데, 양반 서당에서는 상놈을 잘 받지도 않거니와 혹 받아 주더라도 멸시만 당할 터이니 그 꼴을 보기도 싫다고 하셨다. 결국 아버님은 문중과 인근의

• 조선 역대 임금의 치적治績에서 모범이 될 만한 일을 엮은 책.

아이들을 몇 명 모아 서당을 새로 하나 만드셨다. 수강료로 쌀과 보리를 주기로 하고 이생원이라는 선생님을 모셔 왔다. 그는 양반이지만 글이 넉넉지 못하여 우리 같은 '상놈의 선생'이 된 것이다.

선생님이 오시는 날, 나는 너무 좋아서 머리 빗고 새 옷 입고 마중 나갔다. 저 앞에서 키가 크고 쉰 살 남짓 되어 보이는 노인이 오고 계셨다. 아버님께서 먼저 인사하시고 "창암昌巖(백범의 어린 시절 이름)아, 선생님께 절하여라" 하셨다. 공손히 절하고 선생님을 바라보니 마치 신선이나 하느님처럼 거룩하게 보였다. 이렇게 해서 우리 집 사랑에 공부방을 열고 선생님 식사를 봉양하게 되었다. 이때 내 나이 열두 살이었다. 나는 새벽 일찍 일어나 누구보다 먼저 선생님 방에 가서 글을 배우고, 멀리서 오는 동무들을 가르쳐 주었다.

석 달 뒤 서당은 인근 신존위申尊位의 사랑으로 옮겨 갔다. 나는 아침마다 고개를 넘어 집과 서당을 오가며 끊임없이 글을 외웠다. 동무들 중에는 나보다 수준이 높은 아이도 있었지만, 외우는 시험에서는 내가 늘 최우등이었다. 그런데 반 년도 되지 않아 선생님을 내보내게 되었다. 표면적인 이유는 그 선생님이 밥을 많이 먹는다는 것이었지만, 사실은 신존위의 손자보다 내가 공부 잘하는 것을 시기했기 때문이었다. 일전에 시험을 앞두고 선생님이 나더러 일부러 글을 못 외우는 것처럼 하라고 부탁하셔서 그대로 한 적이 있었다. 그날은 신존위 아들이 닭 잡고 술상을 차려 내어 잘 먹었다. 그런데도 결국 선생님을 내쫓았으니 이는 분명 '상놈의 짓'이었다.

백범 선생은 아홉 살부터 열네 살까지 자신이 서당에서 겪었던 일을 기록했는데, 이 글을 보면 서당에서 분명히 신분 차별이 있었음을 알 수 있다. 백범 선생은 글공부를 하고 싶었지만, 양반 자제들이 받아들이지 않을 것을 걱정하여, 처지가 비슷한 사람들끼리 별도로 서당을 차려 선생을 모셔와 공부해야만 했던 것이다. 백범 선생의 집안은 역적이었던 김자점 金自點(1588~1651)의 후손이었으므로 멸문지화를 피하기 위해 숨어 살면서 가격家格이 하락한 집안이었다.

당시 서당도 양반 자제들이 다니는 서당과 그렇지 않은 곳으로 나뉘어 있었다. 백범이 선생으로 모신 이 생원은 지식이 깊지 못해 양반 서당에서 모셔 가지 않는 사람이었다 하니, 글공부 수준이 그리 높지 않았음을 알 수 있다. 조선 후기 훈장은 몰락한 양반, 신흥 지식층 혹은 유랑 지식인 등으로 학문 수준이 동일하지는 않았다. 이에 대해 백범 선생은 이렇게 말했다.

내 나이 열넷이나 되고 보니, 어린 소견으로도 서당 선생이 대개 고루하여 남의 모범이 될 자격이 없어 보였다. 그때 아버님께서 종종 과거 글공부를 그만두고 실용문 쓰는 일에 주력하라고 훈계하셔서, 나는 토지 문서나 재판 문서 등을 틈틈이 연습하여 무식한 집안 사람들 중에서는 그나마 장래 존위의 자격이 있다고 촉망을 받았다.

백범의 어린 소견에도 서당 선생이 형편없어 보였던 것이다. 김삿갓이 남긴 시를 통해서도 서당 훈장의 처지를 확인할 수 있다.

세상에 훈장하기를 누가 좋다 했던가
연기는 없지만, 마음속 불은 자연스레 생기네.
하늘천 따지 가르치는 사이 청춘은 가고
부賦와 시詩를 이르다 보니 백발이 되었네.

엘리자베스 키스, 〈서당〉(목판화) 김구가 살았던
조선 말기의 서당 모습을 엿볼 수 있다.

정성껏 가르쳐도 칭찬 듣기 어렵고
자리만 잠시 떠도 비난받기 일쑤다.
천금같이 귀한 자식 훈장에게 맡겨 놓고
잘못하면 매질하란 부탁이 진정인가.

이 시는 김삿갓이 오랜 나그네 길에 지친 나머지 어느 촌락에서 훈장을 하면서 겨울을 지내다가 자신에게 맞지 않는 일이라 여기고 떠나면서 지은 것이다. 아무리 열심히 가르쳐도 학동은 공부를 잘하지 못했다. 그런데 학동의 부모는 자기 자식이 능력이 안 된다는 소리는 하지 않고 훈장 탓으로만 돌리고, 어쩌다 일이 있어 잠시라도 자리를 뜨면 나쁜 소리만 돌아왔다. 조선 후기 훈장에 대한 사회적 대우가 그리 높지 않았음은 예산 지역에서 전해 오는 「서당요」書堂謠를 보아도 알 수 있다.

하늘천 따따지
가마솥에 눌은밥
득득 긁어서
할머니 할아버지
짚신에다 코 풀어 주고
선생님 똥죽가래 퍼 주고
너랑나랑
은숫가래 둘이 먹자.[11]

이「서당요」는 아이들에게 훈장이 친근한 존재였다는 것을 알려 주기도 하지만, 훈장이 위엄 있는 모습으로 그려지지도 않았을 뿐 아니라 놀림감이 되고 있다. 이것을 보면 그만큼 훈장의 사회적 대우가 높지 않았음을 알 수 있다. 물론 이 몇 가지 사례로 훈장의 수준을 단정하는 것은 조심스러워야겠지만 훈장이라 하여 딱히 지적 수준이 높았던 것 같지는 않다.

서당은 누가 세웠을까

학자들은 17세기 이후의 향촌 서당을, 훈장이 자기의 생계나 교육적 관심에서 설립한 '훈장 자영 서당', 향촌에서 가산이 넉넉한 자가 자제의 교육을 위해 훈장의 급비를 혼자 부담하고 근친의 아이 약간에게도 무료로 수업을 허락하는 '유지 독영 서당', 여러 유지가 협동으로 훈장을 불러 그들의 자제를 교육하는 '유지 협동 서당', 촌락 전체가 협동하여 훈장을 두고 마을의 아이들을 교육하는 '촌락 공영 서당' 등으로 나눈다. 백범 선생이 다닌 서당은 훈장의 급비를 그의 부모가 혼자 부담했기 때문에 외형적으로는 유지 독영 서당에 가깝다.

신존위의 집으로 서당이 옮겨 가게 된 것은 백범 선생의 가정 살림이 넉넉지 않아 훈장의 훈료를 지급하기 어려운 탓이었다. 이런 상황에 비춰 보면 서당을 유지하는 데 운영비가 많이 들었음을 알 수 있다. 기본적으로 훈장 가족의 생활비를 부담해야 했고, 그 외에 훈장의 의복이나 잡경비를 부담하기도 했다.[12]

개인이 돈을 내어 훈장을 모셔다 놓고 자신의 자제를 가리키는 것을 '가숙'家塾이라 했는데, 『하재일기』를 보면 능력 있는 훈장의 경우에는 훈료의 많고 적음에 따라 옮겨 다녔음을 확인할 수 있다.

> 팔곡八谷 신申 검서檢書가 가숙을 설립하려 하여 우리 가숙 선생 이 생원이 팔곡으로 거처를 옮겼다. 우리 집 아이들을 함께 배우게 해 달라고 백방으로 간청하니 마지못해 허락했다.[13]

이러한 가숙의 모습은 김득신金得臣(1754~1822)의 《행려풍속도병》行旅風俗圖屛 중 〈겨울채비〉나 이인상李麟祥(1710~1760)의 〈송하수업〉松下授業에서 볼 수 있다. 《행려풍속도병》에서는 한창 겨울 채비를 하고 있는 어느 양반집에서 결혼하지 않은 아이와 그를 가르치는 독선생을 볼 수 있다. 독선생은 손으로 책을 짚어 가면서 아이에게 글공부를 시키고 있다. 이인상의 〈송하수업〉에도 소나무 아래에서 결혼한 제자에게 글짓기를 가르치는 독선생을 볼 수 있다. 더운 여름날 야외에 나와 공부하는 모습이다. 스승의 앞쪽에는 주전자와 찻잔을, 제자의 주위에는 벼루와 연적 등을 그려 공부 분위기를 잘 드러낸다.

이인상, 〈송하수업〉 제목 그대로 소나무 아래에서 하는 수업이다. 한여름 솔향기 아래에서 공부에 열중하는 스승과 제자의 모습이 진지하기 이를 데 없다. 개인 소장.

이 외에 개인이 서당을 설립하여 학생들을 가르치는 경우도 있었다.

부암傅巖의 곁에 서당 한 칸을 지어 놓고 자제들과 시골 마을의 몽매한 선비들을 모아 학령學令(유생의 생활 규범)을 세우고 교육할 과목의 내용과 분량을 엄하게 하여 곡진하게 가르치면서 싫증을 내거나 게을리하지 않았는데, 이와 같이 하기를 수십 년 동안 했다. 이에 학도들 가운데 흥기한

사람이 많아서 글 읽는 소리가 온 경내에 들렸다.[14]

이 글은 학봉 김성일金誠一(1538~1593)이 지은 아버지 김진金璡에 관한 행장의 일부로, 생원이었던 그의 아버지가 서당을 세우고 학생들을 가르친 사실을 기록했다. 행장에 따르면, 김진은 소과에 합격해 생원이 되어 성균관에서 수학했으나 일찌감치 과거 공부를 폐했다고 한다. 어려운 집안 사정 때문이었을 것이다.

행장에는 김진의 어머니가 죽었을 때 슬하에 여덟 남매가 있었는데, 대부분 일고여덟 살이 되었거나 강보에 싸인 상태였다고 적혀 있다. 한밤중에 양쪽으로 어린 동생들을 끌어안고 있으면 어린아이가 어미젖을 찾았는데, 그 소리가 애처로워 김진이 자신의 젖을 물릴 정도였다. 젖이 나오지는 않았지만 아이가 젖꼭지를 빨면서 울음을 그쳤던 것이다. 김진은 온갖 고생을 다해 동생들을 기르면서 하지 않은 일이 없었다는데, 집안이 부유하지 않았다는 사실을 감안하면 서당도 생계를 위해 세운 것으로 보인다.

매일매일 읽고 외우고 검사받다

우리가 조선시대 서당 하면 가장 먼저 떠올리는 그림은 김홍도의 〈서당〉이다. 가운데 훈장을 중심으로 글공부를 하는 아이들이 그려져 있는데, 여기에는 남자아이들밖에 없다. 조선시대는 여성에게 문필 교양이 가로막힌 시대였다.

이익은 『성호사설』에서 "글을 가르치는 것과 배우는 것은 남자가 할 일이다. 여자가 이에 힘쓰면 그 해로움이 끝없을 것이다"라고 했다. 여성들이 아예 글공부를 하지 못한 것은 아니지만, 그만큼 남녀의 차별이 심각한 시대였음을 알 수 있다.

서당의 하루 일과는 대략 4등분해 볼 수 있다. 먼저 새벽에는 훈장에게 전날 배운 것을 확인받는 강講을 하여 통과하면 그날의 진도를 나간다. 오전 중에는 당일 배운 내용을 암송하면서 글의 의미를 파악하고, 오후가 되면 배운 내용을 계속 암송하거나 훈장과 함께 산책을 나간다. 저녁에는 배운 내용을 암송하면서 학동들과 함께 당일 배운 내용에 대해 문답하거나 다음 날 공부를 예습한다.[15]

교육 내용은 읽고 암기하는 강독講讀과 글을 짓는 제술製述 그리고 글쓰기를 연습하는 습자習字로 이루어진다. 강독 교본으로는 『천자문』千字文, 『동몽선습』童蒙先習, 『통감』通鑑, 『사략』史略, 『소학』小學, 『사기』史記, 사서, 삼경, 『당송문』唐宋文, 『당율』唐律 등이었다. 이 중 『소학』은 아동의 지혜와 덕성을 기르기 위한 중요한 교재였다. 생원시에 합격하고 성균관에 들어오는 사람의 자격 시험을 볼 때 『소학』의 통달 여부를 확인하기도 했다.[16]

글을 짓는 제술로는 오·칠언절구, 사율, 고풍, 십팔구시의 작품이 보통이었다. 훈장의 자질에 따라 각종 문장체를 학습하기도 했지만 작은 서당 가운데는 제술을 아예 제외한 곳도 있었다. 습자는 정서正書 또는 진서眞書라 할 수 있는 해서楷書와 자획을 생략하여 신속히 쓰는 흘림글씨인 초서草書가 주 내용이었다.

향촌 서당의 교육법은 생도의 능력과 수준에 따라 교육하는 개별지도였다. 많은 양을 가르치지 않았고, 아둔한 아이일수록 끈기를 가지고 가르쳤다. 서당에서는 계절에 따라 교과를 다르게 운영했는데, 봄과 가을, 겨

태격 김제 경주 김씨 월성부원군 봉사공파에서 행하는 무예이다. 조선 선비가 문만 아니라 무도 겸비하고자 했음을 보여 주는 한 사례이다.

울에는 경서류를, 여름에는 시를 짓는 문예 수업을 위주로 했다.

조선시대에는 물론 글공부의 중요성이 컸지만, 개인에 따라 몸을 단련하는 법을 가르치기도 했다. 임진왜란 때 의병을 일으켰던 중봉重峯 조헌趙憲(1544~1592)은 새끼줄로 줄넘기를 하는 방법을 만들어 아이들의 다리 힘을 키웠다고 하는데,[17] 자신을 찾아오는 선비들에게 글을 가르치기 전에 항상 줄넘기를 삼천 번씩 시켜서 둔한 선비들이 줄넘기를 하느라 몸놀림이 빨라졌다는 구전口傳도 전한다.[18]

이러한 일종의 체육 교육은 전북 김제에 거주하는 경주 김씨 월성부원군파의 지파인 봉사공파에서 행해졌다. 이 집안에는 태극을 음차한 태격太擊이라는 무예가 전해지는데, 사서삼경을 공부한 이후에 배우는 것이

김홍도, 〈서당〉 한 서당 안에 신분이나 나이가 각기 다른 학동들이 함께하고 있다. 가운데서 한 아이가 울고 있는데 주변 동무들은 키득거린다. 호통을 친 선생의 얼굴도 화가 났다기보다는 어찌하면 좋을지 몰라 난감해하는 표정이다. 무슨 일이 있었는지 짐작하기 어렵지만 웃음이 절로 나오는 그림이다. 국립중앙박물관 소장.

원칙이었다고 한다. 물론 한 집안에서만 전해지는 것이라 일반화할 수는 없겠지만, 문만을 강조한 것이 아니라 문무를 고르게 가르쳤음을 보여 주는 한 예가 아닌가 싶다.

 이제 김홍도의 그림 〈서당〉을 보자. 훈장과 학동들의 모습이 보인다. 발목을 만지며 울고 있는 아이와 어쩔 줄 몰라 하는 훈장의 모습, 이런 모습에 키득키득 웃고 있는 아이들이 보인다. 우는 아이는 필경 잘못하여 회초리를 맞았을 터이다. 여기에 보이는 아이들의 모습은 다양하다. 어떤 이는 갓을 썼고 어떤 이는 덩치도 작고 댕기머리를 하고 있다. 이것을 보면 조선시대 서당에 다양한 연령층이 함께 공부했음을 알 수 있다. 가장 덩치가 작은 학동은 옷차림이 남들과 다르다. 나이가 매우 어릴 것으로 짐작된다. 조선시대에 보통 글공부를 몇 살부터 시작했는지는 사람마다 다르므로 분명하지 않지만 대체로 일곱에서 여덟 살에 시작한 것으로 보인다.

이덕무가 쓴 『청장관전서』에는 동생 정대에게 그의 나이가 다섯 살이 되었으니 배울 수 있다고 하면서 자신도 그 나이에 배웠다고 했으니, 빠르면 다섯 살부터는 글공부를 시작할 수 있었을 것이다. 그렇다면 김홍도의 〈서당〉에 나오는 덩치가 가장 작은 학동의 나이도 다섯 살 정도가 아닐까? 그렇게 어린 나이에 하는 공부가 효과가 있었을지 의문이지만, 어쨌든 글공부는 관직에 오를 수 있는 거의 유일한 방법이었으므로 조선시대 사람들은 한 살이라도 어릴 때부터 공부를 시키고 싶었을 것이다.

조선시대 서당에서는 일강日講을 주로 하여 수업을 진행했다. 강講은 이미 배운 글을 소리 높여 읽고 그 뜻을 질의 응답하는 방법으로, 암송 낭독하는 배강背講과 책을 보고 낭독하는 면강面講이 있었다. 서원에서처럼 열흘마다 시험을 보는 순강旬講, 보름마다 시험을 보는 망강望講, 달마다 시험을 보는 월강月講 등으로 나누기도 한다. 『백범일지』에 보듯이, 때에 따라서는 월강 이후 음식을 차려 대접하기도 한 것 같다.

서당의 주요 일정인 일강은 날마다 전날 배운 부분을 시험 보는 것이다. 이를 통과하면 다음 진도를 나갔다. 울고 있는 학동은 일강에서 떨어진 모양이다. 매를 맞아 아파서 울고 있는 것일까? 학동의 바지춤이 올라가 있지 않고, 대님을 매고 있는 거라면, 두 손을 써야 할 텐데 한 손만 가 있는 걸 보면 맞은 후의 상황은 아닌 듯하다. 바지를 걷으려고 대님을 푸는데, 미리 겁에 질려 울고 있는 것 같다. 그런 학동의 모습에 다른 학동들이 웃고 있는 것은 아닐까?

울고 있는 학동

이 그림이 아니라도 서당이라 했을 때 떠오르는 장면 중의 하나는 회

김준근, 서당 풍경 조선 3대 풍속화가 중의 한 사람으로 구한말에 활동한 기산 김준근이 그린 서당의 모습이다. 김홍도의 그림에서와 마찬가지로 나이도 신분도 다른 학동들이 같이 수업하는 모습을 볼 수 있다. 학동들이 입고 있는 색색의 화려한 복장이 눈길을 끈다. 오른쪽에 있는 그림은 전날 배운 부분을 훈장이 확인하는 장면이다. 독일 함부르크민족학박물관 소장.

초리를 든 무서운 훈장님이다. 『기재잡기』寄齋雜記•에는 이런 기록이 보인다.

> 임당(정유길)이 총각으로 원계채의 집에 데릴사위로 들어갔는데, 계채는 문익공(정광필)과 벗이었다. 문익공이 원(계채)에게 부탁하기를 "글 읽기를 권하되 부지런히 하지 않거든 종아리를 쳐도 좋네"라고 했다. 원이 공의 말대로 글 읽기를 권했으나 따르지 않고, 종아리를 치려 하면 공에게로 도망가 버리고 돌아오지 않았다.

• 조선 초기부터 명종에 이르는 야사가 담긴 책.

원계채가 언젠가 공에게 묻기를 "요새는 글 읽는 것이 어떠하오"라고 하자, 공이 대답하기를 "유길이 글 읽는 것은 날마다 '아니 불不' 자요"라고 했더니, 임당이 방안에 드러누워 가만히 듣고 있다가 곧 대꾸하기를 "할아버님 약주 드신 것은 아침마다 '사나울 맹猛' 자랍니다"라고 했다. 공이 기뻐하면서 "자네는 염려 말게, 나중에 꼭 큰 인물이 될 걸세"라고 했다.[19]

예나 지금이나 공부하기를 좋아하는 아이는 없었다. 글 읽기에 게으름을 피우면 할아버지가 손자의 공부를 위해 회초리로 종아리를 치게 마련이다. 『양아록』에도 금쪽같은 손자를 때리는 장면이 나온다. 「아이를 때리며 탄식하다」라는 시에 보면, 1560년 단오 다음 날에 손자인 숙길(수봉으로 개명)이 화를 내므로 종아리를 때려 그것을 깨우쳐 주는 장면이 나온다.

아이의 종아리를 때리는 건 내가 악독해서가 아니오
아이의 나쁜 습관을 금지시키기 위해서라.
악습을 금지시키지 않으면 고질이 되어 끝내 금지시키기 어려우니
악습의 기미는 초기에 바로 꾸짖고 금해야 하리.
내가 화내는 까닭은 화 잘 내는 아이를
회초리로 징계하며 절제시키려는 것.
아이를 가여워하는 고식적인 마음이
사사건건 그렇게 아이의 마음을 반복되게 했도다.
단오 때는 그네뛰기를 했는데, 곳곳에서 아이들이 그네를 타네
우리 아이도 그네를 타겠다 조르기에 허락했네.
오래도록 바람에 몸을 날리더니
이튿날도 오로지 그네에 몸을 매달고 있네.

전혀 책을 돌아보지 않기에 아울러 책도 읽으라고 말을 전하며
연구로 글을 지으라 하고, 그렇지 않으면 그네를 끊겠다 했네.
아이는 남이 제 뜻을 거스르는 건 싫어하면서
남을 거슬리게 하면 안 된다는 건 일찍이 깨닫지 못하네.
단칼에 그네를 끊어 버렸으나 남은 분이 풀리지 않아
손자를 불러 혹독하게 꾸짖고, 손들고 있으라 준엄하게 벌주네.
회초리로 종아리를 세차게 때려 외마디 비명이 터져 나오니
십여 대를 때리고는 차마 더 때리지 못하고
나중에 봐 가면서 더 때린다고 타일렀네.
그만 때리자 한참을 엎드려 우는데, 늙은이 마음 또한 울고 싶을 뿐이라.
혈육 간의 천성적 자애심이 자연 슬프게 하는 것이라오.
남의 일이라면 어찌 슬퍼하리요.
언제 아이의 지혜가 밝아져 때가 되면 스스로 허물을 알게 될꼬.
할아버지 마음 헤아려야 할 것이니
개선하길 바라는 것이 참으로 지극한 정이라.
응당 후일에 알게 될 것이니 거의 느끼게 되는 날이 있으리라.
이를 보고도 마음을 긴장하여 행동하지 않으며
호시탐탐 이욕을 따라 움직이니
아, 나 또한 장차 어찌한단 말인가.
자포자기해야지 어찌할 수 없도다.[20]

이문건은 회초리를 들 수밖에 없었던 이유를 말했다. 아이의 나쁜 습관을 고치기 위한 것이었지만 돌아서서 귀한 손자의 울음에 마음 약해지는 할아버지의 심정도 잘 드러난다. 옛사람들이 종아리를 맞을 때는 목침

회초리를 맞는 학동 아이가 얼마나 긴장되고 무서웠을까? 그러나 이 사진은 연출된 사진이다.

에 올라가서 맞았는데, 목침이 좁아서 잘못하면 넘어지기도 했다. 그 풍경을 생각하면 우습기도 하고 안쓰럽기도 하다.

어찌되었든 옛사람들은 교육할 때 체벌을 엄하게 했기 때문에 전날 배운 것을 암송하지 못한 학생은 서당에 갈 때 싸리나무 회초리를 서너개 만들어 가야 했다. 교육에서 회초리를 사용하게 된 데는 분명한 이유가 있다. 그 이유는 『홍재전서』弘齋全書를 통해 살필 수 있다.

『서경』書經 「순전」舜典에 "회초리를 교육의 형벌로 삼는다"라고 했다. 몽매蒙昧(어리석고 사리에 어두움)한 자를 다스리는 방법은, 형벌로써 보여주면 사람들이 두려워할 줄을 알게 되어 깨우치는 계기가 그로 말미암아 비롯될 것이다. 그래서 이를 일러 "어리석고 사리에 어두움을 일깨워 준다"고 한다. 그러나 몽매함을 가르치고 몽매함을 깨닫게 하는 것이 본래 두 가지 일이 아니니, 전날의 몽매함을 일깨우는 것은 깨닫게 하는 것이

고, 뒷날의 지혜로움을 일깨우는 것은 가르치는 것이다.²¹

『서경』의 '회초리로 교육한다'는 말을 근거로 들었으니 회초리질에는 엄연한 근거가 있었던 셈이다. 분명한 꾸짖음을 통해 어리석음과 사리에 어두움을 일깨운다는 목적이 있었다. 요즘 세상에서는 선생이 학생을 체벌하기가 어렵지만, 옛사람들에게 회초리질은 분명히 교육의 한 과정이었다.

즐거워라, 책거리 날이라네

서당에는 훈장과 학동만 있었던 것은 아니다. 서당에 다니는 학생들이 많으면 서당 운영의 편의를 위해 접장接長이라는 사람을 두었다. 이 접장은 무슨 역할을 했을까. 『용재총화』慵齋叢話*에 기록된 김구지金懼知의 이야기를 보자.

군의 자字는 근부謹夫인데, 개성開城에서 서울로 와서 숭례문崇禮門 밖에 있는 남의 집을 세내어 살았다. 사서삼경을 깊이 이해하지는 못했으나 통하지 않는 바가 없었다. 과거에도 응시했으나 여러 번 초시에만 합격했을 뿐 마침내 급제하지는 못했다. 사람됨이 순진하고 근면했으며 마음이 즐겁고 편안하여 사람들과 사귈 때는 예에 어긋남이 없었다. 이런 까닭으로 많은 조정 명사들이 이 사람과 사귀었다. 집안이 어려워서 종이 없었고, 남의 여자 종을 얻어 첩으로 삼았으며, 항상 여염집의 어린이 수십 무리

* 조선 전기의 문신·학자인 성현成俔의 수필집.

를 모아 긴 행랑을 만들어 거처하게 했다. 자질이 능하고 능하지 못함에 따라 반을 나누어 가르치되, 아침에 모이게 하고 저녁에는 흩어지게 했으며, 그 가운데서 능한 자를 뽑아 유사有司로 삼았다.

또 일직 제도가 있었는데, 그 법을 학궁의 의례에서 모방했다. 외우지 못하는 자·게을러서 읽지 않는 자·다투며 서로 욕하는 자·스승과 연장자에게 무례한 자·결석한 자·늦게 온 자가 있을 것 같으면 일찍이 유사에게 글로 알리고, 유사는 (이를 다시) 스승에게 고하여 그 죄의 경중에 따라 처벌했다. 또 열흘마다 시를 짓게 했으니, 고하의 차례에 따라 뜰에서 이름을 불렀다. 사람들이 근면함을 서로 다투고 세시 명절에는 서로 술병을 가지고 와서 드렸다.[22]

개성에서 서울로 온 김구지라는 자가 생계를 위해 서당을 세웠는데, 학동들의 수가 많아서 유사有司를 두어 운영했다고 적혀 있다. 유사는 일반적으로 행정 사무를 맡아 보는 이이다. 반면 접장은 공부와 관련된 일을 하는 자를 말한다. '접'은 떼나 무리를 뜻하니, 접장은 무리의 우두머리이다. 규모가 큰 서당에서는 훈장을 돕기 위해 학동 가운데 나이와 지식이 많은 자를 두세 명 뽑아 접장으로 세웠다. 이를테면 지금의 '학급 반장'과 같은 역할이다.

서당에서 접장이 되려면 학동들 중 나이가 많아야 할 뿐 아니라 학업도 일정 수준에 올라 있어야 했다. 접장은 훈장 대신 나이 어린 학동들을

작자 미상, 〈서당도〉 공부하는 서당의 모습이 어수선하다. 뭔가 즐거운 일이 있는 모양이다. 아주머니와 처자가 음식이 담긴 광주리를 이고 들어오는데 공부가 될 리 만무하다. 이렇듯 책거리하는 날이면 학동의 집에서 음식을 해와 훈장과 동학들에게 흥겹게 대접하곤 했다. 국립중앙박물관 소장.

지도하기도 했다. 김구지의 서당에 있었던 '유사'는 접장의 역할도 겸했던 것으로 보인다.

한편 이 글을 보면, 보통 서당에서는 대개 10~12시간 정도 수업을 하는데, 김구지의 서당에서 일직 제도를 두었다고 하니 때에 따라 야간에도 공부하는 학동이 있었던 것 같다.

작자 미상의 〈서당도〉에서 접장을 찾을 수 있다. 그림을 보면 마루 위에서 학동들은 자신들끼리 수다를 떨고, 서당 훈장은 비스듬히 앉아 있다. 가지런히 정리되지 않은 신발과 외롭게 떨어져 있는 신발 한 짝을 보고 있으면 슬며시 입가에 웃음이 비어져 나온다. 한쪽 마당에서는 한 인물이 댕기머리를 한 학동을 회초리로 때리고 있는데, 훈장이 지켜보는 상황을 생각하면 이 인물이 접장이 아닐까? 접장이 제대로 공부하지 않는 학동을 혼내고 있는 장면으로 보인다.

이 〈서당도〉를 좀 더 들여다 보면, 아이들이 공부는 하지 않고 수다만 떨고 있고, 훈장도 그다지 가르치려는 의지가 보이지 않는다. 어수선해 보인다. 무슨 일이 있는 걸까.

위쪽에서는 한 아주머니가 음식상을 내오고, 아래쪽에서는 결혼하지 않은 처자가 음식이 담긴 것으로 보이는 광주리를 머리에 이고 온다. 점심을 먹는 때일까? 그러나 앞서 살펴본 『백범일지』에서는 학동들이 각자 밥이 든 구럭을 메고 왔다. 서당에서 식사를 내 줄 정도로 훈장의 형편이 넉넉하지 못했기 때문에 학동 각자가 도시락을 싸 와야만 했던 것이다.

이 풍경은 '책거리'가 있었다는 증거이다. 학동이 책 한 권을 다 익히고 나면 서당에서 스승과 친구들에게 간단한 잔치를 베풀었다. 이를 책거리라고 한다. 그림 속에 광주리를 이고 오는 처자를 응시하는 한 학동의 모습이 보인다. 책 한 권을 다 떼고 자기 집에서 음식을 가져오는 계집종

작자 미상, 〈책거리도〉 '책거리'라는 말은 책 한 권을 뗄 때마다 학동이 훈장에게 고마움을 표시하는 행사를 뜻하기도 하고, 그 자체로 문방구류를 그린 그림을 의미하는 경우도 있다. 서가도, 문방도, 책가도라고도 한다. 책가를 배경으로 책, 문방구, 족자, 도자기, 수석 등을 소화롭게 배치하여 그린다. 그 색감이 화려하고 원근법을 무시하고 그리는 것이 특징이다. 주로 선비가 아들의 방을 장식하기 위해 주문했고 서재에 비치하기도 했다.

을 바라보는 것은 아닐까?

책거리는 책씻이(册施時)라고 하며, 세책례洗册禮·책세식册貰式·책례册禮·괘책례掛册禮라고도 했다. 책거리를 서당의 어린 학동들만 한 것은 아니었다. 임금도 책거리를 했다. 정조의 글을 모아놓은 『홍재전서』에서 책거리의 모습을 볼 수 있다.

지난 어린 시절 책 한 질을 읽고 나면 자궁慈宮께서 간략한 음식을 차려 주셨는데, 그게 바로 세간의 풍속에서 말한 책씻이라는 것이었다. 금년 겨울에는 『춘추좌씨전』春秋左氏傳을 읽었는데, 그것을 다 읽고 나서 자궁께 고했더니 자궁께서 매우 기뻐하시면서 술과 떡을 준비하여 그 일을 기념하려 하시기에 내가 감인監印과 토를 달고 구두를 떼고 한 여러 사람을 불러 자궁의 은덕을 만끽하게 했다.[23]

한 나라의 임금도 술과 떡 등의 음식을 장만하여 책거리를 했음을 알 수 있다. 책을 한 권 뗀 아이의 집에서는 훈장에게는 약주와 음식을 대접하고, 학동들에게는 떡을 해서 먹였다. 주로 국수·경단·송편 등을 장만했다. 이 중에서 송편을 음식으로 하는 이유는, 송편이 비어 있는 속에다 팥이나 콩·깨 등을 넣어 만들듯 학동도 속을 꽉 채우라는 의미를 지니고 있다고 한다.

책거리 외의 서당에서 벌어졌던 행사로는 개접례開接禮·파접례罷接禮 등이 있었다. 개접례는 개학식과 비슷한 행사였다. 파접례는 서당이 일정한 기간의 학습을 끝내고 하는 행사였다. 개접은 3월에서 5월 사이에 적정한 날을 선택하며, 파접은 음력 7월이 지나 날씨가 서늘해지면 했다. 『해동죽지』海東竹枝•에는 4월 초에 개접례를, 7월에 파접례를 행한다는 기록이 있다. 『하재일기』를 보면 1892년 7월 15일에는 파접례에 음식 마련을 위해 7냥을 추렴했고, 1893년 7월 10일에는 파접 후에 밥과 국, 술과 안주를 마련해서 종일 먹었다는 기록이 있다.[24]

• 조선 말 문신이자 서예가인 최영년崔永年(1856~1935)이 여러 가지 역사적 사실과 민간 전승 놀이, 세시풍속 등을 간단한 주석과 함께 기록한 책.

한 번에 급제하라

　작자 미상의 〈서당도〉에는 이해하기 어려운 부분이 있다. 마당에 그려진 학 두 마리가 그것이다. 학은 인간을 가까이 하는 새가 아니다. 학이 저렇게 인간 가까운 곳에서 한가로이 서성이는 모습은 현실적으로 상상하기 어렵다. 따라서 숨겨진 뜻이 있는 것으로 생각해 볼 수 있다. 원래 동양에서 학은 일품一品이라는 의미로 이해된다. 즉 서당에서 공부를 열심히 하고 과거 시험을 봐서 관직에 나가, 그 벼슬이 1품까지 오르기를 바란다는 뜻으로도 해석할 수 있다.

　그런데 왜 굳이 두 마리일까? 그것은 소과와 대과를 봐야 하는 과거 제도와 관련이 있다. 원래 학 한 마리를 열매가 달린 연꽃, 즉 연과蓮菓와 함께 그리는데, 학 한 마리를 말하는 '일로'一鷺는 한 걸음이라는 '일로'一路로, '연과'는 시험이 연달아 있다는 '연과'連科로 표기할 수 있다. 이를 이어서 읽으면 '일로연과'一路連科가 된다. 즉 소과와 대과, 두 번 봐야 하는 과거 시험에서 연달아 합격하기를 바란다는 뜻이 된다. 이런 의미가 담긴 〈일로연과도〉를 종종 볼 수 있다.

　헌데 시간이 흐르면서 원래의 의미를 잃어버리고 연 열매 대신에 학 한 마리를 더 그리는 것으로 변질되었다.[25] 이 그림도 변질된 형태인데, 화가가 학동들이 연달아 과거에 합격하기를 바라는 마음을 그림으로 표현한 것으로 보인다.

　과거 합격은 바로 서당 공부의 마감이 아니었을까. 선생의 학문의 깊이와 학동 개인의 능력에 따라 공부하는 기간은 저마다 달랐다. 그러나 배우는 자는 언젠가는 가르치는 자의 곁을 떠나게 되어 있다. 그렇다면 옛사람들의 '졸업식'은 어땠을까? 남명 조식은 제자가 학업을 마치면 짐승 한

신사임당, 〈노련도〉鷺蓮圖   열매가 달린 연꽃과 학 대신 학 두 마리로 일로연과의 뜻을 나타낸다. 변형된 그림이다. 서울대박물관 소장.

마리를 주는 것이 관례였다고 한다. 물론, 진짜 짐승을 주는 것이 아니라 마음의 짐승을 주는 것이었다.『연려실기술』燃藜室記述에는 이기옥李璣玉의 일기를 인용해 약포藥圃 정탁鄭琢(1526~1605)이 조식에게 소를 받은 이야기가 나온다.

약포 상공相公(정탁)이 말하기를, "젊었을 때에 남명을 뵈었는데 작별에 임하여 남명이 홀연히 말씀하기를, '내 집에 소 한 마리가 있는데 군이 끌고 가게' 하니 내가 무슨 말인지 몰랐다. 그러자 남명이 웃으며 말하기를, '군의 말과 얼굴빛이 너무 민첩하고 날카로우니, 날랜 말(馬)은 넘어지기 쉬운지라 더디고 둔한 것을 참작해야 비로소 멀리 갈 수 있으므로 내가 소를 주는 것이네'라고 했다. 그후 수십 년을 다행히 큰 잘못 없이 지낸 것은 선생 덕이다"라고 했다.[26]

조식은 정탁에게 소 한 마리를 끌고 가게 했는데, 정탁이 기가 세고 조급하여 넘어져 다칠 것을 걱정하여 소처럼 둔중하게 처신하기를 바라는 마음에서 그랬던 것이다. 조식은 게으르면 닭을, 야심이 많으면 염소를, 약삭빠르면 돼지를, 주의력이 산만하면 거위를, 느리면 말을 주었다고 한다.[27] 세상을 향해 떠나는 제자에게 그 면면을 살펴 가르침을 주려는 스승의 마음을 느끼게 하는 이야기다. 단순한 지식보다는 세상살이에 필요한 지혜를 가르치고자 한 것이다.

3장

시집가고 장가오는 게 이리 힘들어서야

인륜지대사, 혼례

낭군은 백마 타고 왔고
나는 홍교 타고 시집가네
한번 맺은 검은 머리털
파뿌리 되도록 같이 살자 하였네

예나 지금이나 인생의 가장 큰 일은 바로 남녀가 만나 함께 사는 일이 아닐까. '인륜지대사'人倫之大事라는 말을 혼례에 붙이는 것을 보면 말이다. 그렇다면 옛사람들은 몇 살부터 혼인할 수 있었을까? 영화나 만화에서 보는 꼬마 신랑 이야기처럼 아주 어릴 때부터 혼인이 가능했을까?

『경국대전』經國大典에 따르면, 조선시대에는 남자는 열다섯, 여자는 열네 살이면 결혼할 수 있었다. 그 이전에 혼례를 의논하는 의혼議婚은 아들딸의 나이가 열세살이 되면 가능했다. 더 어린 나이에도 가능했는데, 두 집안의 부모 가운데 지병이 있거나 부모의 나이가 만으로 쉰이 넘고 열두 살 이상 된 자녀가 있을 때는 관에 신고하면 혼인을 허락받을 수 있었다.[1]

조선시대의 혼인, 특히 양반의 혼인은 개인과 개인이 아닌 집안과 집안 사이에서 이루어졌다. 따라서 결혼은 두 사람이 좋아한다고 해서 할 수 있는 것이 아니었다. 물론, 서로 좋아해 혼인하는 경우가 전혀 없는 것은 아니었겠지만, 그러한 혼인은 사람들이 천하게 여겼고, 그 사이에서 태어난 아들은 벼슬길에 나올 수가 없었다.『학봉집』에는 동성同姓끼리는 혼사를 맺지 않으며, 비록 이성異姓이더라도 가까운 친족일 경우에는 혼인하지 않는다고 되어 있다. 반드시 집안의 수준이 비슷하고 가풍家風이 바르게 선 집안을 골라 혼인을 상의하는데, 먼저 매파를 통해 교섭한 뒤 양쪽 집안이 서로 허락하면 육례六禮를 갖추어 혼례를 하게 된다. 육례는 납채納采-문명問名-납길納吉-납징納徵-청기請期-친영親迎을 말하는데, 모든 지역이나 집안에서 다 지켜지는 것은 아니었다.

여섯 가지 순서를 꼼꼼히 따졌을까

혼례의 첫 시작인 납채는 신랑 될 사람의 집에서 신부 될 사람의 집으로 규수를 간택하겠다는 의사를 통보하는 것이다. 『가례』에서는 이를 '말로 약속하는 것'이라 하여 '언정'言定이라고도 한다.

납채 다음 순서인 문명은 말 그대로 이름을 묻는다는 의미인데, 신부의 이름을 물어 길흉을 점쳤다. 신부의 외가를 파악하기 위해 신부 어머니의 이름을 묻기도 했다. 안정복의 『순암집』順庵集을 보면 17세기의 혼례풍속을 자세히 살필 수 있는데, 문명이라는 절차는 후대로 갈수록 시행하기가 어려웠으므로 『가례』에서 삭제했다고 한다. 두 집안이 혼인을 하기로 정한 후에는 '사주단자'四柱單子를 보낸다. 신랑 집에서 신랑의 연명年命(태어난 연월일시의 네 간지)을 써서 신부 집에 보내는 것이 사주단자인데, 이는 천간지지天干地支로 보는 궁합 등 앞으로의 길흉화복을 살펴 혼례일을 택일할 때 참고하기 위한 것이다. 그러나 실제로는 먼저 사주를 알아 궁합을 본 뒤 혼인을 허락했으므로 이는 형식에 불과했다. 안정복이 살던 시기에는 연명을 고쳐서 길한 날에 맞추거나 나이를 줄여 나쁜 연명을 기피하고 감추는 일도 있었다고 한다.

신랑의 연명을 받은 다음에 결혼날을 받아서 보내주는 것은 '연길단

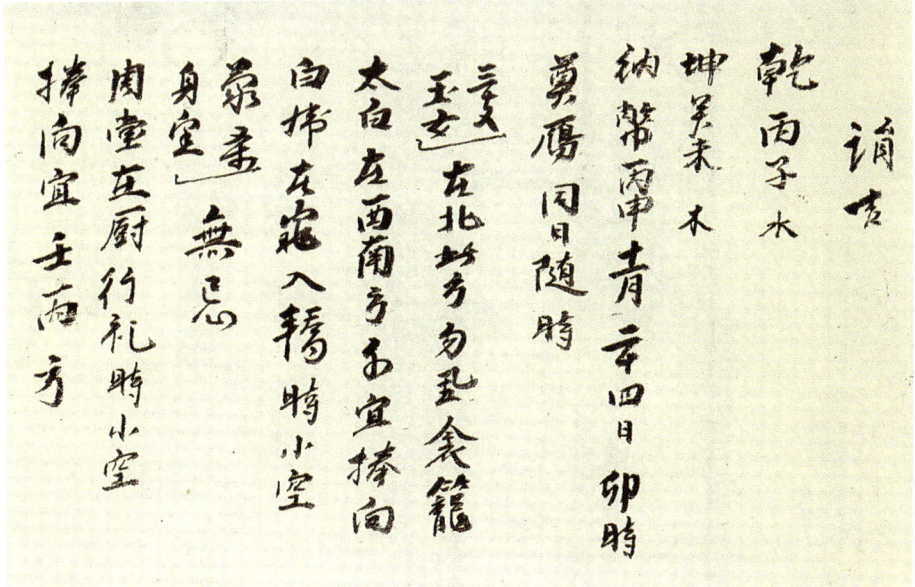

연길단자 연길은 신부 집에서 혼인 날짜를 고르고 이를 알리고자 신랑 집에 보내는 단자이다. 병신년 11월 24일 묘시로 대례 날짜와 시기를 택하고 이를 신랑 측에 통보한 것으로, 당시 신랑은 21세, 신부는 14세였다. 전북대박물관 소장.

자涓吉單子이다. '연길'이라는 단어는 '길일(吉)을 선택한다(涓)'는 뜻인데, 신부 쪽에서 전안일과 납폐일을 적고, 이 종이를 다섯 번 혹은 일곱 번 접어 보냈다.

납길納吉은 납채한 뒤 신랑의 집에서 사당에서 점을 쳐 나온 길한 점괘를 신부 집에 통보하는 것이고, 납징納徵은 납폐納幣와 같은 말로 신부 집에 혼서婚書와 혼수를 보내는 것이며, 청기請期는 신랑 집에서 혼인할 날짜를 받아 신부 집에 그 가부를 묻는 편지를 보내는 것이다. 묻고 답하고 오가는 예가 지금의 눈에는 참 번거롭고 복잡해 보인다.

납폐 풍속과 관련하여 기산 김준근의 그림이 남아 있다. 이 그림을 보면 청사초롱을 든 두 사람 뒤로 함을 맨 남자가 두 사람 보이고, 그 뒤에

김준근, 〈납폐〉　청사초롱을 앞세우고 함진아비가 가고 있다. 오늘날에는 '함진아비'를 신랑 친구가 맡지만 옛날에는 상민이 맡았다. 그때도 "함 사세요"라고 소리 지르는 풍경이 있었을까? 독일 함부르크민족학박물관 소장.

한 사람이 따르고 있다. 납폐에 대해 『순암집』에는 이렇게 적혀 있다.

> 대저 저잣거리 풍속에서 납폐할 때, 함진아비(負函人), 여자 집에서 함을 받는 계집종, 전안奠雁•할 때 촛불을 드는 사람은 모두 복이 많은 사람을 쓰는데, 이는 모두 미신에 가깝다. 혼인은 정당한 예식이니 마땅히 이런 무리는 금해야 한다.[2]

유학자의 입장에서는 미신을 믿는 일반인의 습속이 반갑지 않았겠지만, 혼인이라는 인륜지대사 앞에서 보통 사람들은 미신이라 해도 신랑·신

• 혼례 때, 신랑이 기러기를 들고 신부 집에 가서 상 위에 놓고 절함.

부의 행복한 앞날을 위해 복이 많은 사람을 쓰고 싶었을 것이다.

안정복은 당시 풍속에 의하면 채색 보자기로 폐백을 싸서 작은 칠함漆函에 담아 자물쇠로 채우고, 혼서를 채색 보자기에 싸서 함 속에 넣고 함을 다시 색깔 있는 보자기로 싼다고 하면서, 납폐가 전안하는 날 새벽에 이루어졌다고 적었다. 이를 '마두납채'馬頭納采라 한다. 신랑의 말 머리에서 납채가 이루어져 그렇게 불린 듯하다. 대개 납폐는 혼인 전에 이루어졌다.

그리고 이러한 과정이 모두 행해지면 사대부는 친영을 통해 성혼成婚하려고 했다. 친영은 신랑이 신부를 친히 맞이한다는 뜻을 가진 혼인 의식의 하나로, 신랑이 성혼하기 위해 신부 집에 가서 전안하고 신부를 신랑 집에 맞이해 와서 교배례交拜禮* 등의 의례를 행하는 것이다. 즉 신랑이 신부 집에 가서 신부를 데려다가 신랑 집에서 결혼식을 치르고자 했다.

헌데 우리나라에는 전통적으로 결혼 후 신랑이 신부 집에서 머물러 사는 풍속이 있었다. 고구려의 서옥제壻屋制(데릴사위제의 일종) 등에서 그러한 예를 살필 수 있다. 이 풍속은 조선 전기까지도 유지되었다. 하지만 이러한 풍속은 부계를 중심으로 하는 집안이나 친척 등의 혈족 결집에는 큰 도움을 주지 못했다. 이 때문에 부계 중심의 적장자를 우대하는 종법宗法이 도입된 뒤에는 사대부들이 이 문제를 제기해 친영례親迎禮를 정착시키려 했다. 그러나 오랫동안 내려오던 풍속이 하루아침에 변할 수는 없었고, 현실적으로도 행해지기가 어려웠다. 『순암집』을 보자.

혼례의 친영 문제에 대해서는 하신 말씀이 옳고 저도 그렇게 생각해 왔습니다. 그러나 그것은 도시에 사는 사람들의 말이지 시골같이 길이 멀면

* 신랑과 신부가 서로 절하는 예식.

함께 데리고 왕래할 수가 없으니, 옛 분들이 친영하지 않은 것은 아마 이 때문이었을 것입니다. 한탄스러운 것은 지금 시속이 혼례에 대해 너무 데면데면한 것입니다. 의혼 초기부터 구체적인 서신 왕래도 없이 남이 하는 대로 연명을 적은 사주나 보낸다면 대례大禮가 처음부터 너무 소홀하게 다루어지는 감이 있습니다. 이 때문에 이쪽에서 사람을 보낼 때 옛날 납채하는 식으로 하고, 겸하여 옛날의 문명처럼 규수 쪽에도 청하며, 납폐 서한 가운데에 납길·납징·청기 절차까지 겸해 버리려고 합니다. 이는 지금 풍속을 따르면서도 옛 예절은 예절대로 지켜 한 가문의 사사로운 규칙으로 삼아 볼까 하는 뜻이지, 그렇게 하는 것이 꼭 옳다는 것은 아닙니다.

가까운 지역에 사는 사람들끼리는 친영례를 행할 수 있었지만, 거리가 먼 사람들은 신부 집에 가서 전안하고 친영해서 신랑 집에서 혼인하기가 현실적으로 어려웠던 것이다. 이러한 이유로 어느 정도 절충하여, 신부 집에 교배례와 합근례合쫍禮*를 행하고 다음 날까지 혹은 사흘 정도 신부 집에 머문 다음에 신랑 집으로 우귀于歸**하여 그곳에서 현구고례見舅姑禮***를 행하는 반친영법半親迎法이 정착되었다.

지금은 말할 것도 없지만, 당시에도 너무 번잡하다 보니 여섯 가지 예를 다 갖추기는 어려웠던 모양이다. 왕공王公과 귀인貴人의 경우에는 여섯 가지 예를 다 갖추어 결혼하려고 했지만, 사대부 이하의 경우에는 납폐와 친영 두 가지 예만을 행했다고 한다. 조선시대에도 큰 틀만 지킬 뿐 그때그때 융통성 있게 혼례에 대처했음을 알 수 있다.

* 술잔과 표주박에 각각 술을 부어 마시는 의식.
** 대례를 마치고 사흘 후 신부가 처음으로 시집에 들어감.
*** 신부가 시부모님을 뵙는 예.

사모관대 쓰고 백마 타고 가네

이제 《모당 홍이상 평생도》 중 〈혼인식〉을 보자. 말을 탄 신랑이 신부 집을 향해 간다. 혼례를 치르기 위해 신부 집으로 가는 신랑 홍이상과 그 일행이다. 혼행은 친행親行 혹은 서행壻行이라고 한다.

홍이상이 살던 조선시대에는 열넷 혹은 열다섯 살에 결혼이 가능했다. 지금에 비하면 상당히 이른 나이에 결혼하는 셈이다. 이 때문에 조혼早婚으로 인식하기도 하는데, 당시 평균 생존 연령이 지금보다 훨씬 짧았고, 열여섯이 되면 군역 등의 의무를 지는 온전한 성인인 정丁으로 대우받은 사실을 보면 열다섯 살이 되면 성인과 거의 동등하게 여겨졌을 가능성이 높다.

그림 속의 홍이상의 나이는 스물하나다. 당시의 기준으로 보면 홍이상의 혼인은 상당히 늦은 것처럼 보인다. 하지만 누구나 다 열넷 혹은 열다섯 살에 결혼하지는 않았을 것이다. 윤휴尹鑴(1617~1680)가 쓴 『백호전서』에는 "남자 나이 열여섯에서 서른까지와 여자 나이 열네 살에서 스무 살까지가 혼인할 나이다"라고 하여 결혼 연령의 폭이 넓음을 알 수 있다.³ 그러니 홍이상도 적절한 나이에 결혼했다고 보아야 할 것이다.

행렬의 맨 앞에 청사초롱을 들고 다리를 건너는 네 사람이 보인다. 이들은 벙거지라고도 불리는 전립戰笠과 검은색 웃옷인 흑의黑衣를 입고 있는데, 일반인의 복색은 아니다. 『경도잡지』京都雜志•에 관청에서 아전이나 노복을 빌려다가 신랑을 호위하고 청사초롱을 들고 거리를 간다는 기록이 있어 이들이 관청의 노복임을 짐작할 수 있다.⁴

• 조선 후기의 실학자 유득공柳得恭(1749~1807)이 지은 서울의 세시풍속지.

『사례편람』四禮便覽*에는 사대부의 혼례에 2~4개의 초롱을 사용하도록 권하고 있는데, 홍색은 양을, 청색은 음을 상징한다. 안정복의 『순암집』에는 이렇게 적혀 있다.

세상 풍속에 작은 횃불 4개를 말 2필에 태워서 어린아이를 시켜 앞에서 인도하게 하면서 이를 '봉거군'奉炬軍이라고 하는데, 곧 예禮에 말한 대로 2대의 횃불로 앞을 인도한다는 취지이다. 마땅히 횃불을 2대 써야 할 것이다. 지금 사람들은 흔히 촛불로 대신하는데, 비록 근래의 풍속이기는 하나 편의를 따라도 해롭지는 않다.[5]

이런 기록을 보면 17세기까지는 횃불을 사용하다가 후대로 가면서 청사초롱을 사용하게 된 것인지, 아니면 지역 차이에서 비롯된 것인지는 명확하지 않다. 혼례에 횃불이나 청사초롱을 사용하는 까닭은 혼인이 밤에 이루어졌기 때문이다. 혼례를 뜻하는 한자 '혼'婚은 '계집 녀'女와 '저녁 혼'昏이 합쳐진 모양으로, 이를 보면 혼인이 밤에 이루어졌음을 알 수 있다. 이 그림에서는 모든 사물이 뚜렷하게 보이지만, 실제 시간은 어둠이 서서히 깔리는 저물녘이다. "예禮에 신랑이 저녁에 온다고 했는데 지금 시속에 저물녘이 되어 떠난다"는 『순암집』의 구절을 보아도 혼례가 밤에 이

* 조선 후기 문신인 이재李縡(1680~1746)가 편찬한 예서.

김홍도, 〈모당 홍이상 평생도〉 중 〈혼인식〉 신랑의 행렬이 거창하기도 하다. 혼인만큼 일생에서 흥겨운 행사가 어디 있을까. 신랑·신부만이 아니라 옆에서 지켜보는 사람들까지 흥이 절로 난다. 그림 속에 보이는 오리 한 쌍은 부부의 백년해로를 기원하는 의미를 담고 있다. 국립중앙박물관 소장.

루어졌음이 확인된다.

봉거군 뒤로는 기럭아비가 따르고 있다. 이에 대해 안정복은 "또 시속에서 한 사람에게 나무구슬 갓끈이 달린 검은 갓을 쓰고 검은 도포를 입고 검은 신발을 신고서 기러기 머리를 왼쪽으로 하여 안고 걸어가게 하는바, 이름을 '기럭아비'(雁夫)라 하며, 색실로 기러기의 머리를 감는다. 관복冠服이 갖추어지지 않았다면 길복吉服만을 써도 좋다"고 적고 있다. 그런데 이 평생도에 보이는 기럭아비는 붉은 갓을 쓰고 있어 차이가 난다. 이에 대해 『경도잡지』에는 주립에 흑단령을 입고 있다고 쓰여 있으니, 시대에 따라 약간의 변화가 있었던 것이 아닌가 생각된다.

신랑은 사모관대紗帽冠帶에 흑화黑靴를 신고 백마를 타고 일산日傘을 받고 간다. 행렬의 맨 앞에는 등을 든 네 사람이 가고, 그 뒤에 기럭아비가 기러기를 안고 간다. 그 다음에는 마부·말을 탄 신랑·일산을 든 노비·문안비問安婢·유모·노비 등이 가고, 그 뒤에는 '위요'圍繞·'의빈'儀賓·'요객'繞客이라 불리는 신랑의 삼촌이나 할아버지 등이 상객上客으로 따른다. 그런데 신랑이 타고 있는 말은 백마다. 여기에도 이유가 있다. 『순암집』에 보면 이런 말이 나온다.

> 또 세상 풍속에 신랑이 백마를 타는데, 이는 『주역』에 말하기를, "백마가 나는 듯하다. 도둑이 아니라 혼인하러 오는 것이라네"라고 했으니, 혼인 시에 백마를 타는 것은 역시 옛 예禮이다. 우리나라는 기자箕子가 남긴 풍습이 지금까지 남아 있는데, 백마를 타는 것은 대체로 은殷나라의 풍속이다. 고려 충선왕忠宣王이 원元나라에 납폐할 때 백마 81필을 사용했으니 유풍流風이 아직 끝나지 않았던 것이다. 그렇다면 따르는 것이 마땅하겠으나, 시골 구석에서 백마를 구하기 어렵다면 구애될 필요는 없겠다.[6]

김홍도, 《단원풍속화첩》 중 〈신행〉 혼행은 신랑이 신부의 집에 가서 신부를 직접 맞이하는 의식이다. 나무기러기를 든 기럭아비가 앞에 서고, 백마를 탄 신랑이 그 뒤에 선다. 신랑이 백마를 타는 풍습은 우리나라뿐 아니라 다른 문화권에서도 볼 수 있다. 그런데 '신행'이라는 제목은 잘못된 것이다. 신행은 신부가 신랑 집으로 가는 것을 말하기 때문이다. 이 그림의 제목은 '혼행' 정도가 옳을 듯하다. 국립중앙박물관 소장.

백마를 타는 풍속은 멀게는 기자, 가깝게는 충선왕이 원나라에 백마를 납폐하는 데서 비롯되었다고 한다. 말은 하늘의 상징인 태양을 나타내고, 태양은 남성을 의미하는데, 백마를 사용한 것은 흰색이 순결과 광명을 상징하고 신성함·위대함·길함 등의 관념을 지니고 있기 때문이다. 또한 신랑이 탄 말이 신부집에 이르러 크게 울면 첫아들을 낳는다고도 전한다.[7] 신랑의 복장에 대해 『경도잡지』는 이렇게 기록하고 있다.

신랑은 백마를 타고 자색 비단의 단령團領을 입고 서대犀帶를 띠고 겹날개가 달린 사모를 쓴다. 이것을 통칭 사모관대라고 한다.[8]

단령은 조선시대 문무백관이 일상적으로 입던 상복常服이다. 위아래가 붙어 있고, 바지와 저고리 위에 입는 겉옷이다. 서대는 무소의 뿔로 장식한 띠로 옥대 다음으로 귀한 것이었으며, 사모는 죽사竹絲와 말총으로 짜고 사포紗布로 씌운 관을 말한다. 관리가 입는 복장인데, 결혼식을 할 때는 서민도 입을 수 있었다.

『순암집』에는 세상 풍습에 말 앞에다 하인 가운데 총각머리를 한 어린 아이인 관동丱童을 뽑아 초립草笠을 씌우고 청포靑袍를 입힌 징씨徵氏 한 쌍을 세우고, 여자 집에서도 역시 한 쌍을 보내는데, 하인 중에서 나이 어린 자를 뽑아 초립을 씌우고 홍포紅袍를 입혀서 앞에서 맞아 인도한다고 되어 있다. 그런데 다른 기록에는 이러한 언급이 보이지 않는다. 다만 청사초롱을 든 네 사람 앞에 있는 두 사람이 『순암집』에서 언급한 신랑 측이거나 신부 측에서 보낸 이들이 아닐까 싶다. 또한 이 책에는 당시 풍습에 신랑이 도착하면 여자 집에서 종을 보내어 말고삐를 바꿔 잡게 하는 '탈견마'奪牽馬'라는 풍속이 있었는데, 이때 더러 말이 놀라서 사람이 다치기도 했다고 한다.

《모당 홍이상 평생도》 중 〈혼인식〉을 다시 한 번 살펴보면, 버드나무 아래에서 날고 있는 오리 두 마리가 보인다. 오리는 일반적으로 과거 시험과 관련된 새다. 한자로 오리 압鴨 자를 파자하면 갑甲 자가 나오기 때문이다. 즉 과거에서의 장원 급제를 뜻한다고 보는 것이다. 오리 두 마리는 甲과 甲으로 앞서 언급한

오리와 버드나무

것처럼 소과와 대과를 연달아 합격했다는 일로연과와 같은 의미로 이해가 가능하다.

하지만 오리를 혼인과 연결하여 해석해 볼 수도 있다. 오리가 버드나무 아래에 있기 때문이다. 버드나무는 한자로 류柳로 쓰는데, 이 글자는 석류나무를 가리키는 류榴 자와 같은 발음으로 읽힌다. 석류는 주머니 속에 예쁜 씨앗이 가득 들어 있으므로 다자多子의 의미로 바꿔 이해할 수 있다. 즉 혼인해서 많은 아이를 낳기 바라는 의미에서 오리와 버드나무를 그렸다고도 볼 수 있는 것이다. 그렇다면 버드나무 아래 있는 오리 두 마리는 자손을 많이 낳아 그 아이들이 과거에 급제하여 관직에 나가기를 바라는 뜻에서 삽입된 것으로 해석해 볼 수도 있을 것이다.[9]

혼인식 날 신부의 모습은 어떠했을까. 『영국 화가 엘리자베스 키스의 코리아 1920~1940』에는 신부의 모습이 이렇게 묘사되어 있다.

한국의 신부는 결혼식 날 꼼짝 못하고 앉아서 보지도 먹지도 못한다. 예전에는 눈에다 한지를 붙이기도 했다고 한다. 신부는 결혼식 날 발이 흙에 닿으면 안 되기 때문에 가족이 들어다가 좌석에 앉힌다. 얼굴에는 하얀 분칠을 하고 뺨 양쪽과 이마에는 빨간 점을 찍었다. 입술에는 연지도

엘리자베스 키스, 〈신부〉 엘리자베스 키스는 영국의 여류화가로 동북아시아, 특히 한국의 풍속을 소재로 다양한 목판화를 남겼다. 이 작품은 1919년에 그린 수채화 〈신부〉를 1938년에 에칭으로 만든 것이다.

발랐다. 잔치가 벌어져 모든 사람들이 맛있는 음식을 먹고 즐기지만 신부는 자기 앞의 큰상에 놓인 온갖 음식을 절대로 먹어서는 안 된다. 때로는 과일즙을 입안에 넣어 주기도 하지만, 입술연지가 번지지 않도록 조심해야 한다. 신부는 하루 종일 안방에 앉아서 마치 그림자처럼 눈감은 채 아무 말 없이 모든 칭찬과 품평을 견뎌내야 한다. 신부의 어머니도 손님들을 접대하느라 잔치 음식을 즐길 틈도 없이 지낸다. 반면에 신랑은 다른 별채에서 온종일 친구들과 즐겁게 먹고 마시며 논다.[10]

진주선眞珠扇 궁에서 신부의 얼굴을 가릴 때 사용됐던 둥근 부채.

하루 종일 아무 말도 못하고 기다려야 했으니 마음 설레는 혼인날이긴 해도 신부로서는 꽤 괴로웠으리라. 신부는 물총새의 깃 모양으로 만든 부인의 수식首飾인

〈요지연도〉 일부　서왕모西王母의 연회 장면을 그린 신선도神仙圖. 탄생을 축하하고 혼인 및 축수祝壽를 목적으로 하는 그림으로 선경도仙境圖라고도 한다. 신선 사상 등 장수와 현세기복現世祈福의 염원을 배경으로 생겨났고, 병풍으로 많이 제작되었다.

취교翠翹, 금비녀인 금전金鈿, 부인들의 머리나 목에 걸면 흔들리는 장신구인 궤보요簂步搖를 갖추고 연꽃무늬로 수놓은 홍치마를 입고 주락선珠絡扇으로 얼굴을 가린다.[11]

　신부 집에는 신랑이 오기 전에 먼저 전안석奠雁席을 외당外堂이나 마당에 설치하고 자리 북쪽에 홍촉紅燭 한 쌍을 설치한다. 그리고 뒷면은 병풍으로 가린다. 혼례에 사용하는 병풍에는 여러 아이들이 노는 광경을 그린 〈곽분양행락도〉郭汾陽行樂圖나 〈백동자도〉百童子圖 또는 〈요지연도〉瑤池宴圖를 사용했다. 〈곽분양행락도〉는 중국 당唐나라 시절 안녹산의 난을 평정하고 분양왕汾陽王에 봉해진 곽자의郭子儀와 관련된 그림이다. 곽자의는 평생 벼슬길과 가정생활에서 한 번의 액운도 없었고 늙어서는 백자천손을 거느릴 정도로 부귀와 공명을 모두 누린 인물이었다. 우리나라에서도 곽자의와 관련된 그림을 그려 그처럼 부귀영화를 누리기를 원했다.

　〈백동자도〉는 곽자의의 고사에서 아이들의 모습만을 별도로 그린 것으로 많은 자손을 낳기를 기원한 것이며, 〈요지연도〉는 중국 곤륜산의 요지瑤池에서 여자 신선인 서왕모와 지상의 인간이 만나 연회를 즐기는 장면을 그린 그림이다. 이 그림들은 인간이 바라는 가장 이상적인 세계를 표현한 것인데, 혼인뿐 아니라 돌잔치나 회갑 등에도 사용하여 아무런 사고 없이 잘 살기를 바라는 마음을 담고 있다.

신랑·신부 절하시오

이제 본격적으로 신랑·신부가 초례상 앞에 마주 서고 혼인의 예를 치를 시간이다. 초례에 차려지는 상차림은 지역에 따라 다소 차이가 있으나, 대체로 청색 홍색의 촛대, 소나무 가지와 대나무, 보자기에 싼 장닭과 암탉, 밤·대추·붉은 팥·검은 콩 등을 올렸다. 소나무 가지와 대나무를 상에 올리는 것은 지조와 절개를 상징하며, 녹색을 띠고 있어 오래도록 생기를 간직하라는 뜻도 있다. 닭은 귀신을 쫓아내는 축귀의 능력이 있다고 믿었는데, 길상의 상징이기 때문이다.[12]

한편 조선시대에는 부부의 해로를 기원하는 그림을 그릴 때 소나무와 대나무 그리고 머리가 흰 새 한 쌍을 그리기도 했다. 소나무는 한자로 송松, 대나무는 죽竹으로 쓰고, 머리가 흰 새의 백두白頭가 합하니, 이를 합해 해석하면 검은 머리가 흰 머리가 될 때까지 해로하기를 바란다는 뜻의 '송축백두頌祝白頭'로 읽히기 때문이다.[13] 그렇다면 초례상에 소나무·대나무와 더불어 닭 한 쌍이 초례상에 올라간 것은 머리가 흰 새를 구하기 어려워 닭으로 대신한 것이 아닐까?

또한 초례상 좌우에는 작은 상을 마련하고 합근례를 위해 청실과 홍실을 감은 표주박잔과 술병을 올려놓고, 마당에는 큰 횃불을 내놓았다. 불

엘리자베스 키스, 〈시골 결혼잔치〉 흥겹고 떠들썩한 시골의 잔치 풍경이 자세하게 묘사되어 있다. 뒷짐 진 할아버지 옆에서 잔치를 바라보는 꼬마는 무슨 생각을 하고 있을까?

을 지핀 것은 앞서 언급한 것처럼 혼례가 밤에 이뤄지기도 했지만, 붉은 빛이 귀신을 쫓는 축귀의 의미도 가지고 있었기 때문이다.

초례상을 차려 놓고 교배례와 합근례를 행하는 공간을 초례청이라 한다. 『사례편람』에 따르면 친영 절차를 따를 경우 초례청은 신랑 집에 차려야 하지만, 대부분은 오랜 관행에 따라 신부 집의 대청이나 마당에 차렸다. 혼인식 외에 집안의 대를 이을 적자適子가 관례冠禮를 올릴 때도 초례라고 하는데, 초醮는 술을 따라 주기만 하고 주고받음이 없는 것이다.¹⁴ 신랑과 신부 사이에 직접 술잔을 주고받지 않기 때문에 초례라 한 것으로 보인다.

예식이 거행되면 신랑은 대문을 등지거나 초례청을 바라보거나 동쪽

김준근, 〈전안하는 모양〉   프랑스 국립기메동양박물관 소장.

에 서고 신부는 대문을 바라보거나 서쪽에 선다. 신부의 양옆에는 수모手母 혹은 하님이라 하여 시중드는 여자 둘이 선다. 신랑 옆에는 대반對盤˙ 역을 맡은 신부 측 사람 둘이 서서 시중을 든다. 초례상의 뒤쪽에는 주례가 혼례식의 진행 절차를 적은 홀기笏記를 들고 서서 예식 절차를 부르며 의식을 진행한다.

가장 먼저 전안례가 행해지는데, 전안례는 신부 집에 들어갈 때 사랑의 징표로 보자기에 싼 기러기를 가지고 가서 상 위에 놓고 절하는 의식이다. 신랑은 기러기를 안고 들어가 북쪽 하늘에 북향재배를 하는데, 기러기가 혼례에 사용되는 이유는 암컷과 수컷의 사이가 좋은 동물로 표상되기 때문이다.

혼례에 쓰인 나무 기러기 한 쌍

순종 때 빙허각 이씨가 지은 『규합총서』閨閤叢書에는 "추우면 북에서 남형양南衡陽에 이르

• 신랑이나 신부 또는 후행 온 사람의 옆에서 대접해 주는 사람.

김준근, 〈신랑·신부 초례하는 모양〉　독일 함
부르크민족학박물관 소장.

고, 더우면 남쪽에서 북안문北雁門에 돌아가니 믿음(信)이요, 날면 차례가 있어 앞에서 울면 뒤에서 화답하니 예의(禮)요, 짝을 잃으면 다시 짝을 얻지 않으니 절개(節)요, 밤이 되면 무리를 지어 자되 하나가 경계하고, 낮이면 갈대를 머금어 주살을 피하니 지혜(智)가 있다. 그래서 예폐하는 데 쓴다"고 했다.[15] 기러기라는 동물에게 믿음과 예의, 절개와 지혜가 있다고 믿었던 것이다.

　　교배례는 신랑과 신부가 마주 보고 절하는 의례다. 신부가 절을 두 번 하면 신랑은 답으로 한 번만 절한다. 이것을 두 차례 하면 교배례는 끝난다. 다음으로 합근례는 신랑과 신부가 서로 술잔을 나누는 의식이다. 첫 번째는 신부가 신랑에게, 두 번째는 신랑이 신부에게 술잔을 건네며, 세 번째는 서로 교환한다. 합근례는 반쪽의 표주박으로 만든 잔을 하나로 합친다는 뜻을 담고 있는데, 부부가 된다는 상징적 의미를 담은 의식이다.

　　이제 대례가 끝나면, 신혼부부는 신부 집에서 신랑 집으로 돌아가는 우귀를 하기 전까지 처가에서 머무는데, 이때 신부 편 친척이나 마을 젊은 이들과 교유를 맺기 위한 의식으로 동상례東床禮를 치르기도 했다. 이때

김준근, 〈시집 가서 잔 붓는 모양〉   프랑스 국립기메동양박물관 소장.

친척과 어린 벗들이 신랑을 잡아 포목으로 다리를 묶어 거꾸로 매고 몽둥이로 신랑의 발바닥을 때리면서 점잖지 못한 말로 묻고 억지를 써서 술과 음식을 뜯어내기도 했다. 발바닥을 때리기 때문에 동상례를 '족장足掌(발바닥) 때린다'고도 했다.[16] 이런 풍속은 요즘에도 간혹 볼 수 있다.

이제 시댁으로 갑니다

엘리자베스 키스의 〈신부 행차〉는 서울 지역의 세력을 가진 집안의 신부가 신행을 가는 모습으로 보인다. 신부의 가마를 따르는 이들이 많고 화려하게 치장했다.

보통 신부 집에 전안례·교배례 등 모든 혼인 의식을 끝낸 후 신랑은 첫날밤을 신부 집에서 지내고 사흘 정도를 묵는다. 그후 신부는 신행 절차를 밟아 시댁으로 들어가 시부모에게 폐백幣帛을 드리고 현구고례를 한다. 신행은 대개 3일 신행이라 하여 사흘째 되는 날에 하는 것이 보통이었

엘리자베스 키스, 〈신부 행차〉 뒤로는 동대문이 보이는데, 신부의 행렬이 건너는 다리는 청계천 다리로 추정된다.

고, 신부 집 형편이 넉넉할 때는 수개월, 심지어는 첫아이를 낳을 때까지 친정에서 묵다가 신행을 하기도 했다.

신행은 혼인하고 나서 신부가 처음 시집에 들어가는 의례로 우귀于歸 또는 우례于禮라고 한다. 신행은 길한 날을 택해서 하며, 신부 뒤에는 상객·가마꾼·하님·수모·짐꾼 등 많은 사람이 따른다. 영남 지역에서는 신행을 따라가는 자가 늙었어도 붉은 치마를 입는다고 한다.[17] 『경도잡지』를 통해 신행의 모습을 살펴본다.

신부는 윗부분을 황동으로 장식한 쌀인교를 타고 네 면에는 발을 늘어뜨린다. 가마 앞에는 청사초롱 8개와 혼수를 보자기에 덮어 상에 올려서 받들고 가느다란 안보安褓 한 쌍을 늘어세우는데, 대추·포·옷상자·경대 등을 지고 간다. 고운 옷 입고 예쁘게 단장한 계집종 열두 명이 예식 때 피울 부용향을 높이 받들고 쌍쌍이 앞에서 신부를 인도한다. 유모는 검은 비단으로 만든 가리개를 쓰고 말을 타고 신부 뒤를 따른다. 신부는 하인들이 호위하는 가운데 거리를 누비며 간다.[18]

신부가 팔인교를 타고 간다고 했는데, 김준근의 〈시집가는 모양〉이라는 그림에서는 앞뒤에 각각 두 사람씩 메는 사인교를 썼다. 이는 집안 형편에 따라 달랐을 것이다.

혼례용 가마에는 청색·홍색 등의 오방색 술을 드리우는데, 이는 액을 제거하기를 기원하는 뜻에서 비롯된 것이다. 신부 가마 위에는 호피虎皮를 얹어 액이 따라오지 못하게 했다. 호랑이가 병귀病鬼나 사귀邪鬼를 물리치는 힘을 지녔다고 믿었기 때문이다. 옛사람들이 호랑이 그림이나 '호'虎 자 부적, 단오에 궁중에서 쑥으로 만든 범을 나눠 주거나 말라리아에 호랑이 고기를 삶아 먹거나 호랑이 그림을 환자의 등에 붙이거나 독감에는 "범 왔다"는 소리를 세 번 외쳐 도망가게 한 풍속을 통해 그러한 모습을 확인할 수 있다.

이러한 풍속은 모두 지금까지 살았던 집을 떠나 앞으로 살아갈 새 집을 향해 가는 신부의 불안감을 씻어 주고 새로운 삶을 살아갈 신부에게 액이 끼어드는 것을 막고자 한 주술적인 뜻을 포함하고 있다. 가마 안에는 바닥에 숯과 목화씨를 놓고 그 위에 방석을 깔며 가마 한쪽 구석에는 요강을 놓았다. 신부는 종이를 꼬아 묶은 종잇조각을 몇 개 가지고 가다가 잡귀를 물리친다 하여 강을 건너거나 서낭당을 지날 때마다 한 개씩 던졌다. 가마 안에서 답답해할 신부에게는 그나마 재미있는 놀이이기도 했으리라.

김준근, 〈시집가는 모양〉 사인교를 타고 신행 가는 신부의 모습을 그렸는데, 가마에는 호피가 올려져 있다. 폐백 음식을 이고 가는 계집종(교전비較前婢)은 각각 오른손과 왼손에 붉은 천과 푸른 천을 들고 있다. 양과 음의 조화를 뜻하는 것으로 여겨진다. 독일 함부르크민족학박물관 소장.

    혼례용 가마에는 쌍쌍이 짝을 지어 노는 새나 짐승, 물고기와 곤충 등을 그려 넣었다. 어떤 경우에는 암수가 교접하는 모습을 사실적으로 그린 것도 있는데, 이런 그림들은 부부의 금실이 좋기를 바라는 마음으로 신부 집안에서 장식했다. 가부장제 사회인 조선의 여인들은 한번 시집가면 개가가 어려웠고, 아이를 낳지 못하면 고난을 겪었다. 그러니 딸이 남편의 사랑을 많이 받고 자식을 많이 낳아 시부모의 눈 밖에 나지 않기를 바라는 친정 부모의 마음이 반영된 것이 아닐까.

    신부가 탄 가마가 신랑이 사는 마을의 입구에 도착하면 동네 사람들이 나와서 역시 잡귀를 쫓는다 하여 목화씨·소금·콩·팥 등을 가마에 뿌리고 짚불을 피워 이를 넘게 했다. 신부의 가마가 대문 안으로 들어와 대청 앞에 서면 신랑이 가마의 문을 열어 신부를 맞이하는데, 이때 가마 위에 얹었던 호피나 신부가 깔고 앉았던 방석을 지붕 위에 던져 올려 신부가 도착했음을 표시하기도 했다.[19]

신랑 집에 도착한 신부는 시부모에게 현구고례見舅姑禮를 행했다. 현구고례에서 '구'舅는 시아버지를, '고'姑는 시어머니를 말한다. 즉 시부모를 처음 뵙는 예를 행하는 것이다. 인사를 드린 후 신부가 방에 들어가 있으면 큰상이 들어온다. 김준근의 〈신부연석〉이라는 그림을 보면 시집에 도착한 신부에게 폐백을 하기 전에 음식을 대접하는 장면이 묘사되어 있다. 유모에게도 작은 상에 음식을 대접하고 있다. 병풍 가운데 앉은 여성 둘은 시누이로 보이는데, 눈빛이 심상치 않다. 앞으로 신부의 시집살이가 혹독할 것임을 말해 주는 것은 아닌지. 신부는 큰상을 물린 다음 시댁 여러 어른에게 첫인사를 올리는데, 이를 폐백이라 한다.

> 지금 세속의 인가에서 신부를 맞이할 적에는 친속親屬들이 모두 모여서 그 다음 날까지 머무르는 것이 마땅하다. 다음 날 신부가 시부모를 뵙는 예를 행하고 난 뒤에 먼저 본족本族의 존장尊長과 항렬이 낮거나 나이가 어린 사람을 뵙고, 그 다음 여러 친속을 뵙는다.[20]

신부가 시부모에게 예를 올린 다음 부계 친척에게 항렬이나 나이에 따라 인사를 드리고 있음을 볼 수 있다. 『가례의절』家禮儀節에 따르면, 나이 많은 친속에게는 신부가 사배를 하고 나이 어린 친속과는 서로 맞절을 하는데, 신부가 왼쪽에 서고 나이 어린 친속이 오른쪽에 선다. 또한 시동생이나 시누이 등은 모두 답배를 한다.

『경국대전』에는 신부가 시부모를 만날 때는 술 한 동이와 안주 다섯

김준근, 〈신부연석〉   이렇게 신부를 비롯하여 여인네들이 갖은 음식을 차려 놓고 앉는 모습은 주로 양반 계층에서만 볼 수 있었을 것이다. 개인 소장.

그릇, 종은 여자 종 세 명, 남자 종 열 명이 따라간다고 적고 있다. 신부 아버지의 벼슬이 당상관 이상일 때는 여자 종 네 명, 남자 종 열네 명으로 예외를 두었다. 『계서야담』溪西野談•에는, 남이웅南以雄(1575~1648)의 손자가 이무춘의 집에 장가를 들어 신부가 현고구례를 하게 되었는데, 신부의 복식이 매우 사치스럽자 남이웅이 예를 받지 않고, 옷을 바꿔 입고 현고구

• 조선 후기 이희평李羲平(1772~1839)이 편찬한 것으로 전하는 야담집.

례를 하도록 했다는 이야기가 나온다.[21] 그때 신부의 화려한 옷차림은 신부의 성품이 문제가 아니라 시집에 책잡히지 않게 하려는 친정 부모의 마음이 아니었을까.

대개 신부는 시집온 지 사흘 만에 부엌 출입을 하여 밥을 지어 올리면서 본격적인 시집살이를 시작했다. 여성 입장에서는 시집살이가 그리 즐겁지만은 않았을 것이다. 이옥의 「아조」雅調를 읽어 보자.

낭군은 나무 기러기 잡고
이 몸은 말린 꿩 받들었네.
그 꿩 울고 그 기러기 높이 날도록
두 사람의 정 다함이 없고지고.

복스런 손으로 홍사배紅絲盃 드니
낭군께 권한 합환주라.
첫 번 잔에 아들 셋 낳고
세 번 잔에 구십 수 누리세요.

낭군은 백마 타고 왔고
나는 홍교 타고 시집가네.
친정어머니 문 앞에서 이르시길

작자 미상, 《평생도》 중 〈혼인식〉   시댁 어른들에게 신부가 첫인사를 올리고 있다. 온 일가친척이 모두 신부를 주시하고 있으니 얼마나 떨리고 긴장될까. 폐백은 신부가 처음으로 시부모를 볼 때 큰절을 하고 올리는 물건을 가리키기도 한다. 주로 대추나 포 따위를 이르는데, '폐백을 드린다'라고 표현하는 것은 이 때문이다. 국립중앙박물관 소장.

시어른 뵈올 때 조심하여라.

친정은 광통교 쪽
시댁은 수진방이라.
가마에 올라앉을 적에
눈물이 저절로 흘러 치마 적시네.

한번 맺은 검은 머리털
파뿌리 되도록 같이 살자 하였네.
부끄러운 일 없음에도 수줍어하여
석 달이 가도록 말도 나누지 못했네.

진즉에 익힌 궁체 글씨
이응자가 약간 각져 있네.
시부모 글씨 보고 기뻐하시며
언문 여제학이라 하시네.

4경에 일어나 머리 빗고
5경에 시부모께 문안하네.
장차 친정에 돌아가선
먹지 않고 한낮까지 잠만 자리.

혼례부터 시집살이까지의 부분만을 인용해 보았다. 신부가 친정에 돌아가면 먹지 않고 한낮까지 잠만 자겠다니, 시댁 눈치를 보는 삶이 어떠했을지 짐작할 수 있다. 결혼 생활을 귀머거리 3년, 벙어리 3년, 장님 3년이라 비유하듯이 옛날의 시집살이는 쉬운 것이 아니었다. 그렇다면 조선시대에도 지금의 '이혼'과 같은 제도가 있었을까?

옛사람들도 이혼·재혼이 가능했을까

이익의 『성호사설』에는 절혼絶婚이라 하여 이혼에 대한 언급이 나온다. 그러나 이는 현대의 이혼과는 의미가 다르다. 이익이 살았던 당시에는 역모를 일으킨 집안의 딸과 이혼하는 것이 문제가 되었던 것으로 보인다. 이것은 『대대례』大戴禮에서 "역모를 일으킨 집안의 딸에게 장가가지 않는다"고 한 것을 따른 것이다. 『대대례』「본명」本命 편에는 "장가를 가서는 안 될 여자가 다섯인데, 역적 집안의 딸·패륜을 저지른 집안의 딸·대대로 죄인이 있는 집안의 딸·대대로 나쁜 병이 있는 집안의 딸과 과부의 큰딸에게 장가가지 않는다"고 적혀 있다. 그러나 이에 대해 이익은 이는 결혼을 의논할 때의 이야기요, 이미 결혼한 뒤에 본가本家가 역모를 일으켰을 때는 해당되지 않는다고 말했다.

근세에는 결혼한 후에 난역亂逆(반역을 꾀함)이 생기면 반드시 관가에 고하여 절혼絶婚을 하나, 국법이 이런 것은 아닌데 스스로 사리를 위해 망령된 행동을 하는 것이다. 근자에 몇몇 세가世家에서 남들이 시행함을 듣고 잘못된 예례를 만들었으니, 심히 해괴한 일이다. 그 아비에게 죄가 있더라도 이미 출가하여 강복降服한 딸에게는 결코 연좌되지 않는 것이다.

이익은 "칠거지악七去之惡이 있은 뒤에야 비로소 이별을 고하는 것이다"라고 하여 여자가 칠거지악을 범해야만 이혼할 수 있다고 보았다. 그럼 그 유명한 칠거지악이란 도대체 무엇을 말하는 걸까. 옛 도덕 교과서인 『의례』儀禮나 『대대례』, 『공자가어』孔子家語에는 남편이 일방적인 의사 표시로 아내를 버릴 수 있는 기처棄妻의 기준을 일곱 가지로 제시하는데, 이를 칠거지악이라 한다. 칠거지악은 시부모에게 불순한 것(不順舅姑), 아들이 없는 것(無子), 음란한 것(淫), 질투하는 것(嫉妬), 나쁜 병이 있는 것(有惡疾), 말이 많은 것(口舌), 도둑질하는 것(竊盜)을 말한다.

그러나 한편으로 칠거의 사유가 있는 아내라도 내쫓지 못하는 세 가지 조건(三不去)이 있었다. 첫째, 부모의 삼년상을 함께 치른 경우, 둘째, 시집왔을 때 가난하여 함께 고생하다가 부자가 된 경우, 셋째, 아내가 돌아갈 곳과 의지할 곳이 없는 경우가 그것이었다. 조선 초기 법제로 통용된 『대명률』大明律에 따르면 의절義絶할 사유가 없는데도 이혼한 자는 장杖 80대의 형벌에 처했으며, 의절에 상당하는 자와 이별하지 않은 자도 장 80대의 형벌을 가했다. 이처럼 아내를 내쫓는 '소박정처죄'疏薄正妻罪는 유교적 도덕관이 지배적이던 조선 말기까지 통용되었다.

그렇다면 재혼은 가능했을까? 『경국대전』에는 재혼의 경우도 기재되어 있는데, 아내와 사별한 사대부인 경우에는 사별한 지 3년이 지나야 결혼할 수 있었다. 이때에도 예외가 있었다. 부모의 명령이 있거나 나이가 마흔이 넘었는데 아들이 없는 자는 기년期年, 즉 만 1년 후에 재혼이 가능했다.

이런저런 경우를 생각하면 조선시대 양반 남성은 대체로 세 번 정도 결혼을 했던 것으로 보인다. 그러나 사족士族 부인의 경우에는 개가를 허락하지 않았고, 행실을 잃으면 교형絞刑(교수형)에 처하며 자손은 금고禁錮

(벼슬에 쓰지 않음)시켰다. 성대중成大中(1732~1809)은 『청성잡기』青城雜記*에서 우리나라는 개가를 금했기 때문에 부인의 기세가 드세졌다고 말하고 있다. 부인이 남편에게 화가 나면 죽는 길밖에 다른 방도가 없기 때문에 걸핏하면 죽겠다고 덤빈다는 것이다. 그러면서 그는 남자가 집을 잘 다스리는 방법은 부인이 죽을 생각을 하지 않도록 하는 것이라고 했다. 재혼과 관련하여 『계서야담』에는 청상과부가 된 딸을 재혼시킨 재상의 이야기가 나온다.

어떤 재상이 딸이 하나 있었는데, 출가한 지 1년이 못 되어 남편을 여의고 부모 곁에서 청상과부로 살았다. 하루는 재상이 바깥채에서 안으로 들어오며 보자, 딸이 아랫방에서 곱게 단장을 하고 거울에 얼굴을 비추어 보더니, 얼마 안 있어 거울을 던지고 얼굴을 가린 채 대성통곡하는 것이었다. 재상이 그 모습을 보고 매우 가엾은 생각이 들어, 바깥채로 나가 앉아 있는데 두어 식경이나 말이 없었다. 그런데 마침 친지 가운데 문하에 출입하는 무인이 있었는데, 집도 없고 아내도 없이 나이 젊고 건장한 사람이었다. 찾아와서 절하며 문후를 여쭙는지라, 재상이 주위 사람들을 물리치고 그에게 말했다.
"자네의 신세가 이처럼 매우 곤궁한데, 내 사위가 되겠느냐?"
그 사람이 황송하여 안절부절 못하며 말했다.
"어떠한 하교이신지 소인은 뜻을 모르와 감히 봉명치 못하겠나이다."
"희롱하는 말이 아닐세."
이어 은자 한 봉을 궤 안에서 꺼내 주며 말했다.

* 18세기 조선의 양반에서 기층민에 이르기까지 우리 선조들의 삶과 의식을 생생하게 기록한 잡록집.

"이것을 가지고 가서 건장한 말과 가마를 세내어 대령하다가, 밤에 파루 한 뒤 뒷문 밖에 와서 기다리게. 절대 때를 놓쳐서는 안 되네."

그 사람이 반신반의하며 은자를 받아 그 말대로 가마와 말을 구비해 뒷문 밖에서 기다리고 있었다. 그러자 어둠 속에서 재상이 어떤 여자를 끌고 나오더니, 가마 안으로 밀어 넣으며 경계하는 것이었다.

"곧장 북관으로 가서 살게."

그 사람은 어떠한 곡절인지도 모른 채 가마를 따라 성을 나왔다. 재상은 안방으로 들어오더니 곡을 했다.

"내 딸이 자결을 했다."

집안사람들이 놀라고 당황하며 모두 곡을 하는데, 재상이 이어 말했다.

"내 딸이 평생에 다른 사람을 보지 않으려고 하였으니, 내가 염습하는 것이 좋겠다. 비록 오라비라도 들어와 볼 필요가 없다."

이러더니 혼자서 이불을 염하여 싸서 시체 모양으로 만들고 이불로 덮었다. 그제야 비로소 시가에 통지했는데, 입관한 다음 보내어 시가의 선산에 묻었다.

몇 년이 지난 후 재상의 아들 아무개가 암행어사로 북관을 살피다가 한 곳에 당도하여 어떤 사람의 집에 들어가자 주인이 일어나며 맞이했다. 두 아이가 옆에서 글을 읽고 있는데 생김새가 청수하고 자기 집안사람과 꽤 닮은지라, 마음속으로 매우 괴이하게 여겼다. 날이 이미 늦은 데다 피곤하여 유숙했는데, 밤이 깊어서 홀연히 안에서 어떤 여자가 나오더니 손을 잡고 우는 것이었다. 놀라 자세히 살펴본즉 벌써 죽은 누이였다. 놀라고 의아함을 이기지 못해 물어보니, 부친의 명으로 여기에 살고 있으며 이미 아들 둘을 낳았는데 바로 이 아이들이라는 것이었다.

어사가 한참이나 입을 다문 채 말이 없다가 쌓인 회포를 대충 풀고서는 날이 새기를 기다렸다가 하직하고 떠났다. 임금에게 복명하고 집에 돌아와 밤에 아버지를 모시고 앉았는데, 마침 조용한지라 목소리를 낮추어 말했다.

"이번 길에 괴이한 일이 있었습니다."

그러자 재상이 눈을 부릅뜨고 노려보며 아무 말도 하지 않는지라, 감히 말을 입 밖에 내지 못하고 물러 나왔다.[22]

이런 이야기로 미뤄 보면 당시 사대부 집안의 여자는 재혼하는 것이 어려운 정도가 아니라 불가능하여 아예 시도조차 못했음을 알 수 있다. 그러나 평민은 재혼해도 무방했던 것으로 보인다. 고상안高尙顔(1553~1623)의 『효빈잡기』效嚬雜記에는 아홉 번 과부가 된 만덕의 이야기가 전해 온다. 만덕은 사근역의 역녀였는데, 만덕에게 장가드는 남자마다 죽어서 자그마치 아홉 번이나 시집을 갔다고 한다. 후에 만덕이 죽자 무덤 열 개가 구슬을 꿰어 놓은 듯 서로 이어져 있었다고 한다.

비슷한 이야기가 이옥의 글「구부총」九夫冢에도 나온다. 그가 거주하던 삼기三箕 지역에 있는 열 개의 봉분에 관한 이야기이다. 전하는 말에 의하면 어떤 여자가 시집을 갔는데, 얼마 지나지 않아 과부가 되자 장례를 지내고 다시 시집가서 다시 과부가 되기를 아홉 번을 했다는 것이다. 이에 아홉 지아비를 한 곳에 나란히 묻고 자기가 죽은 후 옆에 묻혀서 모두 열 개의 봉분이 되었다고 한다.

또한 조선 말기에는 소박을 당한 여자가 갈 곳이 없는 경우, 해가 뜨기 전에 성황당 앞에 옷섶을 자른 천 조각인 '나비'를 쥐고 서 있으면 처음 만난 남자가 데리고 살아야 하는 '습첩'拾妾이란 풍속이 있었다. 습첩은 여자(첩)를 주웠다는 의미이다. 갈 곳이 없는 여자의 경우, 이렇게라도 하지 않으면 스스로 목숨을 끊는 수밖에 없다는 점에서 습첩은 나쁘게만 볼 풍습은 아니었다.

　이런 이야기로 보아 아무리 유교관이 지배하는 사회라 해도 실제 생활에서까지 백성의 재혼을 금지한 것은 아니었던 것 같다. 어찌되었든 남녀가 만나 평생을 해로하고 한날한시에 세상을 뜰 정도로 금실이 좋은 것은 평민이든 사대부든 누구나 바라는 바가 아니었을까.

4장

가문의 영광을 위하여
관리의 등용문, 과거 시험

과거에 급제하니
임금께서 술을 내리셨네
얼굴에 먹을 칠하고 붉은 옷을 입고
머리에는 어사화를 꽂으니
보는 자마다 부러워하네

옛날 이야기에서 나그네는 한결같이 '과거'를 보러 한양으로 가는 길이다. 고개를 넘고 물을 건너고 호랑이를 만나면서 보러 가는 과거. 모든 약속도 과거와 연결된다. 『춘향전』의 이몽룡이 과거에 떨어졌다면 그 사랑 이야기가 완성될 수 있었을까? 이렇듯 조선시대 사대부의 모든 능력은 바로 '문'文에 달려 있었다. 사대부가 먹고살 방도는 오로지 관직에 나가는 길뿐이었다. 그 관직에 나갈 수 있는 제도인 과거는 가장 긴 왕조를 유지했던 조선시대만큼이나 유상한 역사를 가지고 있다.

조선시대에 관직에 나가는 방법은 천거薦擧·음서蔭敍·과거科擧 등 세 가지 제도가 있었다. '천거'는 식년마다 3품 이상의 관료가 인재를 천거하는 것으로, 유능한 인재를 선발하기 위한 제도였다. 식년은 자子·묘卯·오午·유酉 따위의 간지干支가 들어 있는 해로 3년마다 한 번씩 돌아오는데, 이해에 과거를 실시하거나 호적을 조사했다. '음서'는 2품 이상 고위 관료의 자제에게 과거 시험을 치르지 않고 벼슬길에 나갈 수 있도록 해 주는 것으로, 혈통을 중시하는 신분제 사회의 속성을 보여 주는 제도다.

그러나 조선시대 인재 선발에서 가장 중요한 제도는 역시 '과거'였다. 과거에 합격하면 관직에 진출할 수 있었으므로 많은 사람이 과거에 합격

김준근, 〈과거 보러 가는 선비〉 조선시대 선비들은 평생을 과거를 보기 위해 살았다고 해도 과언이 아니다. 전국의 고갯길마다 과거 보러 가는 선비들의 이야기가 넘쳐난다. 프랑스 국립기메동양박물관 소장.

하기 위해 노력했다. 과거 시험에는 문관을 뽑는 문과와 무관을 뽑는 무과 그리고 율관·역관·의관 등 기술직 종사자를 뽑는 잡과가 있었다.

과거는 형식상으로는 천민을 제외한 일반 백성이라면 누구나 응시할 자격이 있었다. 하지만 예나 지금이나 시험에 합격하려면 공부에만 전념할 수 있는 시간과 공부하는 동안 먹고살 수 있는 재정이 뒷받침되어야 하는 법이다. 그래서 일반 백성은 현실적으로 응시할 엄두를 못 냈다. 사실 과거는 양반들 사이의 경쟁이었다.

막고 막고 또 막아라, 부정 시험

조선시대 사대부의 목표는 과거 합격을 통한 관직 진출이었다. 때문에 아주 어려서부터 서당을 다니면서 학문을 연마했다. 하지만 이 당시에도 진정한 학문 연구를 위해 유명한 학자의 문하에 들어가 여러 해 동안 체계적으로 공부하는 경우는 드물었다. 마치 요즘 고등학생들이 대학 입학을 위해 '족집게 과외'를 하듯이 나이나 수학 정도가 비슷한 동료나 선후배끼리 사찰이나 서원 등지에서 짧게는 하루나 이틀, 길게는 한 달 정도 머물면서 집중적으로 과거 공부를 했다.[1] 그리고 날짜에 맞추어 시험 장소로 이동했다.

시험 장소는 두 군데 혹은 세 군데를 두었는데, 이를 분소법分所法이라 한다. 응시자인 거자擧子와 시험관 사이에 불미스러운 일이 일어날 가능성이 있으면 같은 장소에서 시험을 치를 수 없게 한 것이다. 또한 아버지와 아들은 같은 장소에서 시험을 볼 수 없었다.[2]

조선 전기의 문과 시험 과목은 정유재란丁酉再亂 때 일본으로 사로잡혀 갔던 노인魯認(1566~1622)의 일기인 『금계일기』錦溪日記를 통해 살펴볼 수 있다. 그는 다음과 같이 적고 있다.

> 생원生員은 오로지 사서四書에서만 출제합니다. 진사進士는 시詩·부賦 각 편에 다 합격한 사람을 뽑는데, 회시에서 먼저 『소학』, 『가례』를 강講하여 능히 통한 뒤에 장중에 들어가서 또 합격하면 진사라 이릅니다. 문과의 경우, 초시에는 논論·책策·부賦·표表·송頌에 다 합격한 사람을 뽑고, 회시에서는 먼저 사서삼경을 강하는데 책을 보지 않고서 잘 암송한 뒤에 대궐 뜰로 들어가 논·책·부·표·송에 우등의 성적으로 합격한 사람의 이름을 차례대로 부르는데, 이를 문과 급제라 합니다.[3]

조선시대 과거는 지방 장관이 고시관이 되어 시행하는 예비 시험격인 향시鄕試(초시)와 그 합격자를 예부에서 재시험하는 회시會試 그리고 국왕이 스스로 시험관이 되어 그 합격자의 시험을 치르는 전시殿試의 3단계를 거쳤다. 이를 과거 삼층법이라 한다. 그렇다면 시험장의 풍경은 어떠했을까? 『용재총화』慵齋叢話를 보자.

전조前朝(고려)의 과거에는 다만 지공거知貢擧 한 명과 동지공거同知貢擧 한 명에게 미리 사무를 맡기다 보니 홍분유취紅粉乳臭*의 책망을 면하지 못했다. 국초에도 여전히 이러한 옛날의 폐해를 이어 오다가 세종 대에 이르러 전례를 고쳤는데, 모두 옛 제도를 썼다.

이조吏曹에서 시험관으로 마땅하다고 생각하는 사람을 뽑아 임시로 계장啓狀을 올려 낙점을 받으면, 시험관이 된 자는 명을 받들어 시험 장소에 나누어 가서 삼관三館(승문원·성균관·교서관)에다 과거 볼 사람들을 모아 놓고 그날 새벽에 하나하나 이름을 불러 과장에 들여보낸다. 이때 수협관搜挾官**이 문 바깥에 나누어 서서 옷깃과 상자를 조사하는데, 만약 문서를 가지고 있는 자가 있으면 붙잡아 순작관巡綽官***에게 결박하게 한다. 시험장 밖에서 발견되면 1식년式年의 과거를 못 보게 하고, 과거장 안에서 발견되면 2식년의 과거를 못 보게 한다.

날이 밝기 전에 시험관이 대청에 나와 촛불을 켜 놓고 앉으니 엄숙함이 신선 사이에 있는 사람과 같다. 삼관원三館員이 뜰로 들어와 과거 볼 사람의 자리를 고르게 정해 주고 나가고, 날이 밝으면 방榜을 펴서 문제를 제출하고, 오시가 되면 시험지를 걷어 관인官印을 찍어 삼관에 돌려준다. …… 해가 서쪽으로 저물면 북을 쳐서 재촉한다. 글이 다 이루어지면 수권관收卷官에게 시험지를 제출하는데, 이때 수권관은 시험지를 등록관謄錄官에게 넘겨 등록관이 자호字號를 시권의 양쪽 끝에 쓰고 또 감합勘合을

- • 연지와 분을 바르고 젖내가 난다는 뜻으로 나이가 어린 아이를 비난하는 말.
- •• 시험장에서 책을 가진 사람이 없나 검사하는 일을 맡은 임시 벼슬.
- ••• 시험 장소를 순찰하는 관리.

써서 이를 두 개로 자르는데, 하나는 봉명封名이고 하나는 시권이다. 봉미관封彌官은 봉명을 받아 물러나서 다른 장소에 있고, 등록관은 서사인書寫人 등을 모아 주묵朱墨으로 시권을 옮겨 적는다. 사동관査同官은 원래 답안지를 읽고 지동관枝同官은 주묵으로 옮겨 적은 답안지를 대조해서 확인한 후 시험관에게 넘겨 점수를 매기게 한 다음 봉미관에게 봉명을 뜯어 방방榜을 쓰게 한다.

강경講經하는 법은, 자호字號를 써 사서오경에 붙이고, 또 자호를 생柱*에 써서 통 속에 넣어 둔다. 과거 볼 사람이 강송할 글 이름을 써서 바치면 시험관이 생을 뽑는데, 만일 천天 자를 뽑으면 경서에 붙인 천 자를 찾아서 다만 대문大文(글의 한 단락)을 써 준다. 과거 보는 사람은 대문을 읽어서 해석하고 시험관은 주소註疏를 강론하며, 아전이 통通(뜻이 통했다)·약略(대략 통했다)·조粗(뜻이 거칠다)·불不(통하지 못했다)의 4자를 써서 강첨講籤**을 만들어 각각 시험관 앞에 놓는다. 한 책의 강론이 끝나면 서리는 허첩虛帖을 가지고 위로 올라가며, 시험관이 차례로 강첨을 점고點考*** 하여 점수가 많은 것을 취한다. 이때 서로 등等이 같으면 아래로부터 초장初場에서 강경한 분수分數(점수)와 중장中場·종장終場에서 제술한 분수를 통계하는데, 그것을 취하는 사람은 한 사람이 아니었고 점고도 한 사람이 하지 않았다.

이 글을 보면 시험 당일의 장면을 그릴 수 있다. 먼저 시험일에 감시관으로 임명된 이들이 삼관에 응시자들을 모아 놓고 새벽에 하나하나 이

* 종이쪽지나 대쪽으로 만든 찌.
** 강경의 성적을 표시할 때 쓰던 작고 둥근 나무패.
*** 명부에 일일이 점을 찍어 가며 수효를 조사함.

름을 불러 과장에 들여보낸다. 새벽에 녹명책錄名册을 보고 이름을 불러 응시자인지를 살핀 후 과장에 들여보내는 일은 입문관의 임무였다. 이렇게 확인할 수 있는 것은 응시자인 거자擧子들이 미리 이름을 적었기 때문이다.

수험생들은 시험 열흘 전에 녹명소에 가서 사조단자四祖單子와 보단자保單子를 제출해야 했는데,[4] 사조단자는 응시자와 응시자의 아버지, 할아버지, 증조할아버지 그리고 외할아버지의 관직과 성명·본관·거주지 등 인적사항을 기록한 것이며, 보단자는 6품 이상의 조관朝官이 서명을 날인한 일종의 신원보증서였다. 녹명관錄名官(녹명소의 관원)은 사조단자와 보단자를 접수한 다음 응시자의 사조四祖 가운데 『경국대전』에 규정한 결격사유에 해당하는 자가 있는지를 살피고 이상이 없을 때 녹명책에 기입했다. 『중종실록』을 보면 다음과 같은 기록이 있어 녹명이 관례적으로 행해졌음을 살필 수 있다.

> 과거를 볼 때는 사관四館에서 이름을 적는데, 성명만 기록하는 것이 아니라 반드시 내외사조內外四祖와 당사자에게 하자(흠)가 있는지를 고찰하여 과거에 응시하게 하는 것이 관례입니다.[5]

응시자들은 자신의 시험지 윗부분이나 끝 부분에 본인의 관직·이름·나이·본관·거주지와 아버지·할아버지·증조할아버지·외할아버지의 이름과 본관을 다섯 줄로 쓰고 관원들이 알아볼 수 없도록 그 부분에 종이를 붙이거나 원통처럼 말아 올렸다. 이를 피봉皮封 또는 봉이라고 한다. 피봉의 상·중·하 세 곳에 삼가 봉한다는 뜻의 근봉謹封이라는 글자를 썼는데, 응시자 중에는 합격을 바라는 마음으로 재상이나 명사들에게 근봉을 받기

김준근, 과거 시험장에 들어가는 선비의 모습 프랑스 국립기메박물관 소장.

도 했다. 이를 복수福手라 한다. 하지만 이 또한 시험 결과에 영향을 미칠 수 있기 때문에 효종 원년(1650)부터는 녹명할 때 근봉이라고 새긴 도장을 찍어 주게 했다. 시험지는 서울은 4관(성균관·승문원·교서관·예문관) 관원이, 지방은 입문관이 기록 사항을 검토한 다음 근봉이라는 도장을 찍어 돌려주었다. 이를 외타인外打印이라 한다.

입문관이 응시자들을 들여보내면, 수협관이 문 밖에서 좌우로 갈라서서 응시자의 옷과 소지품을 검사했다. 책을 가지고 들어가는 자는 금란관에게 넘겨 처벌하는데 시험장 밖에서 걸리면 1식년, 안에서 걸리면 2식년 동안 시험을 볼 수 있는 자격을 박탈했다. 식년은 3년에 한 차례씩 정규적으로 실시하는 식년시式年試를 말하니, 1식년은 3년, 2식년은 6년 동안의 시험 자격을 박탈한 것이다. 『금계일기』에는 몸 수색과 관련해서 다음과 같은 기록이 있다.

문에 들어갈 때에 녹명관과 수협관이 양쪽에 앉아 금란군사禁亂軍士로 하여금 좌우로 열을 지어 수험생의 몸을 수색하게 하여, 만일 책자가 나오면, 곧 방에 걸어 과거를 보지 못하게 하고, 책자는 곧 불살라 버립니다. 그러므로 잔글씨로 써서 몰래 신발 속에 넣거나 옷깃에 넣거나 하는 일이 있습니다.[6]

책을 숨긴 채 가지고 들어가는 것뿐 아니라, 낱장의 종이에 잔글씨를 쓴 종이를 신발이나 옷깃에 숨겨 가지고 들어가는 사례가 있었음을 알 수 있다. 요즘으로 치면 '커닝 페이퍼'인 것이다.

이제 시험이 시작될 차례다. 하늘이 밝기 전에 시험관이 대청에 나와 촛불을 켜고 앉으면 삼관원이 뜰로 들어와 과거 볼 사람의 자리를 균등히 정해 주고 나가는데, 입장이 끝나면 응시자들을 여섯 자(대략 180cm) 간격으로 떼어 앉히고 금란관은 시험장의 문을 걸어 잠근다.

날이 밝으면 방榜을 펴서 문제를 제출하고, 오시(오전 11시~오후 1시)가 되면 시험지를 걷어 관인을 찍어 삼관에 돌려준다. 시험관이 유생들의 답안지에 타인打印, 즉 확인 도장을 찍고 답안지 작성이 끝나면 유생들은 타인이 된 답안지를 제출하게 했다. 이는 시험 응시자가 규정된 종이보다 좋은 품질 또는 너비와 길이가 다른 종이를 사용하지 못하도록 한 것이며, 또한 시험 기간이 지난 후 누군가에 의해 답안지가 추가되는 등의 부정이 개입될 여지를 없애고자 한 것이다. 이를 내타인이라 하는데, 시험 도중에 타인하는 것인 만큼 혼란을 빚기 일쑤였다. 그러므로 숙종 39년(1713)에는 답안지를 회수하는 수권收卷과 답안지를 열 장씩 한 축으로 묶는 작축作軸을 한 뒤에 타인하게 했다. 이후 영조 때의 『속대전』續大典에 보면 대소과의 시권을 사관원으로 하여금 타인케 하되, 복시의 시권만 타인하고 초시 시권은 타인하지 않기로 했다는 기록이 나온다.

식년시나 증광시 같은 정규 과거 시험은 인정人定, 즉 밤 10시경까지

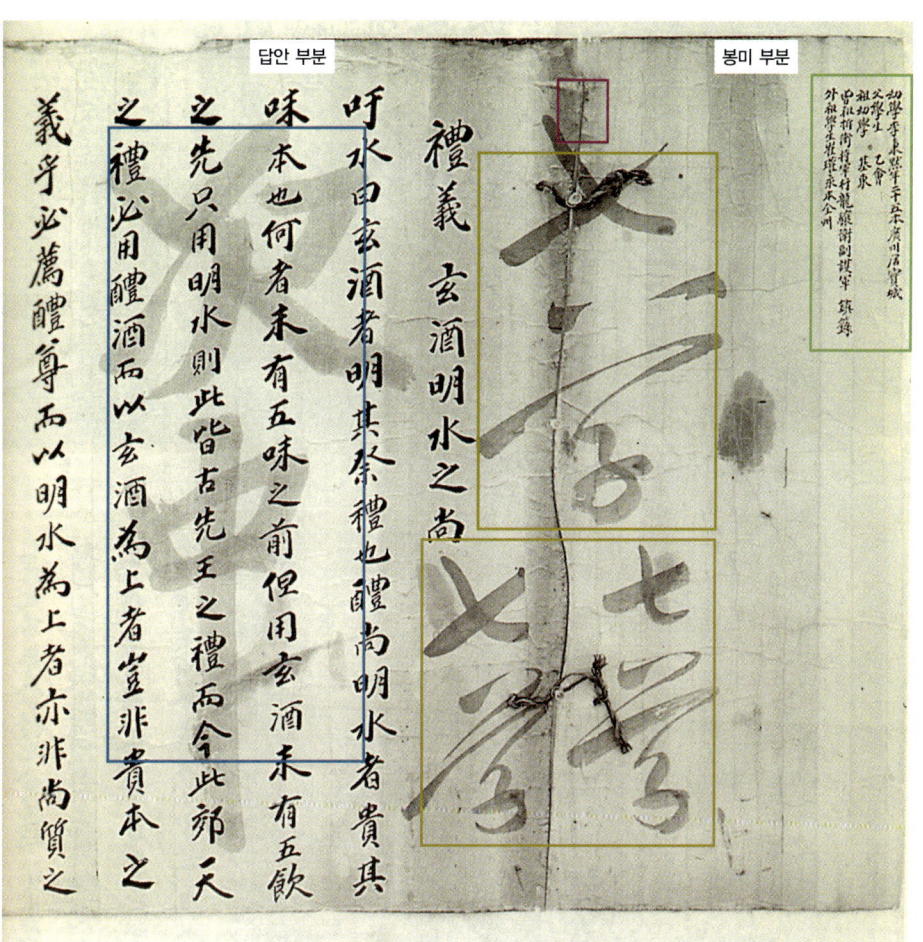

과거 시험지 부분 과거 응시자는 과지를 시전에서 구입하여 오른쪽 상단에 본인의 이름, 나이, 본관, 거주지 및 그의 사조의 직함과 이름을 써서 성균관에 제출했다. 관에서는 사실 여부를 조사하고 후에 채점자들이 이름을 알아볼 수 없도록 봉하여 응시자에게 돌려주었다. 전북대박물관 소장.

- **성적 차중次中** 채점은 상上, 중中, 하下, 이상二上, 이하二下, 삼상三上, 삼하三下, 차상차상, 차중次中, 차하次下, 갱更, 외外 등의 14등으로 나누어 삼하三下 이상을 뽑는 것이 관례였다. 이 답안은 낙방한 시험지인 셈이다.

- **자호字號** 답안지를 제출하면 100장씩 묶어 천자문의 순서에 따라 매긴 번호이다. 작은 글씨의 자호는 오려낸 부분 양쪽으로 나뉘지만, 큰 글씨의 자호는 칼 자국을 내어 나중에 오려낸 자국을 맞추면 제 짝을 확인할 수 있다. 부정을 방지하고자 한 노력의 하나이다.

- **명지名紙** 응시자의 신분, 이름, 나이, 본관, 거주지 및 사조四祖의 신분, 이름, 본관을 쓴다.

- 봉미한 부분과 답안 부분을 칼로 오려낸 자국

답안지를 냈으며,7 알성시나 춘당대시와 같이 당일로 합격자를 발표해야 하는 특별 시험에는 그때마다 시험 종료 시간을 정해 알려 주었다. 해가 서쪽으로 저물기 시작하면 북을 쳐서 재촉했는데, 글을 다 써서 시험지를 거두는 수권관收卷官에게 시험지를 제출하면, 수권관은 수험지의 필적을 알 수 없게 붉은 먹물로 옮겨 쓰는 일을 맡아보는 등록관謄錄官에게 넘겨 숫자 대신 천자문의 순서에 따라 매긴 번호인 자호子號를 시권의 양쪽 끝에다 쓰고 또 감합勘合을 해 봉명封名을 받은 봉미관封彌官은 별도의 장소에 가서 대기하도록 했다.

　이는 공정한 시험을 위한 것이었다. 점수를 채점하는 이가 응시자의 이름을 보게 되면 아무래도 세력 있는 집안의 자제일 경우 점수에 영향을 미칠 수밖에 없기 때문이다. 따라서 채점관이 이를 확인하지 못하게 하는 방법이 필요했는데, 처음에는 호명법糊名法이 사용되었다. 호명법은 이름 위에 종이를 붙여 가리는 것인데, 종이를 들추고 이름을 볼 수 있는 결점이 있었다. 이를 개선하기 위해 고안해 낸 것이 봉미법이었다. 봉미법은 응시자와 응시자의 사조四祖의 인적사항을 적은 부분을 오른쪽에서 왼쪽으로 말아 올린 후 상·중·하 세 곳에 세로로 구멍을 뚫고 끈으로 묶어 이름을 가리는 방법이다. 즉 시험지를 걷은 후 봉미한 부분과 답안 부분에 감합을 해 그 중간을 칼로 오려 내어 따로 보관하는 방법을 썼던 것이다.

　등록관은 서사인書寫人 등을 모아 주묵朱墨으로 시험지를 옮겨 적는데, 이 또한 시험의 공정성을 확보하기 위한 노력의 일환이었다. 개인의 필체는 사람마다 매우 다르게 마련이니, 확연히 구분되는 글씨체는 신분을 노출시키는 것과 별반 다르지 않았다. 채점자가 시험 보는 사람의 필체를 알고 있다면 부정이 개입할 수 있는 위험이 있는 것이다. 따라서 서사인 몇 사람으로 하여금 빨간 글씨로 시험지의 내용을 옮겨 적게 하는 것이

김준근, 강경하는 선비 조선시대의 과거에서 중요한 두 부분이 강경과 제술이었다. 강경은 시험관이 지정해 주는 경서의 대목을 외우는 것인데, 꼭 과거가 아니라도 강경은 선비들 사이에서 행해졌던 일이다. 임금이 친히 강경 시험을 주관했다는 기록도 종종 찾아볼 수 있다. 프랑스 국립기메동양박물관 소장.

다. 그리고 등록관이 서사인을 시켜 옮겨 베낀 답안에 착오가 없나 대조하기 위해 답안의 원본을 조사하는 사동관査同官, 원답안과 등록관이 옮겨 베낀 전사본轉寫本을 대조하는 지동관枝同官을 두어, 서로 비교하여 살펴보고 제대로 옮겨 적은 것을 확인한 후 시험관에게 넘겨 채점하게 하는 것이다. 채점이 끝나면 다른 곳에 머물고 있던 봉미관을 불러 시험지의 글씨와 신원을 알 수 있는 봉명封名을 뜯어서 맞춘 후에 합격자의 방을 쓰게 했다.

부정을 막기 위한 철저한 노력은 여기서 그치지 않는다. 명지名紙라 불리는 시험지도 다듬잇돌에 다듬어 반드럽게 한 종이인 하하품下下品의 도련지搗鍊紙를 사용하게 했다. 이는 응시자가 개인적으로 자문지나 창호지를 사서 작성했을 경우, 그것을 보고도 누구인지를 알 수 있으니 채점에 부정이 생길 것을 염려한 것이다.

시험의 종류도 크게 세 가지로 나뉘었다. 경서를 강독하는 '강경'講經, 시·부·송과 같은 문학이나 경서 내용을 바탕으로 논술하거나 정책을 논의하는 시무 등을 글로 쓰는 '제술'製述, 외국어를 베껴 쓰거나 번역하는 '사자'寫字와 '역어'譯語가 그것이다.

강경을 시험하는 방법에는 본문을 보지 않고 물음에 답하는 배강背講, 본문을 보지 않고 외우는 배송背誦, 본문을 보고 물음에 답하는 임문고강臨文考講이 있었다. 배송이나 배강에는 대나무통에서 경서 대문의 첫 자만 적어 놓은 대나무 가지를 뽑아 외우거나 물음에 답하게 하는 방법을 쓰기도 했으며, 임문고강에는 본문의 앞뒤를 가리고 중간만 보여 주면서 문답하게 하는 방법을 쓰기도 했다.

이게 무슨 과거장인가

작자 미상의 그림《평생도》중〈소과응시〉小科應試는 조선시대 과거 시험장의 한 모습을 보여 준다. 그림 상단에는 감독관으로 보이는 인물이 관복을 입은 채 의자에 앉아 있고, 주위에는 사람들이 분주하게 움직인다. 그리고 이들과 응시자들 사이에는 천막을 쳐 구분을 하고 있다. 시험장에는 유건을 쓴 응시자들이 햇빛을 막는 일산日傘 아래 모여 시험을 보고 있고, 응시자들과 천막 사이에서 흑립을 쓴 인물들이 서성인다. 이들은 유건을 쓰지 않은 걸로 봐서 시험 진행 요원들로 보인다. 이 그림의 제목으로 미루어 이들이 소과에 응시한 이들임을 알 수 있다. 소과는 조선시대에 성균관 입학 자격을 부여하기 위해 실시한 과거로, 생원·진사시 또는 사마시司馬試라고 했다. 이는 고려시대의 국자감시國子監試와 승보시陞補試를 계승한 것으로, 진사시는 전자를, 생원시는 후자를 계승한다.

생원·진사시의 응시 자격은 기본적으로 문과와 동일하다. 다만 기존에 관직을 지니고 있는 사람의 응시는 될 수 있으면 제한한다는 정부의 방침에 따라 문과에는 정3품인 통훈대부通訓大夫 이하만이 응시할 수 있다고 한 것을 생원·진사시에서는 정5품인 통덕랑通德郎 이하로 규정[8]한 차이가 있을 뿐이다. 생원·진사시에는 3년에 한 차례씩 정규적으로 실시하는 식년시와 국왕의 즉위와 같은 큰 경사가 있을 때 이를 기념해 실시하는 증광별시增廣別試 등이 있었다.

생원·진사시는 향시鄕試와 복시覆試(회시)로 구분된다. 향시는 각 지방에서 뽑았는데, 『경국대전』에는 문과 초시 합격자의 정원을 규정해 놓고 있다. 그 기록을 참고하면, 성균관 50명·한성부 40명·경기 20명·충청도와 전라도 각 25명·경상도 30명·강원도와 평안도 각 15명·황해도와 영안도 각 10명 등이었다. 예조에서 실시하는 복시에서는 생원·진사를 각각 100명씩 뽑았다. 즉 생원·진사시의 초

작자 미상, 〈평생도〉 중 〈소과응시〉 산수를 배경으로 화면 중간에 과거 시험장이 그려져 있다. 국립중앙박물관 소장.

시에서 지역별 인구 비례로 합격 인원을 안배한 뒤, 복시에서 시험 성적으로 관리를 뽑았음을 알 수 있는데, 이는 합격자가 특정 지역에 집중될 우려를 해소하면서 개개인의 능력도 발휘할 수 있도록 한 제도라고 할 수 있다.

생원시는 오경의五經義와 사서의四書疑의 제목으로 유교 경전에 관한 지식을, 진사시는 부賦와 시詩의 제목으로 문예 창작의 재능을 각각 시험했다. 그리하여 합격자에게 생원 또는 진사라는 일종의 학위를 주었다. 우리가 많이 보는 텔레비전 드라마에서 '김 생원', '이 진사' 하는 호칭으로 불리는 사람들은 모두 이 시험에 합격한 사람들인 것이다. 한 사람이 같은 해 생원시와 진사시에 모두 응시할 수 있었는데, 그렇게 해서 두 시험에 다 합격한 사람을 쌍중雙中 혹은 구중俱中이라 했다.

이 시험에서 생원과 진사를 각각 100명씩 뽑고 이들에게 성균관에 입학할 자격을 부여한다는 것이 기본 방침이었다. 따라서 합격자 중의 일부 극소수가 생원 또는 진사의 자격으로 관직에 임명되는 경우가 있기는 했지만 관리 임용과 직결되는 것은 아니었다. 따라서 이들이 관직을 얻으려면 이후에 33명의 정식 관료를 뽑는 대과大科에 합격해야만 했다.

그런데 이 소과 응시 장면은 우리가 상식적으로 생각할 수 있는 시험장과는 사뭇 다른 느낌이다. 보통 시험장이라고 하면 응시자들이 일정한 거리를 두고 엄숙한 분위기에서 개인 답안지를 작성해야 할 텐데 이 그림에 보이는 응시자들은 일산 아래 삼삼오오 모여서 웃으면서 시험을 보고 있기 때문이다. 더군다나 일단의 무리는 서로 얼굴을 마주 보며 같이 답안지를 작성하는 듯한 모습이 아닌가. 응시자들의 외형을 보면, 수염이 난 장년의 사내와 수염이 나지 않은 청년이 거의 같은 수로 있음을 볼 수 있다. 소과는 성균관 입학 시험이므로 평균 연령이 그리 높지 않았을 것이

작자 미상, 〈평생도〉 중 〈소과응시〉 부분 일산 아래 삼삼오오 모여 시험을 보는데 어찌된 노릇인지 별다른 긴장감이 느껴지지 않는다. 여러 기록에서 조선 후기 과거장이 얼마나 엉망이었는지를 알려 주는 대목을 찾아볼 수 있다. 단원 김홍도의 〈봄날 새벽 과거 시험장〉이라는 그림에 보면 표암 강세황이 쓴 제발題跋이 별지로 붙어 있는데, 여기에 "봄날 새벽 과거 시험장에서 만 마리 개미가 전쟁을 벌인다"는 뜻의 '공원춘효만의 전 貢院春曉萬蟻戰'이라는 말이 있다. 어떤 풍경이었는지 능히 짐작이 된다. 국립중앙박물관 소장.

다. 따라서 수염이 난 장년의 사내들의 존재는 이 시험장에는 그나시 어울리지 않는다.

왼편에 모인 무리 아래쪽의 젊은 응시자와 장년의 사내를 보자. 젊은이는 답안지를 펼쳐 놓았고, 장년의 사내는 오른손에 잔을 들고 있다. 그들 앞에는 병이 놓여 있는데 혹 술을 마시는 것이 아닌가 하는 의심이 드는 장면이다. 과연 시험을 보러 온 사람일까. 그림을 좀 더 유심히 보면 붓을 들고 답안지를 작성하는 사람이 대부분 수염이 난 장년의 사내임을 알 수 있다. 젊은이들은 이들이 답안지를 작성하는 모습을 유심히 들여다보고만 있을 뿐이다. 흑립을 쓴 진행 요원들도 자기들끼리 대화하느라 시험 감독에는 별 관심이 없어 보인다.

앞서 언급한 것처럼 응시자들은 여섯 자 거리를 두고 벌려 앉혀서 머리를 모으고 서로 이야기하지 못하게 하고, 대소변을 보러 갈 때는 반드시 대간臺諫에게 고한 뒤에 나가게 하고, 일시에 출입하지 못하게 하며, 서리書吏 등의 잡인雜人은 응시자의 좌석 가까이에서 이야기하지 못하게 했다는 기록과는 사뭇 다른 모습이다.

마치 짜고 치는 고스톱 같다. 전체적으로는 돈을 주고 사람을 사서 시험을 보는 장면으로도 보이는데, 이는 필자만의 생각일까. 이 장면과 관련하여 정약용丁若鏞(1762~1836)이 쓴 『경세유표』經世遺表의 다음 글을 살펴보자.

문장에 능숙한 자를 거벽巨擘이라 하고, 글씨에 능숙한 자를 사수寫手라 하며, 자리·우산·남비·가마솥 따위의 기구를 나르는 자를 수종隨從이라 하고, 수종 중에 천한 자를 노유奴儒라 하며, 노유 중에 선봉이 된 자를 선접先接이라 하는데, 붉은 빛 짧은 저고리에 고양이 귀 같은 유건儒巾을 쓰고 혹은 어깨에 대나무 창을 메기도 하고 혹은 쇠몽둥이를 손에 들기도 하며 혹은 짚자리를 가지기도 하고 혹은 평상平床을 들기도 하여 노한 눈알이 겉으로 불거지고 주먹을 어지럽게 옆으로 휘두르고 고함을 지르면서 먼저 오르는데, 뛰면서 앞을 다투어 현제판懸題板 밑으로 달려들고 있으니, 만약 중국 사람이 와서 이런 꼴을 본다면 장차 우리를 어떤 사람들이라 하겠는가.
이리하여 부잣집 자식은 입에 아직 비린내가 나고 눈으로는 정丁 자를 모르는 자 할지라도 거벽의 글을 빌리고 사수의 글씨를 빌려서 그 시권을 바친다. 향시가 이 모양이니 경시京試도 이와 같을 것이다. 회시를 볼 때는 사람을 사서 대신 들여보내어 짓고 쓰며, 아비를 바꾸고 할아비를 바꿔서 위문闈門에 바치는데, 봉미封彌를 위조하고 세력 있는 자와 통한다.[9]

거벽, 사수, 수종 등이 동원되어 시험 문제를 내거는 현제판이 잘 보이는 좋은 자리를 차지하기 위해 달려드는 형국이다. 선접군이 시험장 안에 달려들면, 그 형세가 풍우 같아서 참시관인 경관京官은 눈이 휘둥그레져서 겁을 먹고, 불법을 막아야 하는 금란관禁亂官은 머리를 감싸고 숨을 곳을 찾는다고 정약용은 설명하고 있다. 정약용이 살던 시대에는 이 모습이 일상사였음을 알 수 있다. 이와 동일한 모습이 『백범일지』에도 나온다.

드디어 과거 보는 날, 해주 관아의 시험장인 관풍각觀風閣 주변은 사방이 새끼줄 망으로 둘러쳐졌고, 정해진 시간에 과거장의 문을 열었다. 큰 종이양산을 들고 도포 입고 유건 쓴 선비들이 흰 베에 자신이 속한 접接(서당과 유사한 의미)의 이름을 써서 장대 끝에 매달고, 자리를 먼저 잡으려고 힘 있는 자를 앞세워 떼 지어 들어가는 광경이 참으로 볼만했다. …… 나는 선생님께 늙은 선비들이 애걸하던 모습을 말씀드린 후, "이번에는 아버님 명의로 과거 답안을 지어 주시면 좋겠습니다. 저는 앞으로도 기회가 많지 않겠습니까?" 하고 부탁했다. 선생님은 흔쾌히 수락하셨다. 우리 대화를 들은 다른 선생님 한 분이 "네 글씨가 나만은 못할 터, 네 아버님 답안지의 글씨를 내가 써 주마. 너는 후일 과거 공부를 더 해서 직접 짓고 쓰도록 해라" 하고 거들어 주신다.
이렇게 해서 정선생님이 짓고 다른 선생님이 쓴, 아버님 명의의 과거 답안지를 새끼줄 망 사이로 감독관에게 들여보냈다.
그러고 나서, 과거 부정에 얽힌 이런저런 말을 많이 들었다. 시험장의 사환使喚이 과거 답안지를 한 아름 도적질해 갔다는 이야기, 글도 모르는 자가 남의 글을 베껴 자기 것으로 제출했다는 이야기, 글 모르는 부자가 큰선비에게 몇천 냥씩 주고 글을 사서 급제하여 진사가 되었다는 이야기를 들었다. 또한 서울 아무개 대신大臣에게 편지를 부쳤으니 합격한다고 자신하는 사람, 감독관의 수청 기생에게 좋은 비단 몇 필을 선사했으니 꼭 붙을 것이라고 자신하는 자도 있었다.

어느 사회나 그렇듯이 옛사람들도 시험에 합격하기 위해 부정한 방법들을 다양하게 동원했다. 예상 답안지를 미리 만들어 간다거나 책을 가져다 놓고 베끼는 수법도 있었고 다른 사람의 시험지와 바꿔치기를 하거나 채점자와 짜고 점수를 조작하기도 했다. 이 외에 아예 합격자와 비합격자의 이름을 바꿔치기하는 경우도 있었다.

시험장에 책을 가지고 들어오거나 다른 사람의 손을 빌려 글을 쓰는 행위, 남을 대신하여 글을 지어 주는 행위를 저지르면 2식년 동안 과거 응시를 금지시키는 엄한 처벌을 내리는 법 조항은 있었지만, 이러한 행위는 여전히 없어지지 않았다. 심수경沈守慶(1516~1599)의 『견한잡록』遣閑雜錄에는 남이 대신 글을 지어 주는 대작代作과 관련해 다음과 같은 기록이 있다.

과장에서 남의 손을 빌려 글을 짓는 것은 금하는 법이 매우 엄격하나, 명예와 이익을 좋아하고 파렴치한 무리는 도도하게 범하여 선비의 기풍을 불미스럽게 했다. 알성謁聖이 있은 후에 제술製述로 인재를 취하는 것이 조종祖宗 조 이후에 점차로 잦아져 급작스레 요란하게 되자 뽑는 것이 정밀하지 못할 뿐 아니라 남의 손을 빌려 글을 지어 합격하는 자가 또한 많았다. 명종 때에 외척권신外戚權臣의 아들인 이정빈李廷賓은 과거 공부도 하지 않고서 표절로 장원을 하고 빛나고 중요한 벼슬을 역임했으므로 사회 여론이 일어나 마침내 삭직削職을 당했고, 같은 때에 또 여계선呂繼先이란 자는 문사 차천로車天輅가 글을 대신 지어 주어 장원을 했는데, 일이

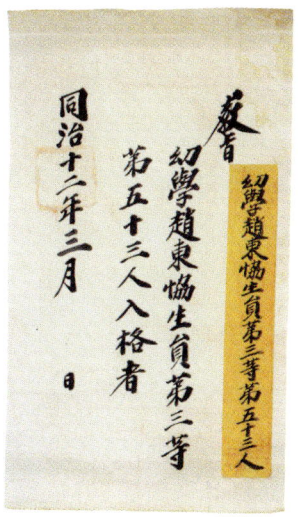
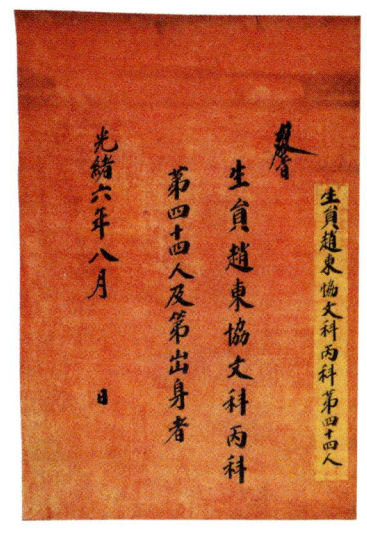

백패와 홍패   백패는 흰 종이에 검은 글씨로 합격한 사람의 직위·성명·합격 등급·성적 순위를 기입하고 연월일을 쓴 다음 그 사이에 어보御寶를 찍었고, 홍패는 성명, 과거 종류, 갑·을·병과의 등급 구분, 성적 순위, 연월일을 적고 '과거지보'科擧之寶라는 도장을 찍었다.

탄로되어 국문을 당하고 과거에서도 삭제되었으니 국가의 수치가 어떠하리오.[10]

그렇다면 대작과 같은 부정한 방법을 동원하면서까지 과거에 합격하려는 이유는 무엇이었을까.

조선시대는 어느 집안이나 지역의 품격을 논할 때 반드시 그 집안 또는 지역에서 배출된 홍패紅牌·백패白牌의 수가 중요한 기준의 하나로 간주되었다. 홍패는 대과 급제자에게, 백패는 소과에 합격한 이들에게 주는 합격증인데, 그 홍패 속에는 일반적으로 무과 홍패는 들어가지 않았다. 따라서 조선 전체에서 한 해 평균 100명이 못 되는 문과 합격자들의 사회적 위신은 오늘날의 고시 합격생보다 훨씬 높았다. 『백범일지』에는 다음과 같은 글이 있다.

김준근, 어사화를 꽂은 과거 급제자 과거 급제자가 누리는 영광 가운데 하나는 바로 '어사화'御賜花를 받는 것이다. 어사화는 글자 그대로 임금이 하사한 꽃으로, 대개는 가는 참대오리 두 가닥을 푸른 종이로 감고 꼬아서 군데군데 청·홍·황의 세 가지 색으로 만든 꽃을 달았다. 프랑스 국립기메동양박물관 소장.

또한 늙은 선비들이 합격을 애걸하는 모습도 볼만했다. 그들은 새끼줄 망 사이로 머리를 들이밀고 제발 합격시켜 달라고 외치고 있었다.

"소생은 아무개이옵는데, 먼 시골에 살면서 과거 때마다 참석하여 금년 일흔 살입니다. 다음 과거에는 참석하지 못하겠습니다. 한 번만이라도 합격하면 죽어도 한이 없습니다."

어떤 이는 큰소리로 외치고, 어떤 이는 목 놓아 우니, 비굴하기도 하고 가엾기도 했다.

조선시대 생원·진사에 급제한 이들의 평균 연령은 15세기에는 25.72세였으나, 후기로 갈수록 높아져 19세기에는 37.81세로 평균 34.56세로 파악된다.[11] 따라서 일흔이 넘은 노인이 새끼로 친 그물에 머리를 들이밀며 과거를 구걸하는 모습을 보면, 우리가 상상하는 것 이상으로 옛사람들이 과거에 집착했음을 확인할 수 있다.

문과 합격자 1만 5,151명 중 최연소 합격자는 만 열다섯으로 고종 3년(1866)에 붙은 이건창李建昌(1852~1898)이었으며, 최고령 합격자는 만 여든다섯으로 고종 27년(1890)에 붙은 정순교丁洵敎였다. 정순교가 열다섯부터 과거 시험 준비를 했다고 보면 거의 70여 년을 과거 공부에 매진한 셈이다. 일흔이 되면 은퇴해야 하는 조선시대에 여든다섯의 노인이 실제로 관직에 나가지는 못했을 것이다. 그럼에도 과거에 응시했다는 것은 그만큼 과거 합격이 갖는 사회적 가치가 높았기 때문일 것이다.

무예가 출중한 자들의 경합장, 무과

일반적으로 조선시대의 무과는 문과와 마찬가지로 초시-복시-전시의 3단계 절차를 거쳐 사람들을 선발했다. 초시의 경우 서울에서는 원시라 해서 훈련원에서 열렸고, 지방에서는 향시라 하여 병마절도사가 차사원差使員을 정해 담당하게 했다. 『노상추일기』盧尙樞日記*에는 향시 장소로 두 곳이 지정되었음을 보여 준다.

> (8월) 30일…… 올해 시소試所는 좌左는 비안比安이고 우右는 선산善山이며, 동당東堂의 좌는 진보眞寶이고 우는 거창居昌이며, 무시소는 우는 단성丹城 좌는 밀양密陽이다. ……(9월) 18일…… 부시副試 대구영장 김□□이 왔다. ……19일 ……상시上試 좌병우후, 문시文試 언양현감이 왔다.[12]

* 조선 후기 정조의 전폭적 신임을 얻었던 무관 노상추(1746~1829)가 열일곱 살부터 여든네 살까지 쓴 일기.

문과뿐 아니라 무과도 시험 장소를 나누어 단성과 밀양에 1소所와 2소를 지정했는데, 시험관도 부시관과 상시관 그리고 문시관이 존재했음을 알 수 있다. 『대전회통』大典會通에는 초시의 두 시험 장소에 각각 2품 이상 1인과 당하관 문관 1인 및 무관 2인을 시험관으로 임명하고, 감찰이 감시관이 된다고 하는데, 이 점은 정조 16년(1792)에 평안도 내의 무사를 시험 보아 뽑고 그 결과를 보고한 장계 및 전교의 등본인 「관서무사시취방」關西武士試取榜을 통해 살필 수 있다. 규모가 큰 평양 도회나 안주 도회의 경우에는 주시관主試官 1인과 참시관 2인이 기재되어 있다.

『대전회통』을 보면, 나무화살을 쏘는 목전木箭, 쇠화살을 쏘는 철전鐵箭, 애기살을 쏘는 편전片箭, 말을 타고 활을 쏘는 기사騎射, 활로 과녁을 맞추는 관혁貫革, 말을 타고 창으로 허수아비를 맞추는 기창騎槍, 공을 다루는 격구擊毬, 화살촉이 버드나무 잎사귀와 닮은 유엽전柳葉箭, 화약 무기인 조총鳥銃, 철편을 가지고 허수아비를 치는 편추鞭芻 그리고 무경칠서武經七書에 관한 지식을 묻는 강서講書와 같은 무과 시험 과목이 있는데, 조총은 임진왜란 이후에 포함된 과목이다. 이 기예들 중에서 시험 때마다 1기技나 2기를 낙점받아 시행했다.

이 외에 「관서무사시취방」을 보면 기예에 합격한 평양 한량 전응린田應獜이 월도月刀·농창弄槍·쌍검雙劍·편추 등에서 높은 성적을 냈고, 합격하지는 못했지만 의주 한량 허홍許泓은 월도와 쌍검 외에 이화창梨花槍으로 응시했다. 이 중 월도와 쌍검은 『무예도보통지』武藝圖譜通志에 기재되어 있는데, 월도는 초승달 모양의 장병기를 사용하여 적을 공격하는 무예이고, 쌍검은 두 개의 검을 양손에 각각 쥐고서 적을 공격하거나 방어하는 무예다. 이화창은 의주 지역에서 행해지던 창술이며, 농창은 고려시대 농삭弄槊과 관련된 창술로 평양 지역에 전해지던 기예로 보인다.[13] 이는 법

「무예도보통지」의 쌍검

전에 담겨 있지는 않지만, 경우에 따라서는 더 많은 기예가 시험 과목에 있었을 것임을 알려 준다.

무과 식년 초시의 정원도 정해져 있었다. 『경국대전』에 보면 경기도 70명, 경상도 30명, 충청도와 전라도 각 25명, 강원도와 황해도, 함경도와 평안도 각 10명이었다. 회시會試에서 28명을 뽑고, 전시에서는 기사·보사 步射·격구를 시험 봐서 순위를 정했다고 한다. 갑과 3명, 을과 5명, 병과 20명이다. 남의 손을 빌려 시험을 보는 자와 대신 시험을 쳐 주는 자는 발각되면 장형 100대에 처하고 수군戍軍(변방을 지키는 군사)으로 삼았다. 후에 대신 시험을 쳐 주는 자는 남의 손을 빌려 시험을 보는 자보다 2배로 처벌했다.

〈경기감영도〉京畿監營圖라는 그림이 있다. 처음에 〈한양도〉漢陽圖라는 이름으로 소개된 이 12폭 병풍 그림은 경기감찰사가 집무하는 경기감영을 그린 전형적인 관아도官衙圖다. 화가는 누구인지 알 수 없지만 능숙한 화원 몇 명이 이 작품을 위해 동원됐을 것으로 추측되며, 제작 시기는 대략 19세기로 추정된다.

작자 미상, 〈경기감영도〉 국가에 의해 주도되었던 전국적인 지도 및 지리지 편찬 작업은 18세기 영조와 정조 대를 정점으로 하여 일단 막을 내렸다. 이후 세도정치기에 국가 차원에서 궁궐이나 도시를 대형 병풍이나 절첩식으로 그리는 게 널리 유행했다. 위 그림은 이 흐름의 대표적 사례이다. 호암미술관 소장.

    병풍은 오른쪽부터 시작하는데 제1폭의 대문이 돈의문敦義門(서대문)이며, 제4폭의 솟을대문에 기영圻營이라 쓴 편액이 걸려 있으니 윗쪽 산봉우리는 북악산의 측면이 된다. 제6폭의 중앙에 있는 큰 건물이 선화당宣化堂으로 관찰사가 집무하는 곳이며, 제6폭에서 제9폭까지의 연봉들이 인왕산이다. 제8폭 윗쪽의 일주문은 영은문迎恩門(현재 독립문 자리)이고 그 아래에 모화관慕華館이 있다.

    다시 그 아래쪽으로 큰 연못이 보이는데, 이 연못은 천연정天然亭으로

『한경지략』漢京識略에 보면, "본래 이해중李海重의 별장이었는데 지금은 경기감영의 중영中營·공청公廳으로 되어 있다"고 했으며, 이로 인해 이 일대를 오늘날 천연동天然洞이라 부른다. 제10폭에는 읍승정挹升亭이라는 활터가 있고, 제11폭의 산봉우리는 안산鞍山이 된다.

파노라마식으로 시점을 이동하면서 서대문 밖 전체를 조망하는 방식으로 '기성도'箕城圖 등에서 쓰이는 시각법이 그대로 적용된 그림이다. 감영 앞에는 관찰사의 행차 장면이 그려져 있어 성시를 이루고 있는데 주변의 건물과 산의 배경은 진경산수의 묘법을 그대로 따랐다. 이와 같은 그림의 정확한 용도는 아직 확인되지 않고 있지만, 경기감영의 장식 병풍일 수도 있고, 아니면 '평생도'나 '기성도'처럼 일반 사대부나 신흥 상인 계층의 호사 취미일 수도 있다.[14]

이 〈경기감영도〉에는 활쏘기 장면이 여러 곳에 나타나는데, 영은문으로 표기된 곳 주위에도 활을 소지하고 있거나, 활쏘기를 연습하고 있는 사람들이 있으며, 활터인 읍승정에서 활을 쏘는 이들이 있고, 그 주위에 활을 소지하고 있는 많은 사람들이 모여 있다. 읍승정 마당에는 관원들이 열을 지어 서서 분위기가 엄숙한데, 무과 시험을 보는 것이 아닌가 싶다.[15]

읍승정에는 응시자 다섯 명이 활을 쏘기 위해 대기하고 있고, 담장 너머의 공터에 있는 다섯 개의 과녁과 그 주위에는 화살들이 어지러이 꽂혀 있다. 과녁 아랫부분에는 과거 시험의 진행을 위해 하얀 기를 위로 올리고 있는 관원과 북을 치는 관원이 보인다. 그리고 과녁의 위쪽과 담장 한 켠에는 활쏘기를 구경하려는 구경꾼들이 북적댄다.

경기감영에서 열리는 무과 시험이라면 향시이기 때문에 무과 초시일 것이다. 『노상추일기』를 통해 초시와 관련된 내용을 구체적으로 살펴보자.

20일 신축. 맑고 서북풍이 불었다. (시험 장소를) 개장하고 목전을 쏘았다. 나와 정청지鄭淸之가 동서로 섰는데, 나는 첫 번째 화살은 54보, 두 번째 화살은 56보, 세 번째 화살은 58보였다. 정청지는 첫 번째 화살은 15보, 두 번째 화살은 가로질러 날아갔으나 맞지 않았고 세 번째 화살은 32보였다. 영중英仲은 세 화살 모두 미치지 못했고, 친구 채(채한보를 말함) 또한 세 화살이 미치지 못했다. 진주晋州 사람 너덧 명이 목전을 쏘는데 농간을 부려 모두 80보를 넘었다. 심지어 모두 90보를 넘긴 자도 있었다. 선산에서는 모두 52나 55보를 넘은 자는 나 한 사람뿐이었다.

21일 임인. 혹은 비가 내렸다. 목전을 거두고 육량전을 쏘았다. 나는 모두 23보 내지 25보를 쏘았다. 오후에 육량전을 거두고 편전을 쏘았다. 나는

작자 미상, 〈경기감영도〉 부분 활쏘기 시험을 앞두고 응시자들이 삼삼오오 모여 있는 풍경이다. 조선시대 무과 시험의 과목은 대부분 활쏘기와 마상무예였다. 활쏘기 시험에서는 한 차례에 화살 다섯 개를 주어 세 차례 쏘게 했다. 호암미술관 소장.

적중시키지 못했다. 저녁이 되자 편전을 거두고 포를 쏘았다(방포). 나는 두 번 방포하여 변을 맞추었다.

22일 계묘. 맑았다. 방포 후 포를 거두고 허수아비를 쏘고(사추射芻) 허수아비를 (쏘는 것을) 거두고 격창擊槍을 했다. 발방했다.……나는 90획 16분으로 방의 말단에 위치했으며, 정화경은 2획이 미치지 못해 낙방했다.[16]

사흘에 걸쳐 목전·철전의 한 종류인 육량전―편전―방포―사추―격창 순서로 시험을 보고 있다. 이후 회시에서도 노상추는 사흘에 걸쳐 목전·철전·편전·조총·강서를 시험 봤다.

노상추가 목전을 쏠 때 정청지와 함께 동쪽과 서쪽에 각각 서서 화살을 쏘고 있는데, 이는 〈경기감영도〉에서 다섯 명이 한꺼번에 사대에 올라 활을 쏘고 있는 모습을 연상시킨다. 응시자의 많고 적음에 따라 한 번에 보는 응시자를 가감했던 것으로 보인다.

〈경기감영도〉의 활쏘기에서 사용되는 화살은 목전으로 보인다. 목전은 표적과의 거리가 240보를 기준으로 삼고, 철전은 80보를 기준으로 삼고 있는데, 사람 키를 기준으로 가늠해 보면 80보보다는 거리가 더 멀게 느껴지기 때문이다. 목전은 보사용步射用으로 3시(발)를 쏘는데, 매번 1시 矢가 표적에 적중하면 7분(점)을 주었으며, 표적을 넘어 날아간 경우는 5보당 1분을 더해 주었다.

말 타고 활쏘기가 그리 쉬운가

오른쪽 그림은 한시각韓時覺(1621~?)이 그린 《북새선은도》北塞宣恩圖 중 〈길주과시도〉吉州科試圖 부분으로, 길주에서 열린 과시 장면을 그린 것이다. 현종 5년(1664) 함경도 길주에서 처음으로 시행된 북도별과北道別科를 기념하여 제작된 일종의 기록화이다.

이 작품은 긴 두루마리 횡권 머리에 전서체로 '북새선은'北塞宣恩이라고 쓰여 있으며, 바로 옆에는 함경도 길주에서 시행한 문무 양과의 과거 시험을 그린 〈길주과시도〉와 함흥 관아에서 합격자를 발표하는 〈함흥방방

한시각, 〈길주과시도〉 부분 한시각이 그린 《북새선은도》에는 〈함흥방방도〉와 〈길주과시도〉가 함께 실려 있다. 이 중 〈길주과시도〉는 함경도 길주에서 무과 시험을 보는 장면을 그린 것으로 말 타기와 활쏘기 장면이 그려져 있다. 국립중앙박물관 소장.

도)咸興放榜圖 외에 김수항金壽恒을 비롯한 감시관과 문·무과 합격자 명단이 순서대로 적혀 있다. 〈길주과시도〉에서는 말타기와 활쏘기 등 무과 시험 장면을 생생하게 표현했으나 〈함흥방방도〉에서는 풍속화적 요소가 주목을 끈다. 함흥성으로 통하는 만세교萬歲橋 아래에 성천강城川江을 건너는 소달구지의 모습에서는 긴장된 시험 장면과는 대조적으로 한가롭고 서정적인 정취가 느껴진다.

《북새선은도》는 인물과 건물의 묘사가 정확하고 활달하며, 청록산수에 구사된 16세기 이래의 단선점준短線點皴은 전통성을 강하게 띠고 있다. 또한 관아의 풍정을 담은 기록화로 한시각이 인물人物·계화界畵·산수

〈길주과시도〉 부분 확대   무과는 조선시대에 정식으로 실시되었다. 무과는 문과에 비해 신분상의 제약을 훨씬 완화하여 무관의 자손을 비롯하여 일반 서민이라도 무예에 재능이 있는 자에게는 응시할 수 있는 기회를 주었다.

山水에 두루 통달한 화원임을 보여 준다. 이 그림은 당시의 시험 장면뿐 아니라 주변의 관아와 성 안팎의 광경을 정확하게 포착하여 사실적으로 그림으로써 풍속화적 현실감을 더한다. 이와 같이 궁궐과 관아의 행사 장면을 그리는 목적은 기록으로 남겨 임금에게 보고하기 위한 것인데, 이는 왕의 권위를 과시하고 선정을 널리 행하기 위한 취지를 가지고 있었다.

좌측 중앙 건물에는 관리들이 성적을 채점하고 시험을 감독하고 있으며, 좌측 하단에는 대기자들이 다음 순서를 기다리고 있다. 대기자로 보이는 인물 중 말에 타고 있는 사람은 아마도 지금 활을 쏘고 있는 응시자의 바로 다음 순서인 모양이다. 응시자가 출발하는 부근에 나팔을 들고 있는 인물이 있는데, 이는 나팔로 출발 신호를 알렸음을 보여 준다.

우측 가운데 부분에는 말을 타고 달려가는 인물이 있는데, 이는 아마도 자기 차례가 끝나고 대기석이나 혹은 시험관들이 있는 곳으로 돌아가는 응시자로 여겨진다. 그가 달려가는 방향의 왼쪽 건물 부근에는 말 한 마리가 매여 있다. 시험관들이 있는 좌측 건물에는 한 사람이 무릎을 꿇고 있고, 동개筒介(가죽으로 만든 활집)를 착용하고 있는 다른 한 사람에게는 단 위에 선 시험관이 종이를 들고 무언가 물어보고 있는 듯하다. 이를테면 요즘의 면접과 같은 것을 보고 있는 게 아닐까. 시험을 마친 응시자들은 자신의 말을 묶어 놓고, 구두시험 내지 면접을 보는 것이 기본 순서였던 것 같다.[17]

기사騎射의 방식은 『경국대전』에 기록되어 있다. 높이가 1척 5촌(대략 46cm)이고 직경이 1척(대략 30cm)인 둥그런 적(과녁)을 좌우 양쪽에 세워 놓고 적의 사이로 난 길을 달리면서 쏘는 것이었다. 홍색과 백색으로 구분한 각 5개의 둥그런 표적을 좌로 홍-백-홍-백-홍 순으로, 오른쪽은 백-홍-백-홍-백 순으로 설치했다. 좌우 적의 거리는 각각 35보(대략 64m)이며, 마주 보는 적의 거리는 50보(대략 91m)였다. 오른손잡이는 홍 적만을 쏘되, 처음 왼쪽 1적을 쏘고 오른쪽 제2적, 왼쪽 3적, 오른쪽 4적, 왼쪽 5적을 쏘는 형식이었고, 왼손잡이는 그 반대였다. 이때 응시자가 말을 잘 제어하지 못해 왼쪽으로 활을 쥐고서도 오른쪽으로 적을 쏘고, 오른쪽으로 활을 쥐고서도 왼쪽으로 적을 쏘아서 이를 맞힌 경우에도 이를 점수로 인정했다. 표적을 추인芻人(허수아비)으로 바꾸게 된 것은 선조 26년(1593) 10월 이후의 일이다.

추인은 일명 표추標芻라고도 했는데, 길이가 6척 2촌(대략 188cm)으로, 얼굴·어깨·엉덩이 부분은 각 1척(대략 30cm)·허리 9촌(대략 28cm), 추인 사이의 거리는 각 35보(대략 64m)였다.¹⁸ 『대전회통』에는 표적 거리가 20보이고, 그중 안에서 말이 지나가야 할 길인 내마로內馬路는 2보로 정해져 있다.

채점 방식의 경우 모두 5시矢를 쏘되 과녁을 맞히면 5분을 주었다. 4발 4중은 5발 3중에 준하며 4발 3중은 5발 2중에 준한다. 이러한 채점 방식은 기사의 정확성과 기민성에 초점을 둔 제도였다. 다시 말하면 4발 4중이면 20점이 되어야 하나 1발을 놓쳤기 때문에 5점을 깎아서, 다섯 발을 다 쏘았을 때 세 번 맞힌 경우와 같은 성적을 준다는 것이다.

'기사'는 말을 달리며 활을 쏘아 목표물을 맞히는 시험이었다. 말이 달릴 수 있는 길을 따라 똑바로 달리면서 좌우 목표물의 표적 한가운데를 쏘아야 했다. 이때 표적을 맞추어야 점수를 주었지만, 말의 속도가 빠르지 않으면 한 번에 1분씩 점수를 감하도록 했다. 이를 위해 기사에는 물을 흘려보내 시간을 재는 주통注筒을 만들어 말이 달리는 속도를 측정했다. 주통을 사용하게 된 것은 말의 속도를 측정할 때 인정이 개입할 여지가 있었기 때문이다.¹⁹

속도가 늦은 자, 활을 충분히 당기지 못한 자, 기사 할 때에 채찍을 버린 자 등은 맞춰도 점수를 인정하지 않았다. 주어진 시간 안에 활쏘기를 마치고 원위치에 되돌아오지 못한 자는 화살이 적중해도 점수를 주지 않았다. 아울러 내마로를 벗어나 표적 옆을 달리는 경우에도 점수를 주지 않았다.²⁰

《북새선은도》를 보면, 기사 시험에서 과녁 5개를 사용하고 있음을 확인할 수 있는데, 이는 조선 초 편찬된 『경국대전』 병전 기록과도 들어맞는다. 앞서 설명한 대로 3개였던 과녁이 『경국대전』 편찬 과정에서 5개로 변했고, 이것이 조선시대 기사 시험의 일반적인 모습이 되었음을 알 수 있다.

한시각, 〈함흥방방도〉 부분 1664년 함흥 관아에서 과거 시험을 본 후 합격자를 발표하는 모습을 기록으로 남긴 것이다. 풍속화적인 성격이 가미되어 있으면서도 기록화의 역할을 하고 있는데, 이 그림이 임금에게 보고하기 위한 용도로 사용되었음을 감안하면 충분히 그러한 사정을 짐작할 수 있다. 국립중앙박물관 소장.

신고식을 해야지─방방의와 신은래

문·무과의 합격자가 발표되면 길일을 택해 궁궐 뜰에서 합격자들에게 합격증인 홍패와 백패 그리고 술과 과일 등을 하사하는 창방의唱榜儀 또는 방방의放榜儀라는 의식을 거행했다.

방방의의 모습은 한시각의 《북새선은도》 중에 〈함흥방방도〉와 〈낙남헌방방도〉洛南軒放榜圖를 통해 살필 수 있다. 먼저 〈함흥방방도〉를 보자.

위 그림은 앞서 살펴본 〈길주과시도〉의 시험이 끝난 후 함흥에서 합격자들의 이름을 부르는 창방의를 하는 장면이다. 관아 전체의 모습과 그 안의 뜰에 열을 지어 서 있는 합격자, 좌우에 여러 가지 깃발을 들고 선 이들이 보인다. 단 위에는 어사화와 홍패, 단 왼편 아래에는 임금이 내려 주는 술인 선온宣醞이 놓여 있다. 단 아래 서 있는 합격자들은 일산日傘을 기준으로 좌측에 스물네 명, 우측에 세 명이 서 있다. 어사화 등을 머리에 쓴 인물이 없는 것으로 보아 아직 방방의가 시작되지 않은 모양이다.

그렇다면 서울에서 열린 방방의의 모습은 어떠했을까? 이에 관해서는 『노상추일기』를 통해 살펴볼 수 있다.

> (3월) 21일 경자…… 이날 임금께서 인정전에 나와 앉으시어 문·무과의 합격자를 발표하고 예물을 내리며 축하하신다. 이날 새벽에 문이 열리기를 기다려 입궐했다. 창덕궁 돈화문 바깥에 이르러 문이 열리고 훈련원 봉사가 인도하여 입궐했는데, 진선문을 지나서 방榜에 적힌 이름 순으로 열을 지어 인정문 밖에 섰다. 백관이 차례대로 인정전 뜰에 섰고, 7백 금군이 진을 이루어 백관 좌우에 섰는데, 기타 액정掖庭·궁예宮隸는 셀 수가 없었다. 또 두 무더기 꽃과 나무가 전정殿庭의 좌우 뜰 아래에 세워져 있다. 호명하는 차례대로 문무방文武榜이 들어가는데 각각 동문과 서문으로 문방이 나아가 서고, 무방이 나아가 섰다. 서쪽으로 줄을 서는 것을 마치니 인의引儀가 홍배興拜를 불렀다. (신진들이) 4배례를 행하고 나아가 앉고, (임금이) 선온 각 1배, 황대구 1편, 홍패와 각자 두 가지 계수나무 꽃을 꽂은 복두幞頭를 하사했다. (신진들이) 일어나 4배를 했다. 퇴출하여 문을 나오니 해가 이미 사시巳時였다.[21]

방방의가 이뤄지는 장소인 인정전에 금군이 주위를 둘러싸고 있고, 그 안에 백관이 서며, 그 안쪽에 다시 과거에 합격한 문·무과 신진들이 들어와 선다. 그리고 이들이 도열을 다 마치면 인의의 호령에 맞추어 4배례를 한 후 임금에게 홍패와 어사화 등을 하사받는다. 이러한 모습은 〈낙남헌방방도〉에서 확인할 수 있다. 새벽에 입궐해서 인정전 바깥에 이르면 백관이 시립하는데, 금군이 그 주위에 진을 치듯 도열했다. 문과는 왼쪽, 무과는 오른쪽에 서고 인의引儀*의 호령에 맞추어 4배례를 하고 선온·황대구·홍패·어사화를 하사받으면 일어나 다시 4배를 하고 있음을 볼 수 있다. 방방할 때는 합격자의 성명을 큰 소리로 불러 합격자가 들어오면, 아버지와 형 그리고 친척들이 모두 따라 들어와 숙배肅拜(큰절)를 했다.²²

합격자에게 궁중의 사온서에서 빚은 술인 선온과 황대구·홍패·어사화를 하사하는데, 『세종실록지리지』世宗實錄地理志를 보면 황대구는 경기도 통진현 북쪽의 조강祖江에서만 나고, 다른 곳에는 없으므로 선덕宣德 연간에 명나라 사신이 황제의 명으로 와서 구해 갔다고 한다. 그만큼 귀한 것임을 알 수 있다.

과거에 합격한 자는 복두에 꽃을 꽂은 어사화를 하사받았는데, 어사화는 모화帽花·사화賜花·은화恩花라고도 한다. 『노상추일기』를 보면 어사화에 꽂는 꽃이 계수나무 꽃임을 알 수 있는데, 계수나무를 사용한 이유는 과거에 급제하는 것을 '절계'折桂라 하고, 과거에 급제한 사람의 명부를 '계적'桂籍이라 한 데서 유래한 것으로 보인다.

『임하필기』林下筆記**를 보면, 세종에서 성종 대에는 전시에서 3등으로 급제한 자가 방방시에 어전에서 어사화를 받아 다른 신은新恩***들에게 나누어 준 것으로 보인다.

* 통례원의 종6품직으로 의식에 관한 일을 담당.
** 1871년에 편찬된 이유원李裕元(1814~1888)의 문집.
*** 새로 문과에 급제한 사람.

서거정徐居正(1420~1488)이 말하기를, "예전에 문과의 전시에서 제3등으로 급제한 자를 탐화랑이라고 불렀는데, 어전御前에서 모화를 한꺼번에 받아서 여러 신은들에게 나누어 꽂아 주었다"고 했다.[23]

전시에서 3등으로 합격한 응시자를 탐화랑이라고 부르는 것은 중국에서 그 기원을 찾을 수 있다. 과거에서 1등한 사람을 '장원'壯元, 2등을 '방안'榜眼, 3등을 '탐화'探花라고 불렀던 것이다.[24] 그런데 『임하필기』의 내용을 유심히 보면 탐화랑이 어사화를 나누어 준 것에 대해 세종·성종 대의 사람인 서거정의 말을 인용하면서 예전이라고 말하고 있다. 즉 『임하필기』가 지어진 시기에는 이러한 풍습이 사라진 듯하다.

「한양가」에는 방방의와 관련하여 다음과 같은 언급이 있다.[25]

> 등과登科한 신은들을 차차로 불러 올려
> 어전의 예방승지禮房承旨 진퇴進退를 시키고서
> 사온賜醞 삼배三盃 하신 후에 얼굴에 희묵戱墨하고
> 몸에는 홍삼紅衫이요 머리에는 어사화御史花라.

과거 합격자들을 발표할 때 정3품의 예방승지가 과거에 대한 사무를 보는 장면을 노래한 것으로 짐작되는데, 과거에 합격한 신은들을 불러 어사화 등을 내려준 후 얼굴에 '희묵'을 한다는 내용이다. 희묵은 '묵으로 희롱하다'는 뜻으로, 과거 합격자들의 얼굴을 먹으로 검게 칠하는 신은례新恩禮 풍습이다.

김준근의 그림 가운데 〈신은실네 짓는 모양〉이라는 그림이 있는데, '신은실네'는 한자어 '신은신래'新恩新來를 한글로 적은 것이다. 신은은 새

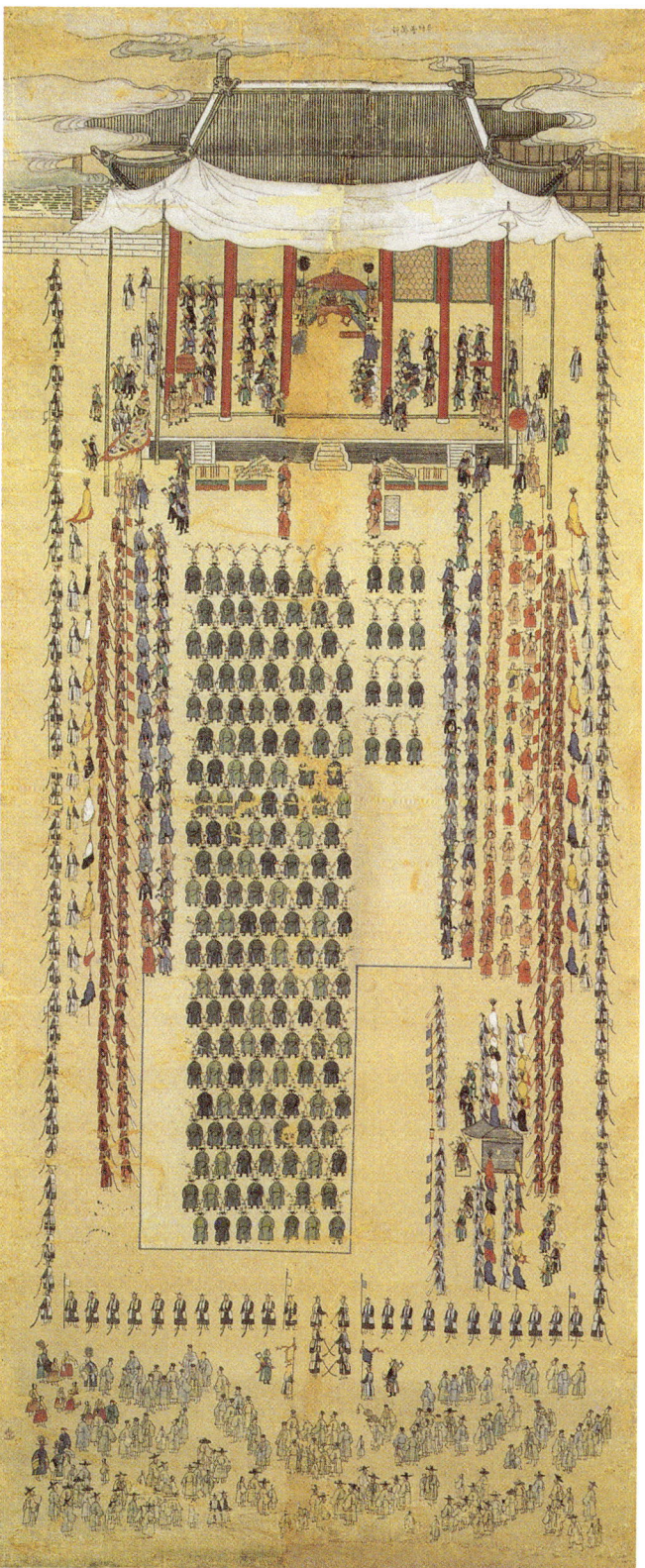

김득신 외, 〈낙남헌방방도〉 정조가 화성에서 문무 양과에 걸친 과거 시험을 본 뒤 낙남헌에서 그 합격자를 발표하고 시상하는 장면이다. 화성에 도착하여 하룻밤을 유숙하고 난 정조는 학문을 좋아한 임금답게 공자를 모신 성묘에 배알하고 별시別試를 보는 것으로 첫 행사를 시작했다. 이 그림에서 보면 가운데 정조 어좌에 앉아 있고, 그 앞에는 입시 관원들이 배석했다. 섬돌 바로 밑 탁자 위에 합격 증서인 홍패와 어사화, 술과 안주가 놓여 있고, 그 앞에 합격자들이 머리에 어사화를 꽂은 채 늘어서 있다. 국립중앙박물관 소장.

김준근, 〈신은실네 짓는 모양〉 '신은신래'를 묘사한 그림이다. 과거에 급제해 관직에 오른 신참자를 뜻하는 신래를 골탕 먹이는 신참례는 고려 말기 실력이 아닌 권력을 등에 업어 관직에 오른 권문세족 자제들의 버릇과 기강을 잡기 위해 시작됐다고 한다. 독일 함부르크민족학박물관 소장.

롭게 임금에게 은혜를 받았다는 뜻이고, 신래는 속칭으로 새롭게 과거에 급제한 사람을 부르는 말이다.[26] 이 그림을 보면, 앵삼鶯衫을 입고 어사화를 머리에 쓴 사람이 두 사람에게 팔을 꺾인 채 제압당해 있고, 그 앞에는 붓을 잡은 사람이 보인다. 이는 새로 급제한 사람에 대한 일종의 신고식으로 얼굴에 먹칠을 하며 괴롭히는 장면이다. 정약용의 『경세유표』에는 신은례에 대해 다음과 같이 기록되어 있어 당시 풍속을 살필 수 있다.

> 방榜을 걸어서 이름을 부르면 선진先進이라는 자가 골목에 들어와 신은을 연이어 부르고 뒷짐을 지고 나와서 맞이해서 나아가게 하고 물러나게 하며 욕을 보이는데, 하늘을 우러러 크게 웃게 하기도 하고 땅에 엎드려서 엉금엉금 기어가게도 하며 방게 걸음과 부엉이 울음으로 기괴한 형상을 하지 않는 짓이 없다.
>
> 끝에 가서는 진한 먹에 붓을 적셔서 먼저 한쪽 눈에 먹칠하여 통령通鈴이라 이르고, 다른 한쪽 눈에 마저 칠하여 쌍령雙鈴이라 이르고, 코에 칠하고 입에 칠하고 눈썹과 수염에 칠한 다음 많은 사람에게 조리돌려서 웃음

거리를 제공한다. 이에 온 낯에 칠해서 묵저墨猪라 부르며, 흰 밀가루를 뿌려서 회시灰尸라 이르는데, 그런 짓을 당하는 자는 영광으로 여기고 보는 자는 부러워한다.

과거에 새로 급제한 사람, 즉 신은에게 과거에 먼저 급제한 선배인 선진이 찾아와서 치하한 뒤에 새로 급제한 사람의 얼굴에 관주貫珠를 그려 흉악하게 만들고 이쪽으로 나오라거니 저쪽으로 가라거니 하는 '이리위 저리위'를 외치며 삼진삼퇴를 시켜 괴롭히는 장면이다. 관주의 경우에는 한 쪽 눈만 그리면 '통령'이라 하고, 두 쪽 다 그리면 '쌍령'이라 부름을 알 수 있다. 쌍령은 쌍통령의 준말로 보이는데, 통령이 무엇을 말하는지는 분명치 않다. 령鈴은 방울이므로 눈과 어울릴 듯하다.

따라서 통通은 눈 주위에 먹으로 그린 원을 말하는 것으로 보인다. 선진, 즉 선배가 과거 합격자를 괴롭히고 있는 것인 만큼 그리 좋은 뜻은 아닐 것이다. 통의 뜻 중에 '말똥'이라는 의미가 있는데, 혹시 이를 가리키는 것이 아닐까. 또한 얼굴을 새까맣게 칠하면서 '흑돼지'(묵저)라고 하고, 흰 밀가루를 뿌리고는 '재시체'(회시)라고 놀리는 것을 볼 수 있다. 이와 관련된 내용이 『용재총화』에도 보인다.

방목榜目의 발표를 경축하는 날은 반드시 삼관三館을 맞아 와야만 잔치를 베풀고 행례를 했으며, 만약 신은이 불공하게 하여 삼관에게 죄를 얻으면 삼관도 가지 않으려니와 신은도 유가遊街를 다니지 못했다. 삼관이 처음 문에 이르면 한 사람이 북을 울리고 그의 좋은 벼슬을 소리 높여 부르는데, 여러 서리胥吏들이 소리를 모아 응대하고, 함께 신은을 손으로 받쳐 쳐들었다가 내렸다 하면서 "경하합니다"라 하고, 또 부모 친족에게 축하하기를 "빛이 납니다"라고 하고, 최후에는 기생을 번쩍 쳐들어 경축하기를 "유모乳母, 유모" 했다.

방방의를 할 때 선배들에게 공손하지 못해 죄를 얻으면 유가를 다니지 못할 정도였다고 한다. 『해동죽지』海東竹枝에 따르면, 급제한 선배 문관들이 신은을 불러서 백 번 나아가게 하고 천 번 물러나게 하고 옷과 관을 찢고 붉은색으로 얼굴을 칠해서 귀신같은 형상을 만드는데, 순종하지 않고 반항하는 자가 있으면 말채찍으로 구타를 하는 등 온갖 고생을 시켰는데, 이를 우리말로 '신래 불린다'고 했다.[27] 그만큼 새로 급제한 신은들이 선배들의 비위를 맞추려고 노력할 수밖에 없었음을 알 수 있다. 그러나 당하는 자는 영광으로 여기고 보는 자는 부러워한다는 점에서 일방적으로 괴롭히는 것과는 다른 모습이다. 이러한 신은례의 모습은 오늘날 졸업식이나 친구의 생일에 밀가루나 달걀을 던지며 축하하는 모습과 비슷하지 않은가.

임금이 축하하고 사흘을 뽐낸다

문·무 과거의 급제자에게는 의정부나 예조에서 축하연을 베푸는데, 이를 은영연恩榮宴이라 한다. 은영연의 압연관押宴官은 영의정이, 부연관赴宴官은 이조·호조·예조·병조판서가 맡았다. 압연관·부연관·시험관이 당상에 앉고 그 동쪽에는 문과 급제자, 서쪽에는 무과 급제자가 갑·을·병 순으로 앉았으며, 주악이 울리는 가운데 기생이 술을 권하고 광대가 여러 가지 재주를 부리기도 했다.

일본 양명문고陽明文庫에서 소장한 그림 〈과거은영연도〉科擧恩榮宴圖를 보면, 그림 위쪽에 궁중에서 열린 축하 연회의 모습이 묘사되어 있고, 그 아래에는 잔치 참석자의 이름과 이력 등이 기록되어 있다. 시험관은 영의정 박순朴淳(1523~1589), 우의정 강사상姜士尙(1519~1581), 호조판서 김귀영金貴榮(1519~1593), 병조판서 계현啓賢(1524~1580), 승정원좌승지 손식孫軾, 좌부승지 홍성민洪聖民(1536~1594) 등이고, 새로운 급제자 중에는 후에 조야朝野의 지도자가 된 이항복李恒福(1556~1618), 한술韓述(1540~1616), 여유길呂裕吉(1558~1619), 유격柳格(1545~1584), 윤명선尹明善(1547~1608) 등이 포함되어 이 작품의 의의를 더해 준다.

정면에 보이는 3칸의 건물 안에는 시험관 6명이 독상獨床을 앞에 두고 의자에 앉아 기생들의 춤을 바라보고, 음식 시중을 드는 시종들이 순백자 항아리와 병, 술잔 등이 놓인 주칠 탁자 곁에 서 있다. 건물 밖 기둥이 있는 곳에는 무희들과 악사들이 한 줄씩 줄지어 앉아 대기하고 있다. 건물의 넓은 기단基壇에는 급제화及第花를 꽂은 합격자들이 앉아 있는데, 기난의 좌측에 무과 급제자 38명, 우측에 문과 급제자 12명의 좌석이 구분되어 있고, 이들 중에서 장원을 한 사람의 자리는 맨 앞줄에 따로 마련되어 있다. 문·무과 급제자 자리 사이로 재주넘기를 하는 놀이패의 모습이 자연스러우면서도 역동적으로 표현되어 있고, 건물 앞마당에 옹기종기 모여앉아 은영연을 구경하는 사람들도 자세가 다양하고 얼굴 표정 하나하나가 살아 있어 눈길을 끈다.

은영연이 끝난 다음 날에는 문·무과 급제자가 모두 문과 장원 집에 모여 왕에게 사은례謝恩禮를 드리고, 그 다음 날에는 부과 상원 집에 모여 성균관 문묘에 나가 알성례謁聖禮를 드린다. 생원·진사시 입격자는 생원 장원 집에 모여 사은례를, 진사 장원 집에 모여 알성례를 행했다.

대과·소과를 막론하고 합격자들에게는 사흘에서 닷새 동안 시가행진을 하게 했다. 이를 유가遊街 또는 성행成行이라 했다. 시가행진을 할 때는 천동天童이 앞에 서서 어사화를 꽂은 급제자들을 인도하고 악대가 음악을 연주하며 광대가 춤을 추고 재인才人이 재주를 부렸다. 「한양가」에는 합격자의 축하 행사를 다음과 같이 묘사하고 있다.

장원랑壯元郞 개蓋를 주고 그 남은 신은들은
사복마司僕馬 좋은 말에 무동舞童 주어 내보내니
궐문 밖 나올 적에 기구器具도 장하도다.
아침에 선비더니 저녁에 선달先達이라.
화류춘풍 대도상에 세마치 길군악에
무동은 춤을 추고 벽제辟除 소리 웅장하다.

이러한 유가의 모습은 고려시대에도 있었던 듯하다. 『고려도경』高麗圖經에 "진사의 복식은 사대문라건四帶文羅巾을 쓰고, 검은 명주 웃옷을 입고, 검은 띠에 가죽신을 신고, 공貢에 들면 모자를 더 쓰고, 급제하면 청개靑蓋와 복마僕馬를 주어 성안에서 크게 놀아 영관榮觀을 삼는다고 한다"[28]는 기록이 있다. 여기서 우리가 아는 삼일유가의 모습을 볼 수 있다. 당시 과거 급제의 축하 분위기는 다음과 같은 기록을 통해서도 알 수 있다.

무술년의 알성과에 정임당鄭林塘이 장원 급제했는데, 중종이 즉시 내시를 달려 보내어 문익공에게 말씀하기를, "경의 손자가 장원이 되었으니, 내가 나라를 위해 기뻐하며 또 경을 위해 축하하오" 하고, 이어 잔칫감을 내려 주며 당일로 창방唱榜하여 정언正言에 임명하고 일등 풍악을 내렸다.

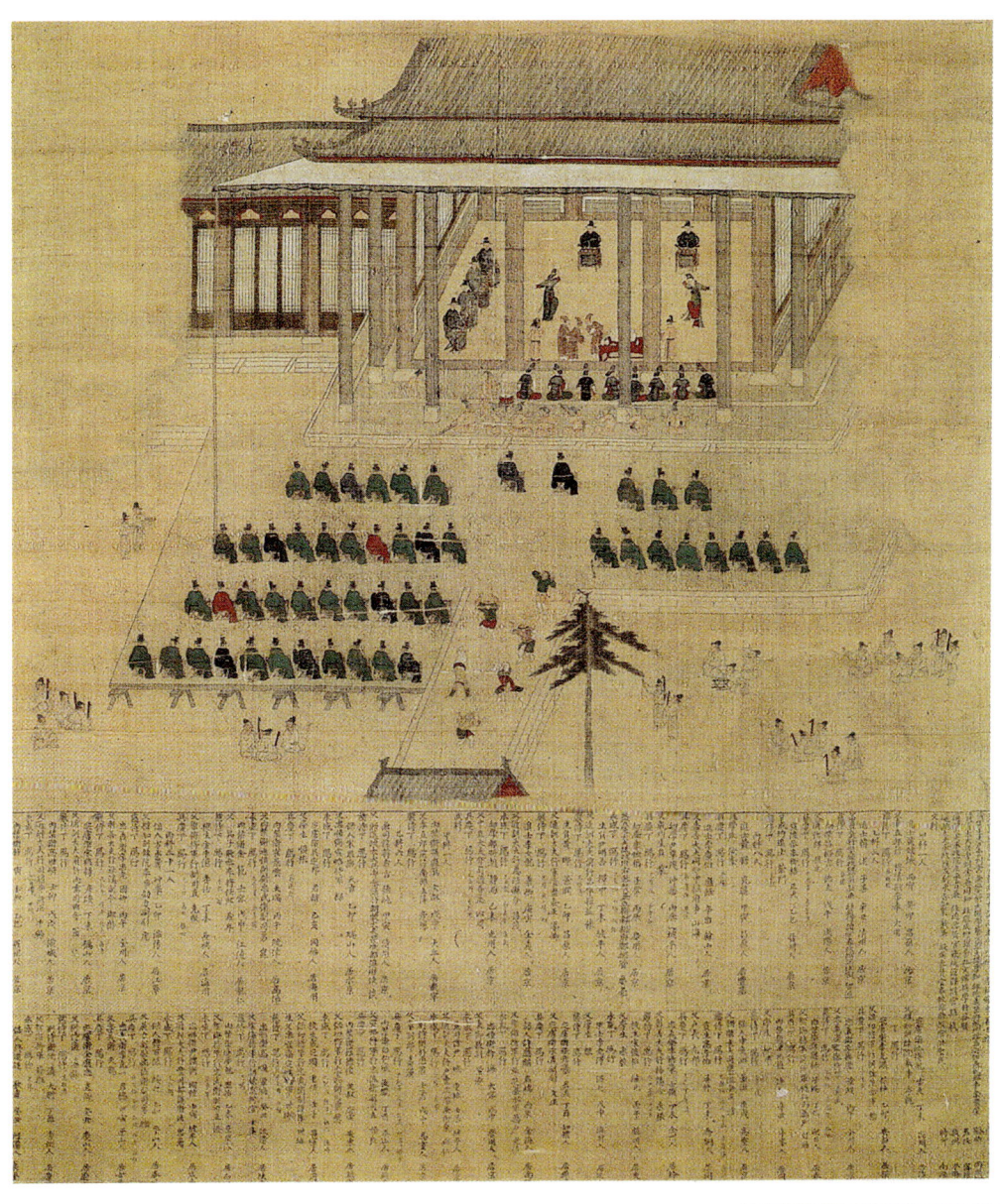

작자 미상, 〈과거은영연도〉 선조가 알성시(謁聖試) 급제자에게 내린 은영연의 광경을 그린 기록화이다. 알성시는 임금이 성균관에 친히 와서 치르는 비정기적인 시험이었다. 그림 아래에 참석자들의 이름과 이력이 기록되어 있다. 새로운 급제자 중에는 이항복, 여유길, 윤명선 등의 이름을 발견할 수 있다. 합격자들이 앉아 있는데, 좌우로 문·무과 급제자들이 자리를 구분하여 앉았다. 이 사이로 재주넘기를 하는 놀이패들의 모습이 보인다. 기록화의 특성상 화면의 구도는 규격화되어 있으나 그 세부 묘사를 보면 연회의 흥겨운 분위기가 잘 살아 있다. 일본 양명문고 소장.

임당이 사복시司僕寺의 말을 타고 천동이 앞을 인도했으며 기생 수백 명이 말 머리를 둘러싸고 오니, 온 동네의 구경꾼들이 문과 길거리에 들끓었다. 문익공이 학질로 몹시 신음하고 있다가 급히 일어나 보며 크게 기쁨을 이기지 못했다. 모인 손님들이 매우 취했고 임금께서 내려 주신 것이 마음에 흡족하여 자신도 모르는 사이에 학질이 나아 버렸다. 임당의 등을 어루만지면서 "참 효손孝孫이로다" 하니, 자리에 가득 찬 사람들도 칭찬하고 축하했다.[29]

중종 33년(1538) 무술년 알성시에서 임당林塘 정유길鄭惟吉이 장원을 하자 당시 온 동네의 구경거리가 되었고, 할아버지인 문익공 정광필鄭光弼(1462~1538)은 학질이 자신도 모르게 나을 만큼 기뻐했다. 정말로 이 경사 때문에 학질이 나았는지는 모르지만, 당시 축하 분위기가 어떠했는지는 충분히 살필 수 있다. 이렇듯 과거 합격은 개인적인 기쁨이라기보다는 집안, 나아가 한 지역의 명예까지 드높이는 일이었다. 따라서 합격을 배출한 집안 또는 그 동네는 떠들썩한 잔치판이 되었다.

문과 응시의 자격을 갖추려면 생원이나 진사로 성균관 출석 성적인 원점 300점을 채워야 했다. 원점은 성균관 식당에 비치된 도기到記에 유생들이 식사할 때 참석해 표식을 했는데, 아침·저녁 두 끼를 참석하면 원점 하나로 계산해 주었다. 즉 최소 300일은 성균관에 거주하면서 수학해야 했다.

작자 미상, 〈평생도〉 중 〈삼일유가〉 집안 어른이나 스승에게 인사를 드리러 가는 모습 같다. 말 대신 당나귀를 타고 있는 모습이 웃음을 자아낸다. 국립중앙박물관 소장.

문과 초시 합격자 240명을 식년 봄에 서울에 모아 다시 고시하여 33명을 뽑는 복시(회시)를 치렀다. 문과는 초시나 복시를 막론하고 초장初場에서는 경학에 대한 이해를 중시하여 사서·오경에 대한 이해를 평가했다. 그리고 중장中場에서는 문학을 시험하는 부와 외교문서의 문체인 표·전의 문장 능력을, 종장終場에서는 당시의 급선무에 대해 자신의 의견을 논술하는 시무책을 시험 보았다. 초시·복시는 초장·중장·종장으로 나누어 치렀는데, 초장이 끝난 하루 뒤에 중장을, 중장이 끝난 하루 뒤에 종장을 보았다. 이를 삼장연권법三場連卷法 혹은 동당삼장東堂三場이라 한다.

시험이 어찌나 어려웠는지 조선 후기(정조~철종) 문과 급제자 평균 급제 연령이 37~38세에 이를 정도였다.[30] '오성과 한음'으로 유명한 이항복도 글재주가 뛰어나 어렸을 때부터 신동이라 불렸지만 진사시 초시에만 합격했을 뿐, 최종 시험인 복시에 떨어지고 말았다. 그래서 할 수 없이 성균관의 비정규생인 기재생寄齋生으로 들어가 공부했다. 성균관에서는 정규 학생인 생원·진사 외에도 국립 중등학교에 해당하는 사학四學에 다니는 열다섯 살 이상의 학생에게 구두 시험으로 『소학』小學을 보게 하여 100명을 뽑아 함께 교육시키고 있었다.

이황李滉(1501~1570) 또한 스물세 살에 서울에 올라가 과거 공부를 했는데, 3번이나 떨어져 크게 좌절했다고 한다. 그후 스물일곱 살에 진사시에 합격하고 서른세 살에 문과에 합격하여 벼슬길에 나설 수 있었다.

이렇게 힘들었으니 문과에 급제하면 '사흘 동안 행해지는 유가' 정도는 당연했는지도 모른다. '삼일유가' 장면을 그린 그림은 두 가지 형태가 있는데, 하나는 시가행진을 하는 장면이고, 다른 하나는 집안에서 어른에게 예를 올리는 장면이다. 먼저 시가행진 장면이 담긴 김홍도의 〈삼일유가〉 그림을 보자.

과거에 급제한 인물이 앵삼鶯衫을 입고 관모官帽의 일종인 복두에 어사화를 꽂고 말 위에 올라탄 채 패를 들고 행진하고 있다. 앵삼은 과거 급제자가 입는 옷인데, 색깔이 앵무새의 색과 닮았다 하여 붙은 이름이다. 말을 탄 과거 급제자의 주위에는 동료로 보이는 이들이 따라가고 있다. 『하재일기』荷齋日記의 저자 지규식池圭植은 아는 이들이 과거에 급제해 도문연到門宴*을 열 때마다 열 냥 혹은 열다섯 냥 정도를 부조하고 유가 시에도 초청받아 참여했다고 한다.

그 앞에는 화려한 옷을 입고 모자를 쓴 광대와 재인이 부채를 들고 춤을 추며, 사람들의 시선을 과거 급제자에게 집중시키고 있다. 다시 그 앞에는 악대들이 가는데, 두 사람이 막대기를 어깨에 메고, 그 막대에 북을 달아 치고 있으며, 그 옆에는 장구를 치는 악사가, 그 앞으로는 향피리를 부는 악사 두 사람과 대금을 불고 해금을 켜는 악사가 각각 보인다. 이를 삼현육각三絃六角이라 하고, 이들의 합주를 타풍류打風流라 한다.[31] 이와 관련해 『경도잡지』의 기록을 살펴보자.

> 진사에 급제하여 방방이 되면 유가를 한다. (유가 때에는) 세악수細樂手·광대·재인을 대동한다. 광대는 창우倡優인데, 비단옷에 황초립을 쓰고 채화를 꽂고 공작의 깃털을 들고 어지러이 춤추며, 재인은 줄을 타고 재주를 넘는 유희를 한다.[32]

세악수와 노래하고 춤추는 광대, 줄을 타고 재주를 넘는 재인이 유가의 흥을 돋웠음을 알 수 있다. 세악수는 서울 군영인 장용영壯勇營·훈련도

* 과거 급제자가 집에 돌아와 베푸는 잔치.

감訓練都監·어영청御營廳·금위영禁衛營에 소속된 악사 가운데 삼현육각 연주자를 말한다. 김홍도의 《평생도》 중 〈삼일유가〉에도 이들이 등장한다. 향피리 연주자가 두 명인 이유는 부는 데 힘이 들어 번갈아 가면서 불어야 했기 때문이다.

행렬의 선두가 다리를 건너고 있다. 그들 손에는 붉은색의 천으로 둘러싼 길쭉한 막대 모양의 물건이 들려 있는데, 합격증서인 백패와 홍패로 보인다. 그 앞에 붉은 옷을 입은 아이가 천동일 것이다. 그 앞에 아낙과 남정이 구경을 하고 있다. 구경꾼 중에는 이런 시끌벅적한 자리에 빠지지 않는 엿장수도 보인다.

천동은 천동군天童軍이라 하여 기우제에 동원되는 동자군童子軍을 말한다. 궁중에서 기우제를 올릴 때는 견습내시見習內侍라고 하는 상직소환上直小宦, 즉 고자 소년들로 천동군을 편성했는데, 붉은 치마와 송화색 저고리를 입고 색색의 고깔을 썼다. 여기에는 고자일수록 기도의 효험이 크다[33]는 미신적인 생각과 국가 행사에 여성이 참여할 수 없는 상황에서 변성기 이전에 거세한 천동군의 목소리가 일반 남자보다 높아서 이들의 목소리로 하늘 높은 곳까지 간절함을 전할 수 있다고 생각했던 것 같다. 물론 국가에서 유가 행렬에 천동군을 빌려 주는 것도 천동군의 목소리가 주위 사람들의 시선을 급제자에게 모아 줄 수 있었기 때문이다.

급제자가 지나가는 골목 담장 너머로는 여인네들이 급제자의 모습을 구경하고 있다. 머리에 가체를 한 여인네 중에는 아이를 안은 이도 있고,

김홍도, 〈평생도〉 중 〈삼일유가〉 풍속화로 비단에 엷은 색으로 채색을 했다. 삼일유가는 과거에 급제한 사람이 사흘 동안 거리를 행진하고 시험관과 선배 급제자와 친척을 방문하는 일을 말한다. 급제자는 허리를 세우고 고개를 쳐들었다. 세상 두려울 것이 없다는 듯 위풍당당한 모습이다. 국립중앙박물관 소장.

아이를 토담에 올려 급제자를 구경시키는 이도 있다. 아마도 자기 아이가 이 모습을 보고 열심히 공부해서 급제하기를 바랐던 것이 아닐까?

이런 유가와 관련해 문과와 무과의 차이를 두기도 했던 것 같다. 『경세유표』에는 이런 기록이 나온다.

> 옛적에는 무과가 없었는데, 태종 조에 와서 비로소 설시했다. 문과·무과를 방방하는 날에 홍패·어사화·어주御酒를 하사하는데, 1등 세 사람에게는 특별히 검은 일산을 하사했다. 세종 조에 문과에는 일산을 주고 무과에는 깃발을 하사하여, 유가하는 날이면 어린아이와 어리석은 계집도 문·무과를 분별할 수가 있었다. 이리하여 무인이 모두 즐겨하지 않았으므로 깃발을 하사하던 것을 그만두었다.[34]

세종 때에 문과에게는 일산을, 무과에는 깃발을 하사했는데, 구경하는 사람들이 어느 과의 합격자인지를 구분할 수 있어 무과 합격자들이 달가워하지 않았다고 한다. 이는 무과보다는 문과를, 즉 무인보다는 문인을 좀 더 가치 있게 생각한 당시 사람들의 가치관을 보여 준다.

이번에는 어른에게 예를 올리는 장면을 담은 《담와 홍계희 평생도》의 〈삼일유가〉 그림을 보자. 대문 밖에 말이 대기하고 있는 것으로 보아 시가행진을 잠시 멈춘 과거 합격자가 자신에게 도움을 줬던 어른을 찾아 예를 올리는 장면으로 보인다. 대문에는 그 모습을 구경하는 사람들이 몰려든

작자 미상, 《담와 홍계희 평생도》 중 〈삼일유가〉 과거 급제는 개인뿐 아니라 가문과 해당 지역에도 경사스런 일이었다. 그런 만큼 그 기쁨을 나누는 데 큰 비용이 소요되기도 했다. 국립중앙박물관 소장.

다. 마당에는 악사들이 한 줄로 서서 악기를 연주하고, 광대들의 뒷모습도 보인다. 그 중간에는 여자아이 둘이 왼손과 오른손에 각각 수건을 들고 축하공연을 하는 모습도 보인다. 여사당인가 보다.

그림만으로는 누구에게 예를 올리는지 불분명하다. 집안 어른일 수도 있고 자기 스승일 수도 있기 때문이다. 세종 11년(1429)부터는 시골 출신 급제자들을 위해 영친의榮親儀를 행했는데, 급제자들이 고향에 내려가는 날 그곳 수령과 향리의 환영을 받고 시가행진한 다음 향교의 문묘에 가서 알성례를 마치면 수령이 급제자의 부모 및 동네 어른들을 공관에 불러 홍패를 모시고 일생의 만사형통을 비는 '홍패고사紅牌告祀'와 주연을 베풀었다.

부모가 없는 사람은 관가에서 제물祭物을 주어 부모의 묘를 참배케 했고, 아들 다섯을 급제시킨 부모에게는 매년 쌀 20석을 주었으며, 부모가 죽고 없을 경우에는 벼슬을 추증追贈했다. 또 등과한 지 60년이 되면 회방回榜이라 하여 조화造花와 음식과 물건을 내렸고, 정조 10년(1786)부터는 이들에게 관품 하나씩을 올려 주었다. 그런데 이 그림에는 작자 미상의 〈서당도〉에서처럼 학 두 마리가 그려져 있는데, 이는 앞서 보았던 것처럼 '일로연과'一路連科를 표현한 것으로, 화가는 주인공이 연달아 과거에 합격했음을 그림으로 표현하고자 한 것으로 생각된다.

급제 후의 축하 잔치에는 많은 돈이 들었던 모양이다. 『하재일기』를 보면, 석촌에 사는 김 교관이 도문연에 사용할 1,500냥을 빚 얻어 달라고 부탁하는 이야기가 있다.[35] 돈이 없어서 급제 잔치를 하지 못한 사람도 있었을 것이다.

『계서야담』溪西野談에는 생원·진사시에 돈이 없어 유가를 하지 못하는 사람을 도와준 장붕익張鵬翼(1674~1735)의 이야기가 전한다. 장붕익이 하루는 한 마을을 지나가는데, 마침 생원·진사의 방방을 하는 때여서 집집마다 창우(광대)를 뽑고 있었다. 장붕익이 막 우물가를 지나는데 한 사내가 물을 긷는 계집종에게 주인댁에서 방방연을 하는지 물었다. 계집종은 자신의 상전 집안이 조석도 잇기 어렵고 늙은 상전까지 부황에 든 상황이어서 응방應榜은 생각도 못한다고 말했다. 이에 그 집을 방문한 장붕익은 신래를 위해 포도청에서 얻은 나무로 단을 만들고 일종의 무대인 산붕山棚*을 만들며, 훈련도감으로부터 음식을 얻어 새벽까지 풍악을 올리고, 300냥을 신래의 노친에게 헌수했다고 하는데, 이런 일화는 급제 후의 행사에 많은 돈이 들었음을 알려 준다.

물론 이렇게 돈이 많이 들었던 것은 그만큼 과거 급제가 갖는 의미가 크고, 단순히 개인의 영광이 아니라 가문의 영광으로 여겨졌기 때문이다. 이러한 점은 우반동에 거주한 '일명 우반愚磻 김씨'의 고문서**를 보면 알 수 있다.

> 네가…… 나이 겨우 열여덟 살에 그 높고 높은 사마 시험에 합격했으니 (이는) 비단 우리 한 집안의 영광에 그치지 않는다. 그래서 선영에 제사를 드리고 여러 친족이 모두 모여 경사스러운 자리에 빙 둘러앉았으니 영광스러움이 이보다 클 수 없다. 이에 축하하는 뜻으로 아버지께서 물려주신 계집종 검지檢之의 일소생 계집종 금개今介…… 등을 영영 별급別給(별도로 더 지급함)하노니……[36]

* 오색 비단 장막을 늘인 일종의 무대.
** 우반 김씨는 원래 부안 김씨 중 전북 부안 우반동에 세거한 일족인데, 이 가문에 전하는 고문서는 17~18세기 조선의 사회상과 향촌 사회의 생활상을 잘 보여 준다.

우반 김씨 김홍원이 열여덟 살에 진사시에 합격하자 그의 할아버지인 김개가 진사 합격을 축하하며 노비를 나눠 주었다는 내용이다. 높고 높은 사마 시험이라고 표현하는 것을 보면, 조상 제사와 친족의 축하를 받는 기쁨이 매우 컸음을 알 수 있다. 3년 후 김홍원은 다시 문과 초시에 합격했다. 이에 아버지인 김경순은 약간의 재산을 나누어 주면서 분재 문서를 남겼는데, 그 내용은 다음과 같다.

> 내가 늘그막에 너를 낳아 날마다 (어서 빨리) 장성하기만을 바랐는데 너는 입학하던 초기부터 책 읽기를 게을리하지 않더니 열여덟 살에 드디어 사마시에 합격했다. (이는) 쇠잔한 우리 가문의 큰 경사로 늙은 이 아비의 마음이 한량없이 기쁘다.
> 네가 집으로 돌아오던 날에 나의 아버지께서 너에게 노비 몇 명을 특별히 주셨으며 너의 아비인 나도 (도문연을 여는) 경사스러운 잔칫날에 너에게 특별히 재산을 주려고 계획했다. 그런데 불행하게도 집안에 병환이 연이어 생겨 연회를 끝내 열지 못하였으니 통탄스럽고 또 통탄스러웠다. 그럼에도 불구하고 네가 이번에 (또) 별시 문과 초시에 합격했으니 사랑스러운 마음을 이길 수가 없다.[37]

아들 김홍원이 어린 나이에 소과에 합격하고 3년 후에 문과 초시에 합격하자 김경순이 쇠락한 부안 김씨 가문의 경사라고 감격하고 있다. 사회 분위기가 이러했으니 부정한 방법이라도 동원해서 합격하려는 불미스러운 풍조까지 낳은 것은 당연한 일이다.

5장

일인지하 만인지상을 향하여

조선 양반네들의 관직 생활

현감이 되었으니 부역을 고르게 하고
세금을 적게 거두며 백성 보기를 자식같이 하라
처결이 공평하여 청탁을 받지 않는다면
백성이 모두 탄복하고 치적을 기릴 것이다

조선시대 양반들은 관직에 나가기 위해 심한 경쟁을 해야 했다. 사회적 존재 가치를 인정받으려면 오로지 관직에 나가는 방법밖에 없었기 때문이다. 관리가 되는 방법은 대개 세 가지였다. 첫째, 학행과 도덕이 높은 재야의 선비로 아직 발탁되지 않았다는 뜻이 담긴 유일遺逸이라는 명분으로 천거, 둘째, 공신 또는 현직 당상관의 자손으로 관직에 나가는 음서蔭敍 그리고 마지막이 과거였다.

　　조선시대에는 과거에서 장원 급제를 한 사람에게는 정6품, 2등과 3등에게는 정7품을 제수하고 나머지는 성적순으로 10명은 정8품직, 23명은 정9품직에 임용했다. 그렇다면 조선시대에도 승진 제도가 있었을까. 물론이다. 조선시대 관리들은 정기적으로 승진을 했는데, 품계 1급이 승진하는 법적 기한은 참하관參下官의 경우 450일(15개월), 참상관參上官은 900일(30개월)이었다. 이렇듯 근무 기한에 따라 승진하는 방법을 순자법循資法이라 한다. 따라서 정6품직을 제수받은 사람은 종9품에서 관직을 시작하는 급제자들보다 대략 7년이나 단축된 품계를 받는 혜택을 누리는 셈이었다. 이 원칙대로 종9품에서 최고위 품계인 정1품까지 이르려면 40년 이상의 세월이 걸린다. 물론 이는 원칙일 뿐 언제나 예외는 있는 법이며, 특히 정3품 이상 당상관堂上官의 승진에는 기한이 정해져 있지 않았다. 그리고 모든 관원은 6월 15일과 12월 15일 두 차례 상관으로부터 근무평정을 받았다. 이를 '포폄'褒貶이라 한다. 이때 당사자는 중앙의 이조나 병조에 나아가는 것이 상례였다.

그렇다면 이제 조선시대 양반의 관직 생활을 과거에 합격한 순간부터 찬찬히 살펴보자. 과거에 합격하고 나면 우선 관리 임명장인 사령장辭令狀을 받았다. 관직과 함께 품계, 즉 직급을 명시한 증서가 사령장이었다. 이 사령장에는 그 사람을 관리로 발령을 내도 아무런 하자가 없다는 사헌부와 사간원 관리의 서명인 서경署經이 반드시 들어 있었다.

신참내기의 신고식

신귀新鬼 양정暘鄭은 듣거라! 생각건대 넌 별 볼일 없는 재주로 외람되게도 귀한 벼슬길에 올랐다. …… 거위·담배·돼지고기·닭고기 등을 즉각 내어 와 우리에게 바치도록 하라.[1]

이 글은 18세기 조선시대 신참 관리로 배속된 정양鄭暘이란 사람을 두고 선배들이 작성한 문서다. 여기서 보면 정양을 '신귀', 새로운 귀신이라고 부르고 이름도 거꾸로 썼다. 그리고 문서 마지막에 선배 세 사람이 각자 자신의 수결手決을 했다. 수결은 요즘으로 치면 사인이다. 이 글은 도대체 어떤 장면을 그린 것일까. 이는 조선시대의 면신례免新禮를 보여 주는 글이다.

조선시대에 과거에 급제한 후 관리가 되면 일종의 '신고식'을 거쳐야 했는데, 이를 면신례라 했다. 이러한 신고식은 발령이 난 관서의 집단으로

부터 허락을 얻는 허참례許參禮와 신입 관리가 같이 일할 동료들에게 인사를 하는 면신례로 나눌 수 있다. 면신례와 관련해 『용재총화』에는 이런 기록이 있다.

> 삼관의 풍속에 남행원南行員(조상의 덕으로 벼슬살이에 나간 음관)의 수석을 높여 상관장上官長이라 하여 공손히 받들고, 새로 급제하여 분속分屬된 자를 신래新來(신은新恩)라 하여 이들을 욕보이고 괴롭히며, 술과 음식을 제한 없이 강요하는 것은 교만스런 태도를 꺾기 위함이었다. 처음 벼슬하는 것을 허참許參이라 이르고, 예를 마친 것을 면신免新이라 했는데, 그런 뒤에야 구관과 더불어 앉게 된다.

관직에 먼저 나간 선배들은 신참들(신래들)을 괴롭혔다. 새로 급제한 자인 신래가 불손한 행동을 해서 삼관(승문원·성균관·교서관)에 죄를 지으면 유가遊街도 할 수 없었다. 이런 면신례는 삼관에 분속되면서 본격석으로 시작되었다.² 조선 후기에 이르면 인원이 넘쳐나서 장원 급제자가 아닌 경우에는 곧바로 관직이 제수되지 않았다. 이때는 삼관에 배치시키고 임시직을 뜻하는 권지權知라는 직책을 주어 실무를 익히게 했다. 태종 17년(1417)부터는 외교 문서를 담당하는 승문원에도 문과 급제자를 나누어 주어³, 분관처의 변화가 있기도 했다. 『연려실기술』에 보면 이에 대한 이야기가 나온다.

> 우리나라에서 새로 급제한 자를 신래라 불렀고, 사관四館에 나누어 예속시키는 것을 분관이라 했으며, 분관한 후에 새로 예속된 자가 밤에 본관 선진先進의 문門에 가서 인사드리는 것을 회자回剌라 했다. 이들은 출입·

진퇴할 때에 어떤 침학侵虐과 곤욕을 받아도 오직 선진의 명에 따라야 했으며, 거의 10여 일에 이르러서야 비로소 본사本司에 참석하는 것을 허용받고 신임을 면했다. 이를 신래면신新來免新이라 했다. 밤에 다녀도 순경巡更하는 자가 그의 행동을 금하지 못했고, 복색이 극히 괴상스러워 심지어 새로운 귀신이라는 조롱까지 했다.

급제자들이 근무할 부서를 배치받으면, 부서의 선배들에게 인사를 다녀야 했다. 이때 선배가 모욕적인 언사나 행위를 하더라도 참아야 했는데, 이러한 행위를 회자 혹은 투자投刺라고 했다. 이때 자신의 신상을 적은 일종의 명함인 자지刺紙를 가지고 가는데, 자지는 두껍고 너비가 넓지 않으면 안 되었다. 대개 무명 한 필이 자지 석 장 값이었으니 비용이 만만치 않았다. 선배 집을 찾아다니기를 10여 일 해야 배치받은 부서에 참여할 수 있었다고 한다. 삼관에서는 분관된 지 2~3일 후에 허참례를 행하고 4~5일 후에 면신례를 행하는데 그 사이에 연회宴會를 요구했다.[4] 『용재총화』를 통해 그 내용을 좀 더 살펴보자.

또 신은들이 합동하여 의정부·예조·승정원·사헌부·사간원·성균관·예문관·교서관·홍문관·승문원의 각 아문에 배알하면, 여러 아문의 선생(선진)들이 많은 포물布物을 징수하여 술 마시고 잔치하는 비용으로 썼는데, 봄에 교서관에서 먼저 행하는 것을 홍도음紅桃飮이라 했고, 초여름에 예문관에서 행하는 것을 장미음薔薇飮이라 했으며, 여름철에 성균관에서 행하는 것을 벽송음碧松飮이라 했다.

선배들은 분관된 이들이 인사를 다닐 때 포물을 많이 강제로 징수했는데, 이는 술잔치 비용으로 삼기 위한 것이었다. 이렇게 해서 복숭아꽃이 필 때 하는 교서관의 홍도음·장미가 필 때 하는 예문관의 장미음·한여름 소나무가 한참 푸르렀을 때 하는 성균관의 벽송음 등의 잔치를 열었던 것이다. 면신례에는 고참 선배들에게 음식물로 접대하는 행위가 반드시 수반된다. 음식물을 장만할 때 들어가는 물품을 징구徵求라 하는데, 모든 물품을 3배수로 마련한다. 이런 식으로 다섯 차례 잔치를 벌이고 다시 5배수로 물품을 준비해 세 차례 잔치를 벌이고, 다시 7배수, 9배수로 준비해 잔치를 벌인 다음에야 끝을 맺었다.[5]

이런 상황이라면 비용이 엄청나게 들었을 것이 분명한데, 그 정도가 상상 이상이었던 모양이다. 중종 시대의 기록에 따르면 허비하는 물건 값이 수만 냥이었다고 하며,[6] 예문관의 신래가 된 자가 밭과 토지와 주택 등의 가산을 모두 팔아서 면신례 비용으로 쓰고 빚을 갚지 못하고 죽자 과부가 된 그의 아내가 눈물로 일생을 보내는 경우도 있었다. 『용재총화』에 나오는 면신연免新宴에는 다음과 같은 풍경이 보인다.

> 면신연에 상관장上官長은 곡좌曲坐하고, 봉교奉敎 이하는 여러 선생과 더불어 사이를 띄어 앉았으며, 사람마다 기생 하나를 끼게 마련이었으나 상관장은 기생 둘을 끼게 하고, 이를 좌우보처左右補處라고 이름했다. 아래로부터 차례로 술을 부어 돌리고, 차례로 일어나 춤을 추었는데, 혼자서 추면 술로 벌을 주었다. 새벽에 이르러 상관장이 비로소 일어나 술을 부어 돌리면, 여러 사람이 모두 손뼉을 치고 몸을 흔들어 춤을 추고, 「한림별곡翰林別曲」을 부르면 이에 매미 소리와 같은 청아한 노래 속에 많은 개구리가 들끓는 듯한 소리가 뒤섞이게 되는데, 날이 밝아서야 비로소 헤어져 돌아갔다.

해당 관서의 관원 중에서 상관장이라는 우두머리를 선발하여 잔치를 관장하게 하고 있다. 좌우에 기생을 둘 낀 상관장은 옆으로 조금 돌아앉고, 여러 선생이 기생을 각각 하나씩 끼고 앉아 잔치를 벌인 것이다.

잔치에서는 말관이 왼손으로 기생의 손을 잡고 오른손으로 큰 술잔을 잡은 채 먼저 상관장을 세 번 부르고 또 작은 소리로 세 번 부르면 상관장이 작은 소리로 대답하고 다음 차례의 아관亞官을 부르면 큰 소리로 대답한다. 잔치 자리에는 삼관을 거쳐 간 대신도 선배 자격으로 초청을 받아 오는데, 정1품은 대大 자를 5개 붙여 부르고, 종1품은 4개, 2품은 3개, 당상은 2개, 당하관은 그냥 1개를 붙여 대선생, 4품 이하는 성을 붙여 선생이라 불렀다.

하지만 벼슬이 높은 대신이라 해도 상관장의 윗자리에는 앉지 못했다. 하관이 술을 이기지 못하면 벌주가 있었으나, 상관이 술을 이기지 못할 경우에는 벌주가 없었다. 선생을 부르고 난 뒤에 신래를 세 번 부르고, 또 흑신래黑新來를 세 번 부르는데, 흑신래란 기생을 일컫는 것이다. 신래가 사모紗帽를 거꾸로 쓰고 두 손을 등에 진 다음 머리를 땅에 닿도록 구부리고 선생 앞에 나가서 두 손으로 사모를 싸쥔 채로 머리를 쳐들었다 숙였다 하는데, 이것을 예수禮數라 했다.

또한 관직명을 외우게도 했는데, 위로부터 내리 외는 것을 순함順銜, 밑으로부터 올려 외는 것을 역함逆銜이라 했다. 또 기쁜 표정인 희색喜色, 노여운 표정인 패색悖色을 짓게 했으며, 별명을 말하면 그 별명대로 형용하도록 하는 것을 삼천삼백三千三百이라 했다. 여기에 더해 신래의 온몸에 진흙을 바르고 온 낯에 오물을 칠하기도 했다. 새벽에 상관장이 일어나 술을 부어 돌리면, 여러 사람이 손뼉을 치고 춤을 추며 「한림별곡」을 불렀는데 날이 밝아서야 끝냈다고 한다. 면신례가 끝나면 선배들은 신래에게 면신례가 끝났음을 증명하는 서류를 써 주기도 했다.

> 건륭乾隆 23년(1758) 초충草蟲 정국량鄭國良은 면신례 관례대로 한 차례 시행했고, 이에 의거하여 입안을 발급한다.[7]

정국량이라는 새내기에게 초충, 즉 풀벌레라는 칭호를 써 가며 면신례를 한 차례 끝냈음을 확인하는 증서를 써 준 것이다. 그만큼 면신례가 하나의 절차로 자리 잡았음을 보여 주는 사례이다.[8]

출세를 하려면 '청요직'을 거쳐야

《모당 홍이상 평생도》나 《담와 홍계희 평생도》에는 각각 '한림겸수찬시'翰林兼修撰時 그리고 '수찬행렬'修撰行列이라는 제목이 붙은 그림이 있다. 한림翰林은 실록을 기록하는 임무를 맡았기 때문에 사관이라 불렸다. 좁은 의미의 사관은 예문관 전임 관원인 봉교奉敎 2명, 대교待敎 2명, 검열檢閱 4명으로 이들을 '한림'이라 했다. 한림 8원은 춘추관 기사관으로 사관이 되어 입시入侍, 숙직宿直, 사초史草·시정기時政記 작성, 실록 편찬 및 보관을 위한 포쇄曝曬의 임무를 맡았다. 포쇄는 병충해나 습기로부터 보호하기 위해 서적을 바람에 말리는 일로, 대개 3년에 한 번씩 행해진다.

공통적으로 나타나는 '수찬'修撰은 홍문관弘文館 정6품직이다. 홍문관은 사헌부·사간원과 함께 삼사三司로 불리기도 했는데, 궁중의 경서經書·사적史籍을 관리하며 문서를 처리하고 왕의 자문에 응했다. 홍문관을 일컬어 옥당玉堂·옥서玉署·영각瀛閣·서서원瑞書院·청연각淸燕閣이라고도 했다.

홍문관은 영사領事(정1품)·대제학大提學(정2품)·제학提學(종2품)·부제학副提學(정3품)·직제학直提學(정3품)·전한典翰(종3품)·응교應敎(정4품)·부응교副應敎(종4품)·교리校理(정5품)·수찬修撰(정6품)·부수찬副修撰(종6품)·박사博士(정7품)·저작著作(정8품)·정자正字(정9품)로 이루어져 있었다. 여기서 제학 이상의 관직은 다른 관사官司의 관원으로 겸직하는 겸관이고, 부제학 이하는 전담해서 일을 처리하는 전임관으로, 전임관의 수석관이 부제학이었다. 또 부제학에서 부수찬까지의 관원은 왕에게 교서敎書 등의 초안을 작성하여 바치는 문한文翰을 담당한 지제교知製敎의 관직을 겸임했다.

홍문관의 관원이 되려면 지제교가 될 만한 문장력은 물론이고 국왕을 지도하는 데 필요한 강론을 할 만한 학문과 인격을 갖추어야 했다. 아울러 출신 가문에도 허물이 없어야 했다. 관원이 되려면 홍문록弘文錄에 선발되어야 하는데, 후보자의 이름을 적어 놓고 홍문관·이조·의정부의 관원들이 각기 마음에 드는 후보자의 이름 위에 둥근 점을 쳐서 그 점수가 많은 사람을 등용했다.

관직의 성격을 일컫는 말 중에 '청직淸職'이라는 말이 있다. 이는 임금에게 간하는 일을 맡은 사간원·사헌부의 벼슬아치를 가리키는 말인데, 이들을 언관言官 혹은 간관諫官이라 불렀다. 언관을 제대로 하려면 우선 시시비비를 가리는 판단 기준이 분명해야 하고 행동에 흠결이 없어야 했다. 또한 자기의 소견을 당당하게 개진하는 기개가 필요했기 때문에 언관의 자질 문제는 항상 관심사가 됐다. 따라서 직무의 성격상 청렴과 기개를 중시하여 청직淸職이라 부른 것이다. 이러한 중요성 때문에 젊은 시절 언관 노릇을 제대로 하지 못하면 삼정승 등의 고위직에 올라가지 못했다. 그래서 홍문관을 포함한 언론 삼사는 관료 사회의 꽃이었고 청직이라는 명예를 얻었다.

청직 외에 '요직'要職이라는 것도 있었는데, 말 그대로 중요한 관직으로서, 관리의 인사권을 쥔 이조吏曹, 군사권을 쥔 병조兵曹, 재정을 담당한 호조戶曹를 가리켰다. 이들 요직을 두루 거치는 것은 곧 당시의 엘리트 코스를 밟는 것이었다.

'청직과 요직' 외에도 조선시대 관리는 크게 정6품 이하의 참하관과 정6품 이상의 참상관으로 나눌 수 있는데, 양자는 단적으로 아침 일찍 임금을 알현하던 조회에 참여할 수 있느냐 없느냐에 따라 나뉘었다. 참하관에서 참상관으로 승진하는 것을 출륙出六 또는 승륙陞六이라고 하는데, 참상관이 되면 조회에 참석할 수 있었다. 또한 임금이 6품 이상의 신료를 부를 때는 이름을 부르지 않았지만, 6품 이하의 참하관은 그 이름을 부르는 등[9] 대우에서도 차이가 있었다.

《담와 홍계희 평생도》 중 〈수찬행렬〉을 보자. 조선시내 모든 관청의 관리들은 묘시(5~7시)에 출근했다가 유시(17~19시)에 퇴근했으며, 해가 짧을 때에는 진시(7~9시)에 출근했다가 신시(15~17시)에 퇴근했다. 관리의 행차 맨 앞에는 알도喝道로 보이는 인물이 사람들에게 비키라고 소리를 지르고 있다. 알도는 조선시대에 높은 벼슬아치가 다닐 때 길을 인도하는 하인으로, 앞에서 소리를 질러 행인들을 물러서게 하는 일을 맡은 사람을 가리키는데, 대개 조례皁隷·나장羅將 등의 하례가 이를 맡았다. 알도는 가금呵禁·가도呵導·창도唱導라고도 하는데, 관리들의 경호가 그 목적이었다.

그림에서 맨 앞에 가는 알도는 오른손에는 쥘부채를, 왼손 겨드랑이에는 안롱鞍籠을 끼고 있다. 안롱은 가마덮개로, 기름 먹인 종이로 만드는데, 고급품은 쇠가죽·사슴가죽·바다수달 등의 가죽으로 만들었고 한쪽 면에는 대개 사자 형상을 그려 넣었다. 『경도잡지』에는 알도와 관련하여 다음과 같이 적혀 있다.

재상 시종의 가도는 소리가 웅장하고 거세기가 각기 다르다. 그들의 앞을 범하거나 말을 타고 지나가거나 앞에서 담배를 피우거나 소매를 흔들며 꿇어앉지 않는 자가 있으면 우선 길가의 집에다 억류해 놓고 나중에 잡아다가 그 죄를 다스린다. (고관들이) 초헌을 타거나 혹은 말을 타고 문을 출입할 때에 여러 하인들이 일제히 '솖우'(白右)라고 소리친다. '우'右라는 말은 '위'(上)라는 뜻이고, '솖'白은 모자가 문 윗턱에 부딪칠까 염려되니 잘 살피라는 뜻이다. 이것은 폐할 수 없는 의식과 절차라고 생각된다.[10]

고관들이 행차할 때 하인들이 '솖우'라고 소리를 친다고 하는데, '솖' 白은 '고하다' 또는 '여쭙다'의 옛말인 '솔ᄇ다'의 이두식 표기로,[11] 아마도 '삷우' 혹은 '살부'로 발음되었을 것이다.[12]

가도는 경호 외에도 관직자들의 위엄을 나타내기도 했다. 홍문관원의 행차 시 모습은 『사재척언』思齋摭言*에 기록된 정석견鄭碩堅(?~1500)의 사례를 통해 살펴볼 수 있다.

홍문관에는 본래 구사丘史는 없고 선노選奴 하나만 있었다. 그러므로 관원이 된 이는 으레 다른 관사에서 구사를 빌려 거느리고 다녔다. 공(정석견)이 홍문관 응교가 되어서는 홀로 구사를 빌리지 않고 다만 납패를 찬

* 조선 중기 사람 김정국金正國(1485~1541)이 지은 잡록집雜錄集.

작자 미상, 《담와 홍계희 평생도》 중 〈수찬행렬〉
한림 겸 수찬 때의 행렬을 그린 그림이다. 국립중앙박물관 소장.

조졸皁卒로 하여금 출입할 때에 앞길을 인도하도록 하고 자기는 가운데 자리하여 말을 타고 종 하나만을 뒤따르게 할 뿐이었다. 길가에 있는 사람들이 손가락질하면서 웃기를 "산山 자 관원官員이라" 하고, 동료들도 희롱하기를 "구사 하나쯤 빌리는 게 무엇이 의리에 해롭기에 이렇듯 위엄을 차리지 못하는가"라고 했다. 공은 웃으면서 "남에게 구사를 빌리는 것은 눈앞의 일이요, 시위하는 구종이 많고 적은 것은 등 뒤의 일인데, 보이지 않는 것을 위해 앞에서 남에게 빌리는 것은 나는 할 수 없는 짓이다. 차라리 산 자 관원이 되었으면 되었지, 구사를 빌리는 것을 원하지 않는다"고 했다. 이 말을 들은 이들은 크게 웃었다.

홍문관 관원이 된 정석견에 대한 일화가 담긴 이 기록을 보면, 홍문관의 응교(정4품)가 된 정석견은 구사를 빌리지 않고 단지 납패를 찬 조졸, 즉 조례皁隸와 종 하나만을 데리고 다녔는데, 그 모양이 정석견을 중심으로 뫼 산山 자 모양으로 보인다 하여 '산山 자 관원'이라는 별명을 듣기도 했다고 한다. 동료들도 볼품없는 그의 행렬을 보고 놀렸다고 하는데, 그만큼 거느리고 다니는 구사의 수가 관리의 위엄과 직결되어 있음을 알 수 있다.

구사는 구종驅從이라고도 하는데, 종친宗親이나 당상관에게 내려 주던 관노비官奴婢로 벼슬아치를 따라다니던 하인을 말한다. 정석견은 남에게 구사를 빌리려면 다른 관원에게 부탁을 해야 한다면서 체면 차리기를 거부했다. 부탁을 하는 것이 더 비굴하다고 느꼈나 보다. 구종은 자신의 뒤에서 따라오기 때문에 보이지 않는다는 정석견의 언급을 통해 홍문관 수찬을 호위하고 가는 그림 속의 인물들이 구사임을 알 수 있다.

그림 속에서 알도와 홍문관 수찬 사이에 보이는 인물을 보면 머리에 쓴 갓의 형태가 조금 이상하다. 보통 벙거지보다 높고 뾰족한데, 앞서『사재척언』에 납패를 찬 조례로 하여금 출입할 때에 앞길을 인도하도록 했다는 기록이 있는 것으로 보아 이 사람은 말뚝벙거지를 쓴 조례로 보인다. 조례는 관아에서 천역賤役에 종사하던 관노·사령使令·마지기·가라치·별배別陪 따위를 말한다. 조례가 차고 있는 납패와 관련해서는『임하필기』의 기록을 한번 살펴보자.

옥당玉堂의 은패銀牌는, 중엽에는 옥으로 만들어 '경연청 옥패'經筵廳 玉牌 라는 다섯 자를 새겼는데, 패찰牌札을 가지고 다니는 하례下隸들이 이를 믿고 의지해 남에게 트집을 잡아 말썽을 일으키는 밑천으로 삼아 거리와 저자에서 야료를 부렸다. 만약 이를 망가뜨리기라도 하면 죄가 다른 사람에게까지 미치므로 나무를 조각하여 은銀을 칠한 것으로 대신 쓰게 하고 옥玉 자를 납蠟 자로 고쳐 지금은 '납패'蠟牌라 일컬으며, 옥당의 고상함이 이로부터 줄어들었다. 내각內閣을 설치한 뒤로는 금패와 은패를 가지고 다니는 하례들이 서로 앞뒤를 다투었는데, 이러한 일들이 대궐에 알려져 은패를 가지고 다니는 하례들을 대궐 밖으로 몰아냈고 이로부터 전도前導하는 일이 폐지되어 다들 억울하게 여겼는데, 지금은 예전과 똑같게 되었다.[13]

여기서 옥당은 앞서 언급한 대로 홍문관을 말한다. 홍문관의 관리들이 사용하던 옥패가 은패로, 은패가 다시 납패로 바뀌었음을 알려 준다. 아마도 〈수찬행렬〉에 보이는 이는 납패를 지닌 조례로 여겨진다.

목민관으로 나가다

이번에는 김홍도의 《평생도》 중 〈관찰사부임〉을 보자. 관찰사는 각 도에 파견된 지방 장관으로, 종2품의 외관직이다. 관찰사는 고려시대의 안찰사安察使 및 안렴사安廉使에 해당하는 직책이지만 그 기능이나 지위 면에서는 상당한 차이가 있었다. 관찰사는 감사監司·도백道伯·방백方伯·외헌外憲·도선생道先生·영문선생營門先生 등의 별칭으로 불렸고, 그가 일을 보던 관청은 감영監營·영문營門·순영巡營 등으로 불렸다.

세종 대 기록을 보면, 지방관에 임명된 사람은 열흘 이내에 임금에게 은혜에 감사하며 절을 하는 '사은숙배'謝恩肅拜를 하고 부임해야 했다. 지방에서 근무하는 고충 때문에 여러 가지 사고를 핑계로 부임하지 않는 경우도 있어서 두서너 차례 다른 사람으로 재임명하는 일도 있었다. 이 때문에 새로 임명된 수령을 맞이하러 온 사람과 말이 여러 달 서울에 머물러 폐해가 컸다[14]는 기록도 있다.

관찰사는 외관의 규찰이라는 고유 기능이 있었다. 국왕의 특별한 명을 받은 사신으로서 끊임없이 도내를 순회하면서 1년에 두 차례 수령을 비롯한 모든 외관을 평가하고 그 결과를 보고하는 일이었다. 관찰사의 또 다른 기능은 지방 장관의 기능으로, 모든 외관의 상급 기관이며, 도내의 모든 군사와 민사를 지휘·통제했고 독자적으로 일을 처리할 수 있도록 상당한 정도의 직단권直斷權이 주어졌다.

조선시대 행정상 관찰사의 관할 아래에는 주州·부府·군郡·현縣의 각 고을을 맡아 다스리던 수령이 있었는데, 부윤府尹(종2품)·대도호부사大都護府使(정3품)·도호부사都護府使(종3품)·군수郡守(종4품)·현령縣令(종5품)·현감縣監(종6품) 등이었다. 주·부·군·현의 읍격과 수령의 품계는 호

김홍도, 〈평생도〉 중 〈관찰사부임〉 관찰사는 조선시대의 지방 장관으로 종2품의 문관이었다. 각 도마다 한 명씩 두었으며 대부분 병마절도사, 수군절도사 등 무관직을 겸했다. 국립중앙박물관 소장.

구戶口와 전결田結(논밭에 물리는 세금)의 많고 적음에 따라 달랐다.

관찰사는 수령들이 수행해야 할 일곱 가지 일, 즉 수령칠사守令七事의 수행 여부를 매 계절마다 종합하여 임금에게 보고했다. 『경국대전』에 따르면 수령칠사는 농사를 잘 돌봤는가, 호구를 증가시켰는가, 학교를 일으켰는가, 군정을 잘 다스렸는가, 부역을 공평히 부과했는가, 송사를 줄였는가, 간사하고 교활한 풍속을 줄였는가 등의 내용을 가리켰다.

수령에 제수되는 사람이 있으면, 중앙과 지방의 연락 사무를 담당하기 위해 지방 수령이 서울에 파견한 아전 또는 향리인 경저리京邸吏가 수령칠사가 기록된 홀기笏記를 제수되는 사람에게 전달한다. 임금은 임명된 사람이 하직 인사를 올릴 때 이를 외우게 했는데, 차례를 틀리고 잘못 읽어서 파면을 당하는 경우도 종종 있었다.[15] 그만큼 중요한 사항이었던 것이다. 수령칠사가 수령의 평가에 중요했음은 백인걸白仁傑(1497~1579)의 사례를 보아도 알 수 있다.

> 신축년에 예조좌랑禮曹佐郎으로 있다가 모친을 봉양하기 위해 외직으로 나가기를 청해 남평현감南平縣監이 되었다. 현감이 되어서는 사방에 서당을 세운 다음 녹미를 주고 학문을 강론했으며, 매달 초하루에는 친히 나아가 경전을 강의했다. 부역을 고르게 하고 세금을 적게 거두면서 백성 보기를 자식과 같이 했으며, 옥사獄事를 처결함이 공평하여 청탁을 받아들이지 않았으므로, 온 도내의 어려운 옥사는 모두 공이 나아가 처결했다. 그리고 무너진 관청과 창고를 수리하여 새롭게 했는데, 백성을 부역시키지 않으면서 자신의 녹봉을 희사해 완성시키자 백성이 모두 탄복했다. 방백方伯이 공의 치적이 가장 뛰어나다고 아뢰자 상께서 포상하여 자급을 올려 주었다.[16]

중종 36년(1541)에 남평현감이 된 백인걸이 수령칠사와 관련된 일들을 공평하게 잘해 방백, 즉 관찰사가 근무 성적이 가장 뛰어나다고 보고하자 임금이 그를 승진시켰던 것이다. 백성이 편안해야 국가도 안정될 수 있었으므로 수령칠사는 지방관의 기본 임무이면서도 중요한 일이었다. 때문에 지방 행정을 처리하는 데에 개인적인 정이나 관계에 이끌릴 것을 우려해 관찰사와 수령 사이에는 상피법相避法이 적용되었다. 『동각잡기』東閣雜記•에는 이런 기록이 있다.

이현보李賢輔가 경상관찰사로 있을 때에 감사는 풍헌風憲 직책을 겸했는데, 본도本道는 친척과 친구들이 있는 곳이니, 사사로이 통하는 문을 한번 열면 정치와 법도가 무너지게 된다 하면서 한계를 엄하게 하여 자제와 친척이라도 감히 공관公館에 출입하는 자가 없었다.

공무를 엄정하게 처리하기 위해 자신과 관련 있는 인물의 줄입을 금지한 이현보의 사례이다. 혹시나 일어날지도 모르는 부정부패를 미리 예방하고자 하는 노력을 엿볼 수 있다.

하지만 이런 상피법이 형식화되면서 폐해를 일으키기도 했다. 유계문柳季聞(1383~1445)의 경우에 경기관찰사로 제수를 받았을 때 상피를 이유로 부임을 거절했는데, 당시 그 지역에 그의 친척이나 인척이 아무도 없었으므로 아무런 문제가 될 이유가 없었다. 그래서 이상하게 여긴 사람들이 그 이유를 묻자, 유계문은 자기 아버지 이름인 유명관柳命觀의 이름을 쓰

• 선조宣祖 때 이정형李廷馨(1549~1607)이 조선 태조의 조상들로부터 선조 때까지의 역사적 사실을 서적 또는 견문에 의해 연대순으로 수록한 책.

고 그 옆에다 경기관찰사를 쓰더니, 유명관의 관觀 자와 경기관찰사의 관觀 자에 동그라미를 치는 것이다. 즉 아버지 이름이 든 관직은 피해야 한다는 뜻이었다.[17] 상피 제도의 의의를 살리는 것은 좋지만 유계문의 행동은 조금 지나쳐 보인다.

『경국대전』에 의하면, 관찰사의 임기는 360일(1년), 수령은 1,800일(5년)이었다. 하지만 당상관이나 가족을 데리고 가지 않는 수령의 경우에는 900일이었다. 당상관이나 가족을 데리고 가지 않는 경우를 제외하면, 나이가 예순다섯이 지난 사람은 지방관에 임명하지 않았고, 부모 나이가 일흔 이상이면 300리 밖의 고을에 임명하지 않았다.

당상관에 올라야 왕을 제대로 모신다

홍이상이나 홍계희의 《평생도》에 공통적으로 보이는 내용 중의 하나가 판서가 행차하는 모습이다. 판서는 정2품의 당상관으로 행정을 맡아보는 주요 관서인 이조吏曹·병조兵曹·호조戶曹·형조刑曹·예조禮曹·공조工曹 등 육조의 우두머리 관직으로 상서尙書·전서典書·정경正卿이라고도 했다.

조선시대 관리는 6품을 기준으로 참상관參上官과 참하관參下官으로 구분하는 것 외에 정3품 상계와 하계를 기준으로 당상관堂上官과 당하관堂下官으로 나누기도 한다. 당하관과 당상관은 조회를 행할 때에 당상에 있는 교의交椅에 앉을 수 있느냐 없느냐로 구분되었다.

조선시대 당하관은 근무일수에 따라 승진을 시키는 '순자법'循資法을, 가까운 친척과 같은 관청에 근무할 경우 '상피제'相避制를 적용받았다. 또한 근무 성적인 포폄이 나쁘거나 범죄로 인해 파직된 경우는 1년이 경과한 뒤라야 다시 서용敍用될 수 있었다. 반면 당상관은 국정을 입안하고 집행하는 최고급 관리로 서울과 지방의 양반 관료를 천거할 수 있는 인사권과 휘하에 소속된 관료의 근무 성적표인 고과표를 작성할 수 있는 포폄권, 군사를 지휘할 수 있는 군사권 등의 중요 권한을 독점했다.

또한 당상관은 근무 일수에 따라 승진하는 순자법의 구애를 받지 않았고 공덕과 능력에 따라 가자加資·가계加階될 수 있었으며, 직사職司에 관계없이 산관散官의 높고 낮음에 따라 국왕이 그때그때 좌목座目(자리 차례를 적은 목록)에 따라 임명했을 뿐 아니라 상피의 적용에서 제외되는 특전을 누렸다. 이런 내용으로 보아 정3품 이상의 당상관이 되는 것은 쉬운 일이 아니었다. 당상관이 되기 위해서는 정3품의 당하관직인 승문원정承文院正·봉상시정奉常寺正·통례원좌우통례通禮院左右通禮·훈련원정訓鍊院正의 네 자리를 거친 사람이어야 했다. 물론 임금의 특지特旨가 있으면 가능했다.

병조는 조선시대 군사 업무를 총괄하던 기관으로, 병조의 관원으로는 장관인 정2품의 판서判書와 그 아래로 종2품의 참판參判, 정3품 참의參議 및 참지參知가 각각 한 명씩 있었다. 「한양가」에 보면 병조판서에 대한 묘사가 나온다.

    이·호·예·병·형·공은 육경이 되었어라.
    호기 있는 대사마大司馬는 백 보 밖에 인배引陪 세우고
    건장한 뇌자牢子 기수旗手 원앙진으로 늘어서서
    쌍쌍이 벽제 소리 날래고도 용맹하다.
    외바퀴 높은 초헌軺軒 키 큰 구종들이

손을 들어 밀어 갈 제 좌우의 색구色驅 견배牽陪
호방하고 사나운 별배別陪들이 날개로 벌여 서서
세충 벽제 소리 기구도 엄하고 기풍 있도다.

육경은 육조의 우두머리인 판서를 말한다. 이 중 대사마는 병조판서를 부르는 말로, 이 글은 병조판서의 행차 모습을 묘사하고 있다. 정2품 이상의 관원이 이용하는 초헌을 탄 병조판서의 모습은 김홍도의 〈판서행차〉에서도 살필 수 있다. 「한양가」에서 묘사하는 행렬과 그림을 비교해 보면, 「한양가」에는 초헌을 키 큰 구종들이 밀고 간다고 하는데, 그림에서 초헌을 앞뒤로 끌고 밀고 가는 4명의 인물을 가리키는 듯하다. 그리고 좌우에는 색구·견배·별배가 호위하고 있음을 볼 수 있다 색구는 높은 벼슬아치를 따라다니던 하인들의 우두머리인데, 그림에서 병조판서에게 말을 건네고 있는 인물이 색구가 아닌가 싶다. 견배는 말을 끌고 가는 말구종이다. 그림에서는 옆보다는 초헌 뒤편에 말에 탄 인물의 말을 끌고 오는 구종이 보이는데, 이들을 말하는 것 같다. 별배는 벼슬아치 집에서 사사로이 부리는 하인이다. 초헌의 왼편에 색구와는 옷 색깔이 다른 인물이 하나 보이는데, 그가 별배인 것 같다.

병조판서의 백 보 앞에는 인배와 뇌자 그리고 기수가 서 있다고 했다. 뇌자는 군뢰軍牢라고도 하는데 군대에서 죄인을 취급하는 병졸이었다. 기수는 대장의 전령과 호위를 맡는데 순시기巡視旗 또는 영기令旗를 들고 있는 병졸로 순령수巡令手라고도 한다. 그림 앞쪽에 세 명씩 두 열로 늘어선 인물들이 뇌자로 보이는데, 기수는 찾을 수 없다.

인배引倍는 당상관 이상의 관원이 행차할 때 앞을 인도하는 관노인데, 행렬 맨 앞에 보이는 왼손에 부채를 들고 안롱을 끼고 알도의 역할을 하고

김홍도, 〈평생도〉 중 〈판서행차〉 판서인 주인공이 행차하는 장면으로, 화면 중간에 판서의 가마 행렬이 있고, 앞에는 호위병이 줄지어 서서 길을 인도한다. 화면 아래 부채로 얼굴을 가린 선비가 이 행차를 바라본다. 국립중앙박물관 소장.

있는 인물을 가리키는 것으로 보인다. 벽제* 소리에 뇌자와 동일한 복장을 입고 있는 이는 무릎을 꿇고 있고, 벼슬아치로 보이는 인물은 단지 머리만을 조아리고 있어 신분의 차이를 살필 수 있다.

일인지하 만인지상

여러 '평생도'에는 관직 생활의 마지막으로 '좌의정행차' 또는 '정승행차'라는 제목이 붙은 그림이 나온다. 정승은 우의정·좌의정·영의정을 가리키는데, 삼정승은 의정부에 속한 관직의 하나로 정1품직이다. 의정부는 조선시대 백관의 통솔과 서정을 총괄하던 행정 관청으로 도당都堂·묘당廟堂·정부政府·황각黃閣이라고도 불렀다. 삼정승은 삼공三公·삼사三事·삼상三相·태정台鼎이라고도 했다. 연산군 대의 대사헌大司憲 권경희權景僖는 삼정승에 대해, "삼공三公의 소임은 지극히 큰 것이어서 모든 군국대정軍國大政을 함께 의논하는 것이니, 만일 적당한 인재가 아니면 나랏일이 따라서 글러질 것입니다"[18]라고도 했다.

삼정승의 행차 모습을 「한양가」와 김홍도의 〈좌의정시〉를 통해 살펴보자.

* 지위가 높은 사람이 행차할 때, 구종·별배가 잡인의 통행을 금하던 일.

김홍도, 《모당 홍이상 평생도》 중 〈좌의정시〉 좌의정은 의정부 3의정의 하나인 정1품 관직이다. 좌상左相, 좌정승左政丞 등으로도 불렸다. 오늘날의 부총리에 해당한다. 국립중앙박물관 소장.

의정부 삼상三相네는 애민하사愛民下士하는 모양

평교자平轎子 늘인 줄에 낮은 키 별구종別驅從이

고이 메고 갈 때 호피 꼬리 땅을 쓴다.

대나무로 엮은 파초선芭蕉扇이 햇빛을 반쯤 가리니

벽제도 크지 않고 행보도 느릿하다.

거룩타 더워도 일산을 쓰지 않으니 정승 자리의 도리로다.

김홍도의 《모당 홍이상 평생도》는 좌의정 홍이상의 모습을 그렸다. 커다란 파초선을 받치고 그 아래 평교자에 올라 탄 정승이 밤길을 가고 있다. 평교자 늘인 줄에 별구종들이 메고 간다. 평교자는 정1품관 이상 및 기로소耆老所의 당상관만이 탈 수 있는 가마로, 전후좌우로 네 명이 끌채에 끈을 걸어 어깨에 메고 간다. 평교자를 메고 가는 이들을 별구종이라 했는데, 벼슬아치나 가마를 메는 담교군擔轎軍을 따라 다니는 종을 말한다. 즉 그림에 보이는 인물이 정1품 이상의 당상관임을 알 수 있다.

「한양가」에는 호피 꼬리가 땅을 쓴다고 표현되어 있는데, 호피 꼬리는 아마도 아닷개를 말하는 것으로 보인다. 『단종실록』에는 "모피毛皮로 만든 눕는 자리를 이 시기 풍속에서는 아닷개라고 이른다"[19]라고 하고 있기 때문이다.

가마 앞에는 횃불을 든 이들이 길을 밝히며 가고 있다. 횃불은 거화炬火라고도 하는데, 『성종실록』에는 성종이 야대夜對에 오고 가는 경연관에게 횃불이 있음을 물어보고 거화를 주라고 했다[20]는 기록이 있다. 이를 보아 횃불을 사용하는 것도 관직에 따라 차등이 있었음을 알 수 있다. 맨 앞에서 횃불을 든 두 사람 사이에 안롱鞍籠과 호상胡牀을 든 두 사람이 알도로서 벽제를 하고 있는 것으로 보인다.

앞서 〈수찬행렬〉에서는 안롱만 든 사람이 앞도를 맡아 벽제를 하고 있음에 비해, 〈좌의정시〉에는 각각 호상과 안롱을 든 하인 두 사람이 앞에서 길을 인도하고 있다. 조선시대에는 정3품 하계 이하의 당하관에게는 하인이 안롱만을 들게 했지만, 당상관 이상에게는 안롱과 호상을 둘 다 사용할 수 있게 한 관행 차이에서 비롯된 것이다. 여기에서 호상은 긴 네모꼴의 가죽 조각의 양쪽 긴 변에 'ㅍ' 모양의 다리를 대고 두 다리의 허리를 어울러 붙여서 간단하게 접었다 폈다 할 수 있는 의자이다. 교상交床·승상繩床이라고도 부르며, 때때로 말에 오를 때 디딤판으로 사용해서 마상馬床이라고도 했다.

일흔이 되면 사직서를 내다

《담와 홍계희 평생도》 중에는 '치사'致仕라는 제목이 붙은 그림이 있다. 소나무 아래에 깔개를 깔고 담뱃대를 들고 앉아 있는 사람을 중심으로 여러 사람들이 그를 둘러싸고 이야기를 나누고 있다. 바로 뒤편에는 꼬마 아이가 보인다. 책·필기구 등과 함께 거문고가 보인다. 무척 한가로워 보인다. 주인공은 일흔이 넘어 관직을 그만둔 홍계희 자신인 듯하다.

조선시대 관리들은 일반적으로 일흔이 되면 나이가 늙었다며 관직을 반납한다는 뜻으로 사직을 청하는 상소를 올렸다. 이를 '치사'라 했다. 일흔에 치사를 하는 이유는 '대부는 70세에 치사한다'(大夫七十而致仕)는 『예기』의 구절에서 비롯된 것이다. '치사'한 관료를 대우하기 위해 '봉조하'奉朝賀라는 제도를 두었다. 봉조하 제도에 대해 『임하필기』는 이렇게 설명한다.

우리나라의 봉조하라는 규정은, 대체로 국가가 느닷없이 늙은 신하를 퇴척시키고 싶지 않아 이처럼 곡진하게 법을 만들어 녹을 주면서 머물도록 허락하게 된 것이오.[21]

정3품 이상의 당상관으로 나이 일흔이 넘어 치사한 관료를 대우하기 위해 '봉조하'라는 제도를 두었는데, 국가 정사에는 참여하지 않고 단지 정월 초하룻날 조신朝臣이 임금에게 문안드리는 정조正朝와 임금 탄신일 등의 조하의朝賀儀에만 참여했다. 그래서 조하를 받든다는 의미에서 봉조하라 한 것이다. 이 봉조하의 정원은 15명이었다. 공신이면 '모某군 봉조하'라 부르고 그외에는 '모관 모직 봉조하'라고 부르게 하고 봉조하의 임명은 이조와 병조에서 나누어 시행했다.

치사를 요청했으나 안 됐을 경우, 궤장几杖을 내려 관직에 더 머물게 하기도 했다. 궤장을 내리는 것은 "사퇴할 수가 없다면 반드시 궤장을 하사받는다"(若不得謝 則必賜之几杖)[22]는 『예기』의 구절에서 비롯된 관행이다. 『경국대전』에는 벼슬이 1품에 이르고 나이가 일흔 이상이며 나라의 운명과 관계되어 벼슬을 그만두지 못하는 사람에게는 이조에서 임금에게 보고하여 몸을 의지하는 궤장을 준다고 되어 있다. 미수眉叟 허목許穆(1595~1682)에게 궤장을 내릴 때 숙종의 언급을 보면 "궤장을 내려 주었으니, 경(허목)은 이를 가지고 궤几에 기대며 장杖으로 금달禁闥(궁궐)에 출입하여 나의 몸을 보필하라"고 했다. 궤장을 받으려면 엄격한 자격을 갖추어

작자 미상, 〈담와 홍계희 평생도〉 중 〈치사〉 조선시대에 나이가 많아 벼슬을 사양하고 물러나던 일을 '치사'라고 했다. 당상관으로 치사하는 경우에는 중앙의 예조나 해당 고을에서 매달 술과 고기를 보냈고, 벼슬이 정품에 이르고 나이가 일흔 살 이상이 되었으나 국가의 필요에 의해 퇴관하지 못하는 자에게는 궤장을 하사했다. 국립중앙박물관 소장.

야 했지만 효행이 뛰어난 자이거나 종친에 대해서는 자격에 관계없이 궤장을 하사했다.

궤장 하사와 관련해서는 현종 9년(1668) 11월에 궤장을 하사받은 이경석李景奭(1595~1671)의 사례를 기록한 그림이 전해진다. 이 그림에는 현종의 교서, 궤장 하사 의례에 참여한 동료들의 이름, 이경석이 임금에게 올린 감사의 글, 송시열의 서문, 여러 동료의 송찬시頌讚詩가 차례대로 들어 있다. 이경석에게 궤장을 내린 일은 『현종실록』에도 기록되어 있다.

> 영중추부사 이경석에게 궤장·선교·선온·일등사악을 모두 예의禮儀와 같이 하사했다. 경석은 인조 조의 대신이었는데, 이때 나이가 일흔넷이었다. 비록 산반散班에 있었지만 문안하는 행사에 언제나 참석했는데 근력이 미치지 못하여 걸음걸이가 심히 어려웠다. 식자들이 그의 성의는 아껴 주었으나 물러나지 않는 것을 애석히 여겼다.[23]

일흔넷인 이경석에게 궤장과 나라에 경사가 있을 때에 반포하는 교문敎文인 선교, 사온서에서 만들어 신하에게 내려 주는 술인 선온, 임금이 신하에게 풍류를 내려 주는 일등사악을 하사하고 있음을 볼 수 있는데, 이 당시의 모습을 석 장의 기록화로 남겨 놓았다. 이 그림들은 동일한 장소에서 벌어진 일들을 시간 순서에 따라 그린 것이다.

첫 번째 장면은 교서를 실은 채여彩輿와 궤장을 얹은 가마인 연輦, 의

〈궤장연회도첩〉 궤장을 내릴 때에는 반드시 잔치를 열었는데 의정부의 동서반을 비롯한 대신들을 참석하게 하고 예문관이 작성한 교서를 낭독하게 했다. 이 그림은 바로 이런 장면들을 세 부분으로 나누어 그린 것이다. 임금이 내리는 궤장을 맞아들이는 장면, 임금이 내린 교서를 낭독하는 장면, 궁중에서 보낸 악사와 무희가 연주하고 춤추는 장면이 묘사되어 있다. 고려대박물관 소장.

식을 집행할 중사 일행이 말을 탄 채 행사장인 이경석의 집으로 오는 모습을 그린 대문 밖 정경이다. 차일이 쳐진 뜰에는 초대받은 손님들이 대문 밖으로 나와 궤장 행렬을 맞이하고, 행렬 앞에는 박拍을 든 전악典樂과 악공이 음악을 연주하고 있다.

두 번째 장면은 교서를 반포하는 순서를 그렸다. 차일 아래에 궤장과 왕이 하사한 술이 놓였다. 중앙에는 이경석이 부복한 채 주서가 교지를 읽는 것을 듣고 있다. 대문 밖에는 궤장 등을 실었던 수레와 가마, 잔치에 쓰일 꽃병이 놓여 있다. 또 막차幕次(의식 때 치는 임시 장막)에서는 축하하러 온 손님들이 기다린다.

이 그림에서는 궤장의 모습을 구체적으로 살필 수 있다. 궤장은 '궤와 장'을 말하는데, 궤는 높이 93cm, 폭 77.4cm로 앉을 때만 펴고 평상시에는 접어 둘 수 있게 만든 의자이다. 앉는 곳에는 단단한 노끈을 X 자로 엮어 접기 편하게 만들었다. 뒤에 괴목으로 만들어진, 몸을 기대는 뒷받침의 가운데에 구멍을 뚫었고 등받이 표면을 자작나무 껍질로 싼 점이 특이하다.

장은 길이 189.5cm의 새 머리가 조각된 지팡이와 149.5cm의 칼이 든 지팡이 그리고 총 길이가 141cm인 삽 모양의 지팡이 두 점 등 총 네 점이다. 먼저 지팡이 끝부분에는 오리로 생각되는 새 머리를 조각해 끼웠고 두 곳에 국화꽃 장식을 단 고리가 있다. 몸통 부분은 직선이고 반대쪽에는 작은 삽이 달린 것이 특징으로 나무의 질은 알 수 없으나 매우 가볍고 연하다. 겉모습은 지팡이지만 안은 칼이 부착되어 나무로 만든 손잡이 부분을 빼면 칼이다. 칼날의 길이가 60cm로 손잡이를 포함하면 총 길이가 80.4cm이다. 끝 부분에는 무쇠삽이 달려 있다. 이 외에 지팡이 두 개는 삽 모양으로, 하나는 여름용이고 다른 하나는 겨울용으로 보인다. 긴 막대 끝

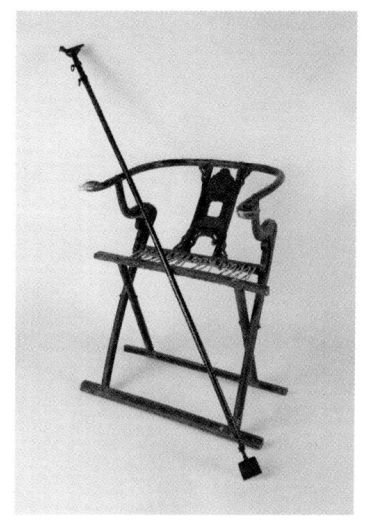

궤장 궤장은 의자인 '궤'와 지팡이인 '장'을 합쳐 부르는 말이다. 보통 임금이 원로대신에게 공경의 뜻으로 하사한다.

의 삽 모양과 뾰족한 부분이 무쇠로 되어 있다.

　세 번째 장면은 축하 잔치를 하는 풍경이다. 교서함이 놓인 탁자를 선온과 궤장 사이에 모셔 놓고 축하하러 온 동료 신하들이 각자 상을 받은 채 열 지어 있다. 이영석이 술잔을 받고 있으며, 악공들이 연주하는 음악에 맞추어 중앙에서 처용무를 추고 있다. 궤장을 하사받는다는 것은 개인은 물론 가문에 큰 경사일 뿐 아니라 국가에서도 드문 일이었다. 때문에 궤장을 하사할 때는 함께 잔치를 베풀며 최대한 경로의 예를 갖추었다.

　궤장연을 끝으로 한 사람의 길고 긴 관직 생활이 대단원의 막을 내린다. 물론, 이렇게까지 대우를 받는 경우가 보편적이지는 않았을 것이다. 여러 가지 이유로 중도에 관직을 그만두거나 떠난 이들이 대부분이었을 것이기 때문이다. 치사한 후에도 원로 대신들은 여전히 임금의 자문에 응하며, 국정에 영향을 미치기도 했다.

6장

60이라는 특별한 축하

회갑 · 회혼례 · 회방

오래 살고 오래 해로하며 오래 관직에 있으니
이 얼마나 드물고 귀한 일인가
저기 앉은 노인네 마치 하늘에서 내려온 신선인가
만수주 드시고 만수무강하시리다

옛사람들에게 60이라는 숫자는 특별한 의미를 지니고 있었던 것 같다. 회갑·회혼례·회방 등 60을 특별하게 기념하는 일들이 많기 때문이다. 우선 쉽게 생각해 보면, 60을 이렇게 중요하게 여긴 데에는 '장수'의 의미가 컸을 것이다. 평균 수명이 60세보다 적었기 때문에 그 나이까지 사는 게 어려웠기 때문이리라. 의술도 낙후되고 먹는 것도 지금과 비교할 수 없을 정도로 부족했다. 게다가 맹수에 의해 다치거나 자연재해로 해를 입을 가능성도 높았다. 이런저런 이유로 한 사람이 태어나서 60년을 사는 것은 매우 드문 일이었다. 60년을 산 사람에게 회갑回甲이라 하여 큰 잔치를 벌여 주는 것도 그런 희귀성 때문이었을 것이다. 『임하필기』에는 이런 말이 나온다.

> 회갑 이후의 나이는 모두 하늘이 내린 것이다. 하늘의 은혜가 그처럼 넓고 크니 다른 것이야 바랄 것이 있겠는가.[1]

60 이후의 삶은 하늘이 내린 것이라 하니, 그 이후의 삶은 보너스라 여겼을 것이다. 일반적으로 30년을 한 세대로 삼는다. 세대는 같은 시기에 살면서 공통 의식을 가지는 비슷한 연령층의 사람들을 의미하기도 하지

만, 어린아이가 성장하여 부모 일을 계승할 때까지의 기간을 말하기도 한다. 그러니 60년을 살았다는 것은 세상을 책임질 세대를 육성했다는 뜻이다. 전 세대로서의 역할을 훌륭히 마쳤으니 새로 시작되는 61번째가 되는 해는 축하를 받기에 충분한 해인 것이다.

하늘이 여분의 삶을 주었다

회갑·회혼례·회방의 '회'回는 말 그대로 하면, '돌아왔다'라는 뜻이다. 그러니 회갑이라는 말은 '갑甲으로 돌아왔다'는 말이다. 이는 60갑자 중 처음 자신이 태어난 간지로 돌아왔다는 뜻을 지니고 있다.

간지는 천간天干과 지지地支의 줄임말로 천간은 갑甲·을乙·병丙·정丁·무戊·기己·경庚·신辛·임壬·계癸 등을, 지지는 자子(쥐)·축丑(소)·인寅(호랑이)·묘卯(토끼)·진辰(용)·사巳(뱀)·오午(말)·미未(양)·신申(원숭이)·유酉(닭)·술戌(개)·해亥(돼지)를 가리킨다. 그리고 이를 배합하여 갑자·을축·병인 등과 같이 나타내어 60번째인 계해를 지나 다시 갑자로 돌아오는 것이다. 이를 60갑자라고 하는데, 가장 첫 번째에 있는 10간의 갑과 12지의 자를 따서 갑자라 칭한 것이다.

회갑은 환갑還甲·주갑周甲이라고 하며, 아름답게 꾸민다 하여 화갑華甲(花甲)이라고도 한다. 회갑의 다음 해는 과갑過甲[2]이라고 한다.

앞서 언급한 『임하필기』에서 보듯이 회갑 이후의 나이는 모두 하늘이 내린 것이라 하여 회갑을 맞이하는 일이 당시에 상당히 귀한 일이었음을 알 수 있다. 이 점은 『순암집』에도 나타난다.

금년 신축년은 족제 성필이 회갑을 맞는 해이다. 사람이 50년만 살면 요절夭折이라고 하지 않는데, 하물며 10년을 더해 천체天體가 일주를 하였음에랴. 더구나 나는 나이가 열 살이나 더 많아 일흔의 형으로서 예순 하나가 되는 아우를 경축하게 되었으니, 이 또한 기이한 일이다. 이미 60~70년의 세월이 흐르는 동안 착한 일을 했는지 나쁜 일을 했는지는 알 수가 없지만 앞으로 살아갈 1~2년 혹은 10~20년 동안 다행히 큰 잘못이나 없을는지. 세상 사람들은 장수를 경축할 때에 반드시 남극성南極星이나 거북·학 등을 끌어다 대곤 하는데, 이것은 거의 지푸라기로 만든 개와 같은 것이니 실로 일컬을 것이 못 된다. 성인이 '소나무와 잣나무는 늦게 시든다'는 송백후조松栢後凋란 비유를 하셨으니, 사군자가 몸을 세우고 행하는 것이 전적으로 말년의 절개에 있는 것이다. 능히 세한歲寒의 지조를 온전히 하여 온전하게 태어난 이 몸을 보전하여 돌아가는 것이 그대와 나의 공통적인 바람이다.[3]

50년만 살아도 요절이 아니라고 말하면서 열 살 차이 나는 형제간에 회갑을 지난 형이 동생의 회갑을 볼 수 있는 상황 자체를 기이하다고 생각하고 있다. 오래 사는 것(長壽)은 부유함(富), 몸이 건강하여 마음이 편안한 것(康寧), 도덕 지키기를 낙으로 삼는 일(攸好德), 제 명대로 살다가 편안하게 죽는 것(考終命)과 함께 오복 중의 하나이다. 오복의 하나를 누렸으니 축하할 만한 날인 것이다.

작자 미상의 《평생도》 중 〈회갑〉을 보자. 회갑을 맞은 부부 앞에 별도의 상이 놓이고, 자제로 보이는 이가 헌수를 하고 있으며, 사랑채로 보이는 곳에는 축하객들이 잔치 음식을 먹는 모습이 보인다. 회갑의 대상이 부부 중 한 분인지 아니면 두 분 다인지는 알 수 없다. 부부가 같은 나이에 결혼해 둘 다 예순 살까지 살기 쉽지 않기 때문에 둘 중 한 분의 회갑일 가능성이 있긴 하지만, 부부가 함께 회갑을 맞는 일이 전혀 없는 것도 아니었다. 이덕무의 『청장관전서』에는 이런 이야기가 나온다.

머리 흰 부부는 고금에 드무나니
빛나는 노인성老人星 두 옷깃에 비추네.
잔을 들어 같은 해에 태어났음을 축하하고
수건을 다니 옛 갑자 돌아옴이 즐겁네.
소반 과일 무르익어 선도仙島의 귤 같고
섬돌 꽃의 향기는 수천壽泉의 술에 엉겼네.
배꽃 같은 얼굴 달래 같은 머리
팔십까지 해로하길 기약하니
이는 꽃다운 인연이 전생부터 깊었기 때문일세.[4]

그림에 보이는 부부 한 쌍의 회갑이라고 한다면, 이보다 경사스러운 일은 없었을 것이다. 회갑상은 안방이나 대청에 차려진다. 회갑상은 교자상이라고 하는 가장 큰상인데, 진설한 음식이 많을 때에는 두 개 이상 쓰기도 한다. 구한말의 애국지사 최익현崔益鉉(1833~1906)은 자기 회갑 때의 소회를 이렇게 남겼다.

작자 미상, 〈평생도〉 중 〈회갑〉 조선의 양반들은 환갑을 며칠 앞두고 수연시壽宴詩의 운자韻字를 내어 친척이나 친지에게 알려 시를 짓게 하고, 잔칫날 지은 시를 발표하면서 흥을 돋우었다. 이때 지은 시들을 모아 시첩을 만들어 대대로 전하기도 했다. 국립중앙박물관 소장.

이미 지나간 세월을 회고할 때 나이가 나보다 많은 사람도 있고, 나와 같은 사람도 있고, 나보다 적은 사람도 있다. 그러나 이 세상을 마칠 땐 혹 스물에서 서른 살에 마치거나 마흔에서 쉰 살에 마치며 환갑까지 가는 자는 대개 드물다. 그러므로 수壽란 오복의 하나요, 또 달존達尊*의 하나라 하니 성인들이 소중하게 여기는 것이 괴이하지 않다. ……나는 타고난 자질이 위약하여 열 살 때부터 서른 살 안팎에 이르기까지 하루도 병이 없는 날이 없었고, 병이 나면 반드시 거의 죽을 것만 같다가 다행히도 다시 일어나곤 했다. ……마침 가정이 평온하고 육친이 무사하며 약간의 음식을 장만했는데 손님들도 모였으니 돌아가신 부모 환갑에 비교하면 너무 참람하고 과분한 일이다. 부모님 생각과 형제를 생각하는 회포 때문에 진실로 차마 환갑의 술잔을 받을 수 없으나 어찌 나의 소감만으로 자손들의 정리를 전연 무시할 수 있겠는가. 부득이하여 중당에 자리를 펴고 나는 사촌 아우와 동쪽에 앉고, 부인은 형수와 함께 서쪽에 앉았으며, 그 밖에 일가들이 차례로 서서 잔 들이기를 예절에 맞추어 했다. ……아아, 하늘이 나에게 준 것이 너무도 후하구나. 나의 한평생을 돌아보아도 한 가지 잘한 일이 없으니 소인과 범부와 같이 되었다. 어찌 슬프지 않으랴. 옛사람은 예순, 아흔에도 덕이 더욱 증진하는 사람이 있다고 했다. 나는 지금부터 이후의 남은 생애를 오직 하늘에 일임할 뿐이다. 비록 하루에도 과실이 있으면 뉘우칠 줄 알고 뉘우치면 고쳐서 혈기는 쇠퇴했지만 분발하는 공부는 게을리하지 않을 것이다. 그것이 과거의 흉한 것을 덜고 미래의 길한 것을 이룰 수 있으면, 이것이 곧 스스로 깨우칠 바이며 서로 바로잡아 주고 조심해야 할 것이다. 늙었다는 이유로 버리지 말아 주기를

• 세상 사람이 모두 존경할 만한 사람.

나를 사랑하는 여러 군자에게 바라는 바이다.[5]

　자신이 살아온 삶이 말로 형언하기 어려운 과정을 겪었음을 표현하면서 이후의 삶은 하늘에 맡긴다고 적었다. 그는 회갑 잔치 때 자신은 사촌 아우와 함께 동쪽에, 부인은 형수와 함께 서쪽에 앉았고, 친척들이 헌수를 예에 맞게 했다고 했다. 사촌 아우나 형수와 같이 앉는 것은 모르겠지만, 〈회갑〉을 보면 부부 중 한 명의 회갑이라 해도 부부가 함께 헌수를 받는 것이 일반적인 모습이 아니었나 싶다.
　회갑 날은 단순히 장수를 자축하는 날만은 아니었다. 자신이 오래 산 만큼 자신을 낳아 준 부모에 대한 마음을 확인하는 날이기도 했다. 그래서 회갑을 맞는 사람은 부모가 생존하고 있을 때는 색동옷을 입고 부모에게 절을 하고, 어린애처럼 기어 다니며 재롱을 떨기도 했으며, 돌아가셨을 때는 애절한 마음을 표하기도 했다.

　또 말씀하기를 "금년은 바로 내가 태어난 해로서 이른바 세속에서 말하는 환갑이다. 그래서 일찍 돌아가신 부모님에 대한 아픈 마음이 다시 더욱 새롭게 인다. 그러니 너희는 혹시라도 내가 태어난 날이라 하여 잔치를 벌이고 풍악을 연주해서 어버이를 그리는 나의 이런 마음을 더욱 무겁게 하는 일이 없도록 해라"라고 말했다. 이에 주부 등이 다시 일어나서 재배를 올리고는 말하기를 "명하신 대로 따르겠습니다" 했다. 이윽고 물러 나와서 서로 의논하여 말하기를 "옛날의 현인들도 어머니의 생신일을 축수하는 시가 있었다. 그런데 어찌 자식 된 도리로 생신날에 기념하지 않고 그냥 가만히 있을 수가 있단 말인가. 그렇지만 아버지의 명이라 이를 어길 수도 없다. 그러니 따로 날을 받아 이날 당에 올라 상수上壽를 올린다면,

작자 미상, 회갑 잔칫상 옛사람들은 환갑만 살아도 큰 경사로 여겼다. 그래서 환갑상에 놓였던 밤이나 대추를 얻어다가 자손들에게 먹이면서 장수를 빌기도 했다.

아버지의 명을 어기지 않으면서도 우리의 경축하는 정성 또한 조금은 펼 수가 있을 것 같다. 그러나 이 또한 여쭈어 보지 않을 수 없다" 하고는 마침내 들어가서 아뢰었다. 대부께서는 대답이 없었다.

그러다가 천천히 말씀하기를 "이제 나도 늙었다. 내가 어려서 부모님을 여의고 항상 오래 봉양하지 못한 것을 애통하게 여겨 왔다. 그런데 이제 너희 어린것들이 자라서 벌써 벼슬을 하게 되었으니, 내 차마 너희에게 지금 내가 이처럼 아파하는 마음을 이 다음에 또 가지게 할 수야 있겠느냐"라고 했다. 이에 주부 등이 이처럼 허락을 받고는 3월 어느 날로 날을 받아 자리를 마련하고 음식을 차린 뒤에 친구와 손님들을 불러서 즐겁게 해 드렸다.[6]

환갑이 되었지만 돌아가신 부모님에 대한 생각에 잔치를 하지 않으려

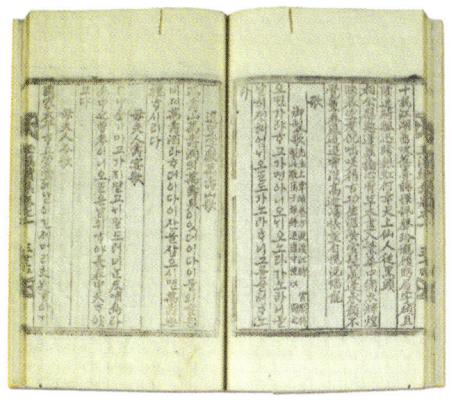

「옥계집」 노진이 지은 글을 모은 문집이다. 『춘향전』에 나오는 이몽룡의 실제 모델로 회자되기도 하는 노진은 조선시대에 청백리로 유명했다.

는 환갑 당사자의 마음을 엿볼 수 있다. 결국에는 자식들의 간청에 날을 잡고 손님들을 불러 잔치를 벌이기는 했지만, 이는 부모에 대한 자식의 마음을 이해했기 때문이다. 자신의 회갑 잔치를 열지 않았을 때 자식들이 가질 애절함이 자신의 마음과 같을 것이라는 판단 때문이었던 것이다.

만약 자식이 회갑을 맞을 때까지 부모가 살아 있었다면, 그 부모는 어떻게 자식을 축하해 줬을까. 『임하필기』에는 민노행閔魯行의 어머니가 일흔아홉에 그 아들이 회갑이 되자, 옅은 녹색 조삼朝衫과 짙은 녹색 창의氅衣를 만들어 주었다는 이야기가 나온다. 회갑을 맞았어도 어머니의 눈에는 여전히 귀여운 아들이었던 것이다. 민노행의 어머니는 나이 아흔을 훌쩍 넘긴 나이에 세상을 떠나 '백세노인'이라 불리기도 했다.

이렇게 부모가 회갑을 맞으면 그 자식들은 부모의 장수를 기원하며 술을 올리고 시를 지어 바치기도 했다. 조선 중기에 살았던 옥계玉溪 노진 盧禛(1518~1578)이 어머니의 회갑에 지어 바친 시조가 있다.

만수산萬壽山 만수동萬壽洞에 만수천萬水泉이 있습니다.
이 물로 술을 빚어 만수주萬壽酒라 하더이다.

이 잔을 잡으시면 만수무강萬壽無疆하시리다.

만수산은 현실 속에 존재하는 산이 아니라 만수, 즉 장수를 강조하기 위해 지어낸 산이다. 즉 만수산이라는 곳에 만수동이란 곳이 있고 그곳에는 만수천이 있어서, 그 물로 술을 빚어 부모에게 올리면 영원히 사실 것이라는 축원을 담은 것이다.

회갑에는 가족뿐 아니라 주위의 지인들도 초대했는데, 『하재일기』를 보면 귀천 김규식의 회갑연에 지규식과 원중院中의 여러 어른들이 초대받아 가기도 했음[7]을 볼 수 있다. 잔치에 참석한 하객들은 시를 지어 축원하기도 했는데, 아래의 작품은 김삿갓이 어느 집의 회갑 잔치에서 지은 유명한 시이다.

저기 앉은 저 노인네 사람 같지 아니하고
마치 하늘에서 내려온 신선인가 하노라.
슬하에 일곱 자식이 모두 도둑놈인 것이
하늘에서 복숭아를 훔쳐다가 잔치를 빛내누나.

김삿갓이 회갑을 맞은 이보고 사람 같지 않다는 첫 구절을 읊자 자식들이 모두 화를 냈다. 사람 같지 않다는 말을 듣고 좋아할 이는 없지 않겠는가. 하지만 하늘에서 내려온 신선이라고 하는 둘째 구절을 듣고 나서는 모두들 좋아했다. 다시 자식이 도둑놈 같다고 하는 셋째 구절을 들었을 때는 회갑 맞은 이의 자식들이 기분이 나빴을 것이 분명하다. 하지만 천도복숭아를 올렸다는 넷째 구절을 읊었을 때는 역시 모두들 좋아했을 것이다. 시 하나로 사람을 웃고 울리는 김삿갓의 천재성을 엿볼 수 있는 대목이다.

그러나 회갑을 맞이하는 사람이 병중에 있으면 잔치를 베풀지 않고, 그해의 운이나 환갑날이 음양학적으로 불길하면 잔치를 베풀지 않고, 길일을 택해 환갑날보다 앞서 잔치를 하기도 했다.

잔치를 벌일 때 방에 들어갈 자리가 없으면 마당에 천막을 쳐 놓고 그곳에서 음식을 대접하기도 했다. 그리고 지인이 아니라 생면부지의 사람이나 지나가는 나그네라도 맞아들여 술과 음식을 대접했다. 잔칫날에 많은 손님들이 찾는다는 것은 그만큼 그 집의 높은 덕망과 사회적 명성을 증명하기 때문이다.

혼인하여 60년을 해로하다 — 회혼례

앞에서 보았듯이 한 사람이 태어나 60년을 사는 건 매우 드문 일이있다. 하물며 부부의 연을 맺은 후, 60년을 같이 산다는 것은 정말 쉽지 않은 일이다. 생각해 보면 회갑이나 회방연은 혼자 장수하면 되지만 회혼례는 부부가 모두 살아 있어야만 가능하다. 따라서 부부로 60년을 산 것은 진심으로 축하할 일이었다. 이를 기념해 자손들이 그 부모를 축하하는 잔치가 바로 회혼례回婚禮였다. 『해동죽지』에는 이렇게 기록되어 있다.

옛날 풍속에 결혼한 때가 다시 돌아온즉 신혼의 예를 베풀었는데, 경사를 일컬어 '회혼례 잔치'라 한다.[8]

회혼回婚은 회근回巹이라고도 하는데, 유교적인 예식의 하나로 언제부터 행해졌는지는 명확히 알 수 없으나, 우암尤庵 송시열宋時烈(1607~1689)의 문집인 『송자대전』宋子大全에 보면 1686년 「권치도〔권상하權尙夏(1641~1721)〕에게 답한 글」의 '별지'別紙에 "회혼례라는 말은 근래 사대부의 집안에서 나온 것"⁹이라고 적고 있어 그즈음부터 시작된 의례로 보인다. 어쨌든 이 행사는 조선시대에 사족을 존중하는 사회 풍토에서 성행했음이 분명하다. 최근에도 간혹 행해지는데, 이를 서양에서는 다이아몬드 웨딩, 금강혼식金剛婚式이라 부른다. 다산 정약용도 회혼례에 관한 시를 남겼다.

> 해로하는 군자에게 복록이 두텁도다.
> 노인이 되어 이가 새로 나니, 향주머니를 스스로 매네.
> 삼월이라 늦은 봄에 혼인할 날을 잡고서
> 옛 법만을 따르니 모두가 올바른 예의로세.
> 군자의 좋은 배필이라 화평하게 즐긴다네.
> 옛 임이 얼마나 좋은가 이제 만난 사람 같네.
> 징검돌 위에 노는 원앙새 자웅이 얼마나 다정한가.
> 더구나 사람치고 구인舊人을 생각지 않을 것인가.
> 군자에게 효자 있어 바가지로 술 권하고
> 우줄우줄 춤을 추며 애쓰셨다 말을 하네.
> 술잔이 오고 가고 노끈을 매었으니
> 구릉처럼 장수하기 비옵니다.¹⁰

회혼례와 관련해서 대표적인 그림으로는 작자 미상의 《회혼례첩》이 있다. 회혼례를 올릴 때는 노부부가 신혼 때와 똑같이 대례청大禮廳을 차

작자 미상, 〈회혼례첩〉 부분 늙은 신랑이 초례청에 입장하고 있다. 국립중앙박물관 소장.

리고 혼례식을 치른다. 위의 그림은 신랑의 초행 장면이다. 안채의 대청에는 햇빛을 막는 차일을 치고 대례청을 차렸다. 그리고 안채 담장 너머에서는 수염이 허옇게 난 신랑이 지팡이를 짚고 회혼례를 하기 위해 대례청이 설치된 곳으로 가고 있다. 그 앞에는 나이가 있어 보이는 이가 기러기를 안고 있다. 이는 60여 년 전 혼인할 때 신랑이 신부집으로 오던 초행 장면을 재현하는 듯하다. 과거에는 집안에서도 남녀를 구별하여 생활했다. 남자는 바깥일을, 여자는 집안일을 맡아 했다. 그 때문에 생활 공간도 남성이 거주하는 바깥채와 여성이 거주하는 안채로 나뉘었다. 늙은 신랑이 남성의 공간인 바깥채에서 여성의 공간인 안채로 들어가고 있는데, 이는 남성이 젊었을 때 자신의 집을 떠나 혼인하려고 여성의 집으로 가는 장면을 연상시킨다. 같은 의미로 초행 모습을 재현하고 있는 것이 아닌가 생각된다.

대례청으로 입장을 한 신랑이 신랑·신부가 맞절을 교환하는 교배례를 한다. 잔치 주인공들 주위로 신랑 편에는 갓을 쓴 사내들이, 신부 편에는 족두리를 쓴 여인들이 옆에서 돕고 있는데, 이들은 이 두 주인공의 자식과 며느리 그리고 사위일 것이다. 갓을 쓴 수염이 나지 않은 젊은이와 댕기머리 소년·소녀는 주인공의 손자·손녀로 보인다. 자손들이 잔치를 같이하고 있는 것이다. 사위가 기러기아범(雁夫)이 되고, 아들이 행사를 진행하는 집사執事가 되며, 며느리와 딸은 신부의 단장을 해 주고 예절을 행할 때 거들어 주는 수모手母가 된다.

이어서 술잔과 표주박에 각각 술을 부어 마시는 근배례巹杯禮를 드린다. 김홍도의 《평생도》 중 〈회혼례〉 그림을 보면 목재로 만든 단 위에 햇빛을 막는 천막인 차일이 쳐지고, 그 아래에 잔치상이 차려져 있다. 잔치 음식과 함께 대홍촉大紅燭 한 쌍이 불을 밝히고 있으며, 이를 중심으로 사모紗帽·관대冠帶와 원삼圓衫·족두리로 꾸민 신랑과 신부가 서 있다. 이 그림에서는 앞의 《회혼례첩》 그림이 먼 거리 시점으로 그린 것이라 확인하기 어려웠던 신랑과 신부의 얼굴을 분명하게 확인할 수 있다. 이도 다 빠지고 주름도 얼굴 한가득이다. 신부야 원래 수모가 일을 거들기 때문에 그렇다 쳐도 신랑도 부축을 받고 있다. 부축을 받아야 할 정도로 기력이 쇠한 것이다. 신랑과 신부의 손에 잔이 들려 있으니 근배례를 행하는 것이리라. 근배례는 합근례라고도 하는데, 표주박 잔이 둘로 나뉘었다가 원래대로 하나가 되었음을 선언하는 의식이다. 이는 남자와 여자가 따로 태어났다가 한 몸이 된다는 의미이다.

김홍도, 〈평생도〉 중 〈회혼례〉 사모와 관대를 쓴 노신랑, 원삼과 족두리를 쓴 노신부의 모습이다. 그 옛날 혼인 때의 두근거림은 없으나 오랜 세월 같이한 두터운 정이 쌓였다. 국립중앙박물관 소장.

작자 미상, 〈회혼례첩〉 부분 1   자손들이 어른에게 술을 올리는 헌수 절차는 큰아들 내외의 인도를 받아 진행되었다. 회혼례는 부모에 대한 효의 차원도 있었지만, 혈연과 문중 중심의 사회에서 자기 가문의 우월성을 과시하는 행사이기도 했다. 중앙국립박물관 소장.

　　단 아래에는 잔치를 구경하는 아녀자들이 부러운 듯 쳐다보고 있다. 대개 앞치마를 두르고 있는 것으로 봐서 음식을 만들다가 구경하러 온 모양이다. 왼편 아래에서 머리에 가체 비슷한 것을 두르고 있는 노파가 조금 애처로워 보인다. 이 노파도 잔치 주인공들처럼 주름진 얼굴에 이가 빠지고 없다. 아마도 잔치의 주인공들과 비슷한 연배이리라. 만약 남편과 사별한 처지라면 이 잔치를 보는 노파의 심정이 어떠했을까.
　　그림에서는 축하하러 온 하객들이 보이지 않는다. 집안사람들끼리만 조촐하게 자축하려고 한 걸까.

《회혼례첩》 부분 1 그림에는 자식 혹은 친척으로 보이는 이들의 헌수 장면이 보인다. 헌수는 술을 올리면서 축하하는 것인데, 차일을 친 대청 아래 병풍을 치고 그 앞에 큰상을 받은 주인공 노부부가 보인다. 큰상은 붉은 옻칠을 한 둥근 상으로 그 옆에는 각각 검은 옻칠을 한 호족상虎足床이 보인다. 큰상 앞에는 술잔을 올리는 남녀의 모습이 보인다. 헌수를 하는 모양이다. 그리고 두 줄로 각기 상을 받은 이들의 모습도 보인다. 노부부 가까운 쪽에서 마당 쪽으로 보면 나이가 많은 이에서 어린아이의 순서로 앉아 있음을 볼 수 있는데, 자세히 보면 두 줄로 앉은 이들의 차림이 약간 다르다. 앞줄에 앉은 이들은 머리에 꽃을 꽂고 있는 반면, 뒷줄에 앉은 이들의 머리에는 꽃이 없다. 이 차이는 무엇일까. 앞줄이 회혼례를 한 노부부의 직계 자손이고, 뒷줄은 직계가 아닌 친척들이 아닐까. 지금 헌수하는 이들은 큰아들 부부로 생각되는데, 이는 앞줄의 첫 번째 자리에 보이는 빙석이 비어 있기 때문이다. 이후 둘째아들 부부가 헌수를 하고 아들 부부의 헌수가 끝나면 시집간 딸과 사위가 헌수를 올렸다.

　이어지는 《회혼례첩》 부분 2 그림을 보면, 동일한 장소에서 신랑만 큰상을 받고, 큰상 앞에는 헌수를 올리는 사람이 보이고 양옆으로 하객들이 각각 독상 앞에서 음식을 먹는다. 또 무희가 짝을 이루어 춤을 추고, 삼현육각의 악사들이 반주를 한다. 그리고 마당에는 하객으로 보이는 이들이 도착하는 장면이 묘사되어 있다. 그런데 이 《회혼례첩》 부분 2 그림에서는 노신부의 모습이 보이지 않는다. 이는 앞서 《평생도》 중 〈회혼례〉 그림에서 하객들의 모습이 보이지 않았던 것과 같은 이유에서다. 남녀가 엄격하게 구별된 사회인지라 아무리 경사스러운 자리라 해도 여성을 외부에 노출시키지 않으려는 사대부가다운 모습이다. 그림에 보이는 하객도 모두 남성이니 여인네들은 다른 곳에서 모임이라도 하고 있었던 것이

작자 미상, 〈회혼례첩〉 부분 2 비단에 채색한 18세기의 작품이다. 회혼례는 장수와 복을 상징하는 중요한 행사로 노부부가 회혼을 맞아 혼인식을 재연했다. 국립중앙박물관 소장.

아닐까.

요즘은 평균 수명이 늘어나서 부부로 60년을 함께한 이들이 많을지도 모른다. 하지만 직장 생활이나 학업 또는 경제적 이유로 결혼이 자꾸 늦추어지고 이혼율도 높아져만 가니, 오히려 회혼례를 하는 부부의 모습은 더 보기 힘들어진 게 아닐까?

급제 60년을 축하하다 — 회방연

회방연回榜宴은 생원·진사시나 문과 등의 과거에 급제한 후 60년이 지난 뒤에 열리는 잔치이다. 회갑은 태어나서 60년을 기념하는 것이니 예순에, 혼인을 대략 열다섯에서 스무 살에 하니 회혼례는 대략 일흔 살에서 여든 살 사이에 할 수 있었겠지만, 회방연은 문과 급제의 평균 나이가 30대 후반임을 고려한다면 거의 아흔 살이 되어야 가능했다. 그러니 실제 문과 급제로 회방연을 한 사람은 많지 않았을 것이다. 상대적으로 좀 더 젊은 나이에 합격하는 소과인 생원·진사시 합격자의 회방연이 그나마 가능성이 높다고 할 수 있다. 『해동죽지』에는 이런 기록이 있다.

> 옛 풍속에 과거 창방한 날이 다시 돌아 일갑一甲이 되면, 어전에서 다시 홍패를 내리고 사악賜樂과 사개賜盖의 영광이 있었다. 또한 다시 일급을 더해 주고 조정에 와서 솔방率榜을 하는데, 이름을 '회방 잔치'라 한다.[1]

현재 전해지는 회방연과 관련된 그림 가운데에《만력기유사마방회도첩》萬曆己酉司馬榜會圖帖이 있는데, 이 그림은 광해군 원년(1609)에 사마시, 즉 생원·진사시에 급제한 사람들이 60주년을 맞아 현종 10년(1669)에 회방연을 개최한 사실을 기록한 화첩이다. 회방연에 참석한 이는 당시 생존자로 여든하나인 전 이조참판 이민구李敏求(1589~1670), 아흔하나인 동지돈녕부사 윤정지尹挺之(1579~?), 여든다섯인 동지중추부사 홍헌洪憲(1585~1672) 등 세 사람뿐이다.

모임 장소는 장원으로 합격했던 이민구의 집이다. 대문 밖에는 연회에 참석한 이들이 타고 온 말과 초헌이 보인다. 초헌은 종2품 이상의 벼슬

작자 미상, 《만력기유사마방회도첩》 중 일부 과거에 급제한 지 60주년이 되는 해를 기념하는 것이 '회방'이다. 과거 급제를 기념하는 것이니, 보통 회방연은 같은 해에 급제한 동기간의 모임이었다. 고려대박물관 소장.

에 있는 사람이 타는 수레였으니 이 잔치에 모인 사람들의 직급이 매우 높았음을 알 수 있다. 마당의 넓은 공간에는 차일과 병풍을 설치하고 헝겊으로 가장자리를 꾸미고 여러 개를 마주 이어서 크게 만든 돗자리인 지의地衣를 깔았다. 차일 아래에 북쪽에는 회방자 세 사람이 앉고 맞은편에는 이경석을 비롯해서 잔치에 참석한 다섯 사람이 앉아 있다. 노란색 관을 쓴 무동 둘이 춤을 추고 기녀 다섯과 악공 넷이 악기를 연주하고 있다. 술시중을 드는 시종들의 위로 올려 묶은 머리 모양이 특이하다. 이 그림은 대문 밖 정경까지 포함시킨 화면 구성, 한쪽으로 치우쳐 잡은 연회석, 둥글

고 단순한 차일의 형태 등 17세기의 '사가행사도'私家行事圖의 특징을 잘 보여 준다.[12]

문과 급제자로 60주년을 맞은 사람이 없었던 것은 아니다. 『숙종실록』을 보면 숙종이 급제한 지 60주년이 되는 지중추부사知中樞府事 이광적李光迪에게 쌀·고기·베·비단 등을 내리고 있다. 숙종은 이광적에게 어사화를 다시 내리기도 했다.

> (숙종이) 하교하기를 "급제한 지 회갑이 되는 것은 참으로 드문 일이므로 참으로 귀하게 여길 만하다. 옛일을 본떠 우대하는 특전을 보여야 하니, 지사 이광적에게 꽃을 만들어 내리라"고 했다. 이광적이 드디어 꽃을 머리에 얹고 전문箋文을 받들고서 대궐에 나아가 배사拜謝하니, 임금이 선온을 내려 수고한 것을 치하했다. 한때 전하기를 성대한 일이라 했다.[13]

이광적이 어사화를 꽂고 임금인 숙종에게 사은하고 있다. 회방을 맞은 이에게 어사화를 내린 경우는 송순宋純(1493~1582)에게서 그 사례를 찾을 수 있다.[14] 이광적이 어사화를 받은 일은 후에 선례가 되어 회방을 맞은 이들을 대우하게 되었다. 정조 10년(1786)의 기록에는 다음과 같이 나온다.

> 지사 강항이 화모花帽에 공복公服을 갖추고 와서 사은했다. 삼가 숙조肅祖께서 지은 「고 판서 이광적에게 하사하다」라는 시에 차운次韻하여, 각신 정대용鄭大容에게 명하여 펼쳐 읽고서 하사하게 했다. 또 내구마內廐馬·내취內吹·무동舞童 및 화개華蓋를 하사했는데, 화개는 그대로 가지고 고향으로 돌아가 영광을 빛내도록 했다. 이어서 무과 회방인 서정문徐挺

文의 집에서 회연會宴하라고 명했다.[15]

이렇게 회방을 맞은 강항이 사은을 하자 이광적의 고사가 인용되고 있는 것이다. 무과 회방인 서정문의 집에서 잔치를 열게 하고 있는데, 문과와 무과 모두 회방연을 하도록 해 주었음을 알 수 있다.

숙종은 내사복시內司僕寺에서 기르던 말인 내구마, 선전관청宣傳官廳에 딸린 악사인 내취 그리고 무동 및 육각 모양의 햇빛 가리개인 화개를 하사했는데, 회방을 축하하는 유가를 하게 한 것이 아닌가 싶다. 작자 미상의 〈회방례〉回榜禮 그림에 유가 장면이 보이기 때문이다. 이 그림을 보면 홍패를 든 두 사람이 맨 앞에 가고, 그 뒤로는 악대와 광대가 보인다. 그리고 어사화를 꽂은 복두를 머리에 쓴 주인공이 말이 아닌 평교자에 타고 있다. 말을 타고 유가를 하기에는 체력이 달렸을 것이다. 그 뒤에는 초헌을 탄 사람이 뒤따르고 있다. 초헌을 타고 있으니 종2품 이상의 벼슬아치로 보이

작자 미상, 《평생도》 중 〈회방례〉　　국립중앙박물관 소장.

는데, 누구인지는 불분명하다. 혹 아버지의 회방연을 축하하기 위해 뒤따르는 아들이 아닐까?

그렇다면 회갑과 회혼례 그리고 회방연을 모두 행할 수 있던 사람이 도대체 얼마나 있었을까? 많지 않았을 것이다. 개인의 의지로 할 수 있는 일이 아니었기 때문이다. 본인이 장수해야 할 뿐 아니라 자식도 모두 탈이 없어야 했으므로 실제로 이 세 가지를 모두 경험하는 사람은 매우 드물었을 것이다.

『계서야담』에는 회갑과 회혼·회방을 모두 치른 이로 선조 대부터 효종 대까지 살았던 심액沈詻(1571~1654)을 들고 있다. 심액은 선조 22년(1589) 사마시에 합격하고, 1596년 정시 문과에 병과로 급제하여 검열檢閱이 되면서 벼슬살이를 시작해 1647년 형조·예조·이조의 판서를 역임하고, 청송군靑松君에 봉해졌으며, 효종 3년(1652) 판의금부사判義禁府事로 기로소에 들어간 인물이었다. 그는 나이 여든이 넘어서 회혼과 회방연을 치렀는데, 이때 큰아들 심광수沈光洙는 승지承旨이고, 둘째아들 심광사沈光泗는 벼슬이 종친부의 종5품인 전부典簿였다. 심액은 손자가 일곱 명이었고 문과 급제자가 다섯 명이나 되었으며, 내외의 자손을 합쳐 칠십여 명이었다고 한다.

심액을 조상으로 둔 문중 사람들은 친족계인 화수계花樹契를 맺어 각자의 생일날이면 술과 안주를 차려 놓고 심액의 앞에서 축수를 했다 한다. 그런데 이런 날이 열두 달 중에 거르는 달이 거의 없었고 어느 달에는 겹쳐 행할 때도 있었다 하니 세상 사람들이 얼마나 부러워했을까.

7장

삶과 죽음의 갈림길

3년으로 부모의 은혜를
어찌 다 갚나

머리를 풀어 헤치고 소매를 빼어 입으며
삼베옷을 걸치고 대나무 지팡이를 짚는다
움집을 짓고 3년을 옆에서 매일같이 공양을 드려도
그리운 마음은 지워지지 않는구나

죽음 앞에서 느끼는 슬픔에 귀천은 없을 것이다. 하지만 조선 양반의 죽음을 애도하는 기간은 유난히 길고 복잡했다. 그 긴 시간 동안 벌어지는 모든 일들을 일러 '상례'라 했다. 상례는 초종에서 장례를 거쳐 탈상에 이르기까지 25개월의 오랜 기간이 소요되는 단계별 의식을 총칭한다. 조선시대 상례는 어떻게 진행되었을까? 조선 중기의 문신이며 학자인 김성일의 시문집인 『학봉집』鶴峯集을 보면 대강 그 순서를 알 수 있다.

- 솜으로 숨이 끊어졌는가를 살펴보는 속광屬纊
- 혼을 부르는 복復
- 입이 다물어지지 않도록 하는 설치楔齒
- 망자를 씻기고 수의를 입히는 습襲
- 구슬과 쌀을 입에 채우는 반함飯含
- 사자의 시신에서 이탈한 혼이 깃든 혼백魂帛과 그 혼백을 올려놓는 자리인 영좌靈座 설치
- 명정銘旌 설치와 치관治棺
- 시신을 옷과 이불로 싸는 소렴小殮과 입관하는 대렴大殮

· 아침저녁으로 식사를 올리는 상식上食

· 초하루와 보름에 올리는 은전殷奠

· 장사葬事

· 반혼返魂 후 우제虞祭

· 졸곡제卒哭祭

· 1년 후 소상小祥

· 2년 후 대상大祥

· 담제禫祭

· 길제吉祭

　이 긴 과정을 크게 둘로 나누면 초종으로부터 목욕-습렴-성복과 제문-치장-반혼-상제·담제·길제 등으로 나눌 수 있다. 대략은 이렇게 나눌 수 있지만 상례 절차는 집안 혹은 지역에 따라 큰 차이가 나므로 일괄적으로 서술하기 어렵다. 『이향견문록』에는 유희경劉希慶(1545~1636)이 상례에 밝아 국상 혹은 사대부가에서도 그를 불러다 상례를 맡아보게 했다는 이야기가 나온다. 그만큼 상례가 집안마다 사람마다 달라 '밝은 이'를 찾아 의견을 물었던 것이다. 여기서는 『학봉집』에 기재된 순서를 중심으로 살펴보자.

불러도 대답 없는 이름이여

　상례의 제일 첫 단계는 아마 '죽음'의 확인일 것이다. 여기에는 망자의 유언·임종·습의 절차가 포함된다.

사람이 운명할 기미가 보이면 그를 깨끗한 옷으로 갈아입히고 가족들이 모여 임종을 지켜본다. 삶의 마지막 호흡이 끊기면 입이나 코에 솜을 대어 숨이 끊어졌는지를 확인하는 속광을 한다. 솜을 이용하는 것은 솜이 가늘고 가볍기 때문에 호흡이 조금이라도 남아 있는지 여부를 가장 잘 살필 수 있기 때문이다. 망자의 숨이 끊기면 시신을 동쪽으로 눕힌다. 그 이유는 생성과 재생의 방위라는 동쪽에 시신을 놓고 되살아나기를 기대했기 때문이다.

다음으로 죽은 자의 혼을 부르는 의식을 하는데 이를 '복'復 또는 '초혼'招魂이라고 했다.『택당집』澤堂集*에 실린 목사牧使 이육李堉에 대한 만사挽詞를 보면, "(망자의) 침실 지붕에 올라 고모복皐某復을 하면서 옷을 세 차례 흔든다"고 설명한다. 이를 통해 당시 초혼의 모습을 살필 수 있다. 이는『예기』「예운」禮運과『의례』儀禮「사상례」士喪禮에 "사람이 죽으면 지붕 위에 올라가 옷을 가지고 혼을 부르며 '아무개여 돌아오라'(皐某復)고 하고 세 차례를 반복한다"고 말한 데서 그 연유를 찾아볼 수 있다.

초혼 절차는 지방마다 다소 차이가 있으나 크게 다르지는 않았다. 죽은 사람의 종 또는 머슴이 죽은 사람의 웃옷을 갖고 지붕 위로 올라가 선 다음 왼손으로 옷깃을, 오른손으로는 옷허리를 잡고 북쪽을 향해 흔들면서 큰소리로 죽은 이의 이름을 부른다.

남자가 벼슬을 했으면 관직명을 함께 부르고, 여자의 경우는 남편의 관직과는 관계없이 평소에 남들이 부르던 이름을 부른다. 이름을 부를 때는 이름에 앞서 주소를 먼저 외치고 "복, 복, 복" 하고 세 번 소리친다. 이때 사용되는 죽은 이의 옷을 '복의'復衣라고 한다. 이러한 습속을 '돌아올

---

* 조선 중기의 문인 이식李植(1584~1647)의 시문집.

고복하는 모습 고복은 '초혼招魂'이라고도 한다. '복'은 죽은 사람의 흐트러진 혼을 다시 불러들인다는 뜻인데, 사람이 죽으면 생전에 가까이 있던 사람이 망자가 평소에 입던 홑두루마기나 적삼의 옷깃을 왼손으로 잡고 오른손으로는 옷의 허리 부분을 잡고 마당에 나가 마루를 향하여 "복, 복, 복 모관모씨某貫某氏 속적삼 가져가시오" 하고 세 번 부른 다음 지붕 꼭대기에 올려놓거나 사자의 머리맡에 두었다.

'복腹' 자를 써서 '복'이라 부르는 것은 옛사람들이 죽음을 혼이 육체에서 이탈한 것으로 믿고 혼이 다시 돌아와 죽은 이가 재생하라는 뜻에서 붙여진 이름이다.

1950년에 출간된 프랑스 여행 주간지 『주르날 데 브와야지』Journal des Voyages에는 바로 이 초혼 의식을 하는 모습이 나온다. 8월 20일자 표지에 '조선의 장례식―아이고! 아이고! 아이고!'라는 제목으로 이 초혼 의식을 하는 삽화가 그려져 있다.[1] 지역에 따라서는 지붕에 올라가지 않고 죽은 이의 웃옷을 벗겨 이름을 부르면서 왼손으로 세 번 돌려 지붕 위에 던지기도 했다.

초혼을 하는 이는 북쪽을 바라보는데, 북쪽을 보는 이유는 분명하지 않다. 다만 임금의 관인 재궁梓宮을 묻기 위해 판 구덩이를 현궁玄宮이라 하는데, 검다는 뜻의 현玄은 네 신 중 북현무北玄武에서 볼 수 있듯 북쪽과 함께 표현되고 있다. 사람이 죽으면 그 혼이 어두운 곳인 북쪽으로 간다고 믿었기 때문에 그쪽을 향해 소리쳐 부른 것 같다.

지붕에서 초혼을 할 때 쓰던 사자의 윗도리는 고복(초혼)이 끝나고 지붕에서 내려진 후 사잣밥과 함께 놓아두는 곳도 있고, 시신의 가슴에 덮어 놓은 곳도 있다. 시신 위에 옷을 덮는 것은 불러 온 혼을 다시 자기 몸으로 돌아가게 함으로써 사자를 되살리고자 하는 의미를 지닌다. 운명의 순간부터 분리되었던 혼魂과 백魄을 다시 강제로 합치시켜 소생하기를 바라는 의미에서 행하는 절차로 보기도 한다.[2] 남원 수지 지역에서는 고복을 한 후 죽은 이의 웃옷을 왼손으로 세 번 돌려 지붕 위에 던진다. 고복을 할 때는 반드시 곡을 그쳐야 하는데, 곡을 그치는 것은 혼기魂氣가 방랑하다가 돌아갈 곳이 없어서 혹 다시 돌아왔을 때 울음소리가 요란하면 혼이 이를 불편하게 여기기 때문이라고 한다.

고복이 끝나고 자손들이 상제喪制의 모습을 갖추고 초상난 것을 외부에 알리는 '발상'發喪을 하는데, 남자는 머리를 풀고 여자는 머리에서 금이나 은 또는 동 비녀를 빼고 나무 비녀를 꽂고 곡을 한다. 곡은 사람이 죽었을 때 우는 것이지만, 그냥 흑흑거리며 울거나 소리 없이 우는 것이 아닌 큰 소리를 내면서 우는 것이다. 상주는 머리를 풀고 버선을 벗고 아버지가 돌아가셨으면 왼쪽 소매를, 어머니가 돌아가셨으면 오른쪽 소매를 빼서 입고 통곡한다. 이러한 상주의 모습을 '죄인 형색을 한다'고 한다. 부모님을 돌아가시게 한 죄인인 탓이다. 성복제成服祭를 지내기 전까지는 이 같은 형상을 하고 두루마기는 입지 않는다.

저승사자를 대접하다

죽은 사람을 초혼한 뒤에 입에 뿔로 만든 숟가락을 넣어 이를 받치는 '설치'楔齒를 한다. 이는 이가 다물어지지 않아야 구슬을 물릴 수 있기 때문이다. 그렇게 함으로써 반함飯含할 때 입이 굳게 닫혀 열지 못하는 일이 생기지 않게 하려는 것이다. 시체가 굳기 전에 몸을 펴서 반듯이 눕혀 놓고 묶는 것을 습襲이라 하는데, 다른 말로는 수시收屍·천시遷屍 또는 수세 걷음이라고 한다.

『사례편람』에는 햇솜으로 입과 코를 막는다고만 되어 있으나 지방마다 약간의 차이가 있다. 손톱을 자르고 머리를 빗질하고 목욕을 시킨 후 옷을 입힌다. 옷을 몸에 입힐 때는 속에는 연복燕服을, 겉에는 정복正服을 입힌다. 그리고 나서 건巾을 씌우고 대帶를 띠우고 신발을 신긴다. 서울을 포함한 경기도 지방에서 행해지던 습에서는 짚으로 만든 베개 세 개로 시체를 괴고 시상판屍牀板이라는 소나무 널빤지를 시체 밑에 놓는다. 그리고 창호지나 천으로 두 손을 펴서 배 위에 모아 묶고 두 다리를 곧게 편 후 발바닥을 위로 젖혀 양발의 엄지발가락을 묶은 후 그 끝은 손을 묶은 끈과 연결한다. 그리고 가슴·배·발목을 헝겊 끈으로 동여 묶는다.

습이 끝나면 자손들은 장식품을 몸에서 떼어 내고 집 안의 화려한 장식을 치운 다음 즉시 흰옷으로 갈아입는다. 그리고 상주喪主와 주부主婦를 세운다. 상주는 죽은 사람의 맏아들이 하는데, 맏아들이 먼저 죽은 경우는 맏손자가 맡는다. 주부는 죽은 이의 아내가 맡는데, 아내가 먼저 죽은 경우는 맏며느리가 맡는다. 그리고 남자들은 상복을 벗고 심의深衣나 직령直領을 비뚤게 입으며, 머리를 풀어헤치고 맨발인 채로 천하고 흉측한 모습인 역복易服 차림을 한다. 이는 옛사람들은 부모가 돌아가셨을 때

김준근, 장례 풍경 사람이 죽어 슬피 곡하는 장면이다. 프랑스 국립기메동양박물관 소장.

후손들은 너무 당황스럽고 정신이 아득하여 제대로 된 복장을 갖출 수 없다고 여겼기 때문이다.

아울러 후손들은 어떠한 일을 이성적으로 판단할 수 없는 상태이기 때문에 부고를 알리거나 장례 때까지 일을 봐줄 수 있는 호상護喪을 세웠다. 호상은 상례에 밝은 이로, 죽은 이의 친지와 친구들에게 그의 죽음을 알리고 발인 일시와 장지, 하관 일시가 정해지면 부고訃告를 작성하여 발송하는 일을 맡았다. 부고는 아무개가 모월 모일 모시에 별세했음을 알리는 편지이다. 지규식의 『하재일기』에서 공방貢房 대행례 김익준의 어머니가 정월 16일 술시(오후 7~9시)에 죽자, 지규식이 사망 다음 날인 17일에 호상이 되어 발인하는 날인 22일까지 일을 봐주고 있음을 볼 수 있다.

습이 끝나면 홑이불로 시체의 전신을 덮고 병풍으로 가린 다음 염을 할 때까지 놓아둔다. 그리고 일반적으로 문 앞에 사잣밥을 내놓았다. 사잣밥은 나찰반羅刹飯이라고도 하는데, 『능엄경』楞嚴經에서는 나찰을 '지행나찰'地行羅刹이라고 했다. 사잣밥은 대광주리나 함지박에 밥과 나물, 짚

김준근, 초혼하는 장면   사잣밥 상에는 짚신 세 켤레 밥 세 그릇, 돈과 간장을 올려놓는다. 프랑스 국립기메동양박물관 소장.

신과 동전을 넣어 문 밖에 두고 명부冥府의 나찰, 즉 저승사자를 대접하는 것이다. 저승사자들이 죽은 자를 데리러 대문으로 들어오기 때문에 그 앞에 밥 세 그릇과 짚신 세 켤레 그리고 돈과 간장을 올려 상을 차려 놓고 잘 모셔 가라고 부탁한다. 저승까지 가는 동안 음식은 먹고, 짚신은 신으며, 돈은 여비를 하라고 주는 것이다. 죽은 이의 혼을 저승까지 데려가는 동안 심하게 구박하지 말고 잘 보살펴달라는 뜻으로 저승사자에게 주는 일종의 뇌물인 셈이다. 밥과 짚신을 세 개씩 차린 이유는 죽은 사람의 혼령을 데리러 오는 저승사자가 세 명이라고 생각했기 때문이다. 〈전설의 고향〉과 같은 텔레비전 드라마에서는 대개 저승사자가 한 명만 등장하는데 이는 우리 문화를 잘 모르는 탓이다.

그러나 왜 조상들이 저승사자가 셋이라고 인식했는지는 명확치가 않다. 조상들이 3이라는 숫자를 완전한 숫자라고 이해했기 때문에 그랬다는 설도 있지만 불분명하다.

사자死者들을 위한 상에는 간장도 올렸는데, 그 이유는 짜게 먹으면 저승사자들이 가다가 물을 먹기 위해 쉬어가게 되므로 죽은 사람이 저승길을 갈 때 지치지 않게 하려는 노력이라고 한다. 이에 대해 까를로 로제티는 『꼬레아 꼬레아니』에서 다음과 같이 설명한다.

십대왕의 부하 혼령인 사자 세 사람은 죽은 자의 혼을 이송하는 임무를 맡고 있는데, 죽은 자의 가족은 사자들을 위해 제물을 바친다. 사자들은 당연히 제물의 혼에만 만족을 하는데, 제물인 쌀의 향이 사자들의 원기를 회복시켜 주도록 조그만 탁자를 놓고 그 위에 세 공기의 쌀과 짚신 세 켤레를 놓아둔다. 짚신 세 켤레는 곧 태워지는데, 짚신의 혼을 사자들이 신고 편히 여행할 수 있도록 하기 위해서다. 일반적으로 호박이 여기에 추가되는데, 호박은 혼이 십대왕 앞에 인도되기 전에 거쳐야 하는 명계冥界의 간수장이 매우 좋아하는 음식이다. 이 모든 것은 사망 직후 거행된다.³

저승사자가 십대왕의 부하로 서술되고 있다. 십대왕은 시왕이라고도 하는데, 저승을 관장하는 열 명의 대왕을 말한다. 일반적으로 첫째는 진광秦廣 대왕, 둘째는 초강初江 대왕, 셋째는 송제宋帝 대왕, 넷째는 오관伍官 대왕, 다섯째는 염라閻羅 대왕, 여섯째는 변성變成 대왕, 일곱째는 태산泰山 대왕, 여덟째는 평등平等 대왕, 아홉째는 도시都市 대왕, 열째는 전륜轉輪 대왕이다.

장례식 때 상여를 메고 가는 향도꾼(혹은 상두꾼)이 망자를 보내면서 소리를 하는 만가輓歌를 보면, "열 시왕의 부름 받고 팔뚝 같은 쇠사슬로 결박해서 잡아 끌어내니 천하장사가 무슨 소용 있나"라고 말하고 있어 옛 사람들은 저승사자에게 결박되어 저승길로 끌려간다고 인식했던 듯하다.⁴

작자 미상, 〈사자도〉使者圖 불화에 표현된 저승사자의
모습이다. 동국대박물관 소장.

　저승사자의 모습은 불화를 통해 살필 수 있는데, 직부사자直府(符)使者
와 감재사자監齋使者가 그것이다. '직부사자'의 '직부'는 '곧 가서 전한다'
는 의미로 말을 달려 두루마리를 전하는 사자의 역할과 관련이 깊은 명칭
이고, '감재사자'의 '감재'는 염라 대왕의 명을 받고 죽은 자의 집에 사자
를 파견하여 사망자를 살피라는 뜻을 지니고 있다. 사자는 보통 전령의 모
습으로 나타나는데, 머리에는 부채 모양의 익선관翼善冠을 쓰고 손에는
두루마리를 들고 있다. 대부분의 다른 그림에서도 사자가 말 옆에 서서 창
이나 칼, 두루마리를 들고 있다. 단독 탱화로 완성될 때는 대개 〈감재사자
도〉監齋使者圖, 〈직부사자도〉直符使者圖가 쌍으로 표현되는 것이 보통이다.
불화에 나타나는 직부사자와 감재사자는 검은색 옷을 입지 않았는데, 〈전설의 고향〉과 같은 드라마에서 어째서 저승사자를 검은 도포와 갓을 쓴 차림새로 표현하고 있는지 의문이다.

저승사자가 검은 옷을 입은 것에 대해서는 서양의 장례 풍속이 들어오면서 검은 상복을 입은 데서 비롯되었다는 설도 있고, 이승이 밝은 양이라면 저승은 어두운 음이므로 검은색을 사용했다는 설도 있는데 명확하지는 않다. 허균許筠(1569~1618)이 지은 『성소부부고』惺所覆瓿稿를 보면, 영남嶺南의 하양河陽에 오세억吳世億이란 사람이 죽은 지 사흘 만에 소생하여 말하기를, "꿈에 천부天府에 갔었는데 붉은 옷을 입은 '자의인'紫衣人이 소원小院으로 데리고 갔다"고 한다.[5] 즉 자의인이 저승사자일 가능성이 높아 보이는데, 그렇다면 저승사자는 붉은 옷을 입은 것으로 봐야 하지 않을까?

저승길 노자랍니다

구멍이 없는 구슬을 입의 좌우에 두고, 깨끗하게 씻은 쌀을 입 속에 조금 채우는 반함을 한다. 이는 자식이 어버이의 입 속을 차마 비워 둘 수 없기 때문이다. 반함은 소렴을 행할 때에 하는데, 시신의 입 속에 구슬과 쌀 또는 동전 등을 물려 주는 것으로, 상주가 버드나무 숟가락을 써서 시신의 오른쪽 입 속에 물린 다음 왼쪽과 한가운데도 똑같이 물린다. 고례古禮에는 쌀·동전·구슬·조가비 등을 사용했으나, 지금은 찹쌀을 쓰기도 한다. 일설에는 사士는 쌀과 조가비를 물려 주고, 대부大夫 이상은 이 외에 주옥珠玉을 첨가하여 쓴다고 한다. 입에 넣을 때마다 '천 석이요, 이천 석이요, 삼천 석이요'라고 외치기도 한다. 반함한 물건은 죽은 사람의 영혼이 저승까지 가는 동안의 여비와 음식이 되므로 이렇게 함으로써 죽은 사람이 고이 잠들 수 있다고 생각한 것이다.

이 반함은 이를 먼저 벌리고 입 안에 채우는 것이 옳다. 세간의 풍속에는 이 밖의 입술 사이에 많이 넣는데 이렇게 하면 하지 않은 것만 못하다. 그리고 반함은 자식이 하는 일이었던 것 같다.『숙종실록』에 다음과 같은 기록이 있다.

(상이) 판부判付하기를, "이동언李東彦은 아비가 죽었는데도 미워하여 끝내 와서 보지 않고 다른 사람을 시켜서 반함을 하게 했으니, 사람의 자식으로 차마 할 일이 아니다. 그가 매우 흉악한 것은 실로 왕법王法의 용서하지 못할 바이며, 하늘과 땅 사이에서 용납되기 어려운 바이니, 해당 관청으로 하여금 즉시 죄인을 잡아다 국청에서 신문하여 빨리 나라의 형벌을 바로 잡도록 하라"고 했다.[6]

이동언이 반함을 다른 사람을 시켜서 한 것이 큰 사건이 되고 있다. 재판이 진행되는 과정에서 이동언이 죽는 바람에 사건의 전말은 명확히 밝혀지지 않았지만, 자식이 반함을 하지 않은 일이 매우 큰 죄로 여겨졌음을 알 수 있다.

반함 이후에 혼백魂帛과 영좌靈座를 설치하는데, 혼백은 사자의 시신에서 이탈한 혼이 깃들게 하는 물건이고, 영좌는 그 혼백을 올려놓는 자리이다. 목욕·습·반함이 시신에 대해 행하는 절차라면, 영좌와 혼백은 혼에 대해 행하는 절차이다. 이 두 절차가 동시에 진행되어야 한다는 사실은 조상들이 사자의 존재를 영혼과 시신의 이원적 존재로 분리하여 인식하고 있었음을 보여 준다.

보낼 준비를 하다

초혼에 사용한 옷을 상자에 담고 비단을 묶어서 신神이 의지하게 하는 혼백을 설치하고 영좌를 올린 다음 명정을 세운다. 명정은 죽은 사람의 관직과 성씨 따위를 적은 기를 말하는데, 일정한 크기의 긴 천에 글씨를 쓴다. 보통 다홍 천에 흰 글씨로 쓰며, 장사 지낼 때 상여 앞에서 들고 간 뒤에 널 위에 펴 묻는다.

영좌 설치와 명정 세우기는 망자가 살아 있을 때를 형상화하는 것으로, 금침衾枕이나 궤석几席을 모두 갖추고, 혼백을 그 안에 놓는다. 붉은 비단에 무슨 관직의 무슨 성을 가진 사람의 널이라는 뜻의 '모관모공지구'某官某公之柩라고 명정을 쓰고, 긴 장대에 매달아 영좌 동쪽에 세운다. 비단의 길이는 9척·7척·4척의 세 등급이 있다.[7]

이어서 관을 만든다. 관은 소나무나 삼나무로 만드는데, 견고하고 치밀하게 만들어 옻칠을 한다. 『택당집』에는 관을 만드는 데 좋은 재목으로 소나무 판을 들었다. 소나무 판 하나로 50여 년 정도 시체를 썩지 않게 할 수 있기 때문이다. 당시에 권세 있는 집안에서는 관재棺材로 삼목杉木을 썼는데, 삼목은 북청北靑 이북의 극한지極寒地에서 나왔다고 한다.[8] 이는 희소성 때문에 선호된 것이 아닌가 싶다. 관은 통나무를 미리 구해 놓았다가 임종 후 톱으로 잘라서 만들어 썼다. 때로는 먼저 관을 짜서 습기를 피해 곳간이나 헛간 같은 곳에 매달아 두기도 하고, 옻칠을 해서 자기 방에 놔두기도 했다. 『순암집』을 보면 이런 대목이 나온다.

지금 세상의 자제들이 평소에 미리 관을 준비하지 못해 이미 자식된 도리를 잃어 놓고는, 죽은 뒤에 비로소 좋은 널감을 구하기 시작해 비싼 값을

김준근, 〈초상〉   소리는 내지 않고 눈물만 흘리는 것을 '읍'泣이라 하고, 소리도 내고 눈물도 흘리는 것을 '곡'哭이라 하며, 눈물은 없고 소리만 내는 것을 '호'號라고 한다. 조선시대의 양반은 유교의 의례에 따라 울음에도 형식이 있었다.

치르면서 보기에 좋게 하느라고 오랜 시일을 끈다. 그리하여 온갖 난처한 일이 있어도 돌보지 않을 뿐 아니라 검소함을 숭상하던 죽은 자의 뜻마저 어기니 모두가 불효인 것이다.[9]

부모의 관을 미리 준비하는 것이 자식의 도리였음을 알 수 있다.

소생하기를 기다리다 — 소렴과 대렴

소렴은 사람이 죽은 다음 날에, 대렴은 죽은 지 사흘째 되는 날에 행했다. 소렴은 시체를 옷과 홑이불로 싸서 묶는 것이고, 대렴은 망자를 관 속에 넣는 의식이다. 물론 이는 사대부에 해당되는 것이고, 임금의 경우에는 사흘째에 소렴을 하고 닷새째에 대렴을 했다.[10] 사망한 지 사흘 후에 입

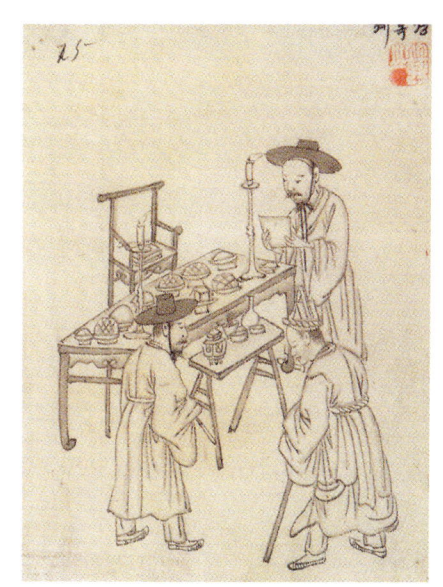

김준근, 〈성복제〉　　초상이 나서 처음으로 상복을 입을 때에 차리는 제사가 성복제이다. 프랑스 국립기메동양박물관 소장.

관하는 것은 그 사이에 망자가 살아날지도 모른다고 생각했기 때문이다.

　소렴 혹은 대렴과 관련하여 구한말의 풍속화가인 김준근의 작품 중에 〈초상〉이라는 그림이 있는데, 이 그림을 보면 병풍을 사이에 두고 관이 아닌 이불로 쌓인 시체와 곡하는 사람들이 나뉘어 있다. 이 풍경은 소렴과 대렴 사이로 보인다. 상주로 보이는 이가 곡을 하고 있는데, 이 사람의 머리가 가지런하지 못한 것을 통해서도 알 수 있다. 소렴 후에는 머리를 묶는 괄발括髮을 하고 마포麻布를 상복 위에 두르는 포좌布髽를 한다.[11] 괄발은, 상주가 웃옷의 한쪽 어깨를 드러내고 머리를 삼끈으로 묶은 다음에 삼끈 한 끝을 똬리처럼 틀고 두건을 쓰며, 부인은 복머리를 하는 것이다. 이 그림에서는 아직 그렇게 하고 있지 않으므로 대렴 전임을 알 수 있다.

　조금은 동떨어진 이야기지만 흐트러진 남자의 머리가 조금 이상하다. 조선시대에는 털도 부모로부터 물려받은 신체의 일부로 생각하고, 일반적으로 자르지 않았지만 조선시대 남자들은 만 열다섯 살 정도가 되면 '관례'를 치렀다. 관례란 긴 댕기머리를 자르고 상투를 틀어 올리는 통과의례로, 남자가 성인이 되었다는 상징이다. 상투를 틀어 올릴 때는 정수리 부분의 머리카락을 잘라냈다. 이것을 '배코(백호)친다'고 하는데, 이는 상투를 편하게 매게 하는 기능도 했지만 정수리에 열이 차 건강을 해치는 것을 방지하는 위생상의 기능도 있었다. 따라서 텔레비전 사극의 상투를 풀어 헤치는 장면에서 '소갈머리 없다'고 말할 때 그 '소갈머리'는 머리 중앙의 머리카락이 없는 모양으로 나타나야 옳다.

거친 삼베옷을 입고 지팡이를 짚다

성복은 상주들이 상복을 입는 절차를 말한다. 상복을 입고 나면 성복제를 지낸다. 성복제는 각각 기복忌腹 차림으로 집사가 잔을 올리고 항렬 순, 연장자 순으로 복을 입는다. 그렇다면 다음 그림에 보이는 상주에게 돌아가신 분은 아버지일까, 아니면 어머니일까?

상주의 옷은 오복도五福圖의 다섯 가지 양식에 따라 지어 입는다. 상주의 굴건屈巾·두건頭巾은 질이 나쁜 삼베로, 백관의 것은 고운 베·광목·옥양목 등으로 접는다. 상복은 고인의 8촌까지만 입는데, 직계비속을 상제라 부르고, 나머지를 백관이라 부른다. 가마加麻라는 것이 있는데, 이는 제자나 친구가 두건에다 가느다란 삼끈으로 테두리를 두른 것이다. 그렇다면 지팡이를 짚는 것은 무슨 이유에서일까. 이에 대해서는 『예기』의 「문상」問喪 조에 설명이 있다.

효자가 부모를 잃으니 몸과 마음이 상하고 눈물을 흘리는 일이 수가 없

작자 미상, 상주의 모습   상주는 죽은 사람의 장자長子가 되고, 장자가 없으면 장손이 되는데, 이것을 승중손承重孫이라고 한다. 프랑스 국립기메동양박물관 소장.

고, 근심과 괴로움으로 삼년상을 지내니 몸은 병들고 메마르기 때문에 지팡이로 병든 몸을 부축하는 것이다.

자식이 부모의 죽음이라는 충격으로 삼년상을 지내는 동안 몸을 상했기 때문에 지팡이로 몸을 지탱하고 있는 모습을 형상화했음을 알 수 있다. 정약용丁若鏞은 『다산시문집』에서 조부모가 함께 상을 당하자 자신의 아버지가 왼손으로는 대나무 지팡이, 오른손으로는 오동나무 지팡이를 짚었는데, 이를 보고 자신의 아버지가 효자라고 했다[12]는 이야기를 전했다. 이는 부모님이 돌아가셨을 때 상주가 짚는 지팡이인 상장喪杖이 부친상일 때와 모친상일 때가 서로 같지 않다는 말이다. 대체로 부친상에는 대나무, 모친상에는 오동나무를 짚는다. 부친상에 대나무를 사용하는 의미는 『세종실록』 「오례의」에 나온다.

아버지를 위해 지팡이로 대나무를 사용하는 것은 아버지는 아들에게 하늘과 같은 존재이기 때문이고 대나무가 둥근 것은 또한 하늘을 본뜬 것이다. 안팎에 마디가 있는 것은 아들이 아버지를 위해 안팎의 슬픔이 있음을 본뜬 것이다. 또 대나무가 사시사철 변하지 않는 것은 자식이 아버지를 위해 겨울과 봄·여름이 지나도 변하지 않음을 본뜬 것이다.[13]

「오례의」의 내용을 정리해 보면, 대나무를 지팡이로 사용하는 것은 대나무가 아버지와 같이 하늘과 같은 존재이기 때문이고, 대나무의 마디와 변하지 않는 색깔이 아버지에 대한 아들의 슬픔에 변함이 없음을 나타내기 때문이다.

그렇다면 왜 어머니가 돌아가셨을 때 오동나무로 지팡이를 삼았을까? 이에 대해서는 오동나무를 뜻하는 한자 동桐이 동同과 같은 의미로, 부친상이나 모친상이나 그 슬픔은 같다는 의미로 오동나무를 사용했다는 말이 있다. 오동나무는 아랫부분을 모가 나게 깎는데, 이는 땅을 상징하는 어머니를 나타낸다. 이는 아버지는 하늘로 둥글고 어머니는 땅으로 네모나다는 '천원지방 천지부모'天圓地方 天地父母라는 사고에서 비롯한 것이다.[14] 이는 남녀 차별적인 사고가 아니라, 아버지는 남자라 양이고, 어머니는 여자라 음이라는 사고에서 비롯되었다. 아버지는 남자=양=하늘, 어머니는 여자=음=땅이라는 인식인 것이다.

아울러 옛 풍습을 살펴보면, 아들을 낳으면 선산에 가서 소나무를, 딸을 낳으면 텃밭 두렁에 오동나무를 심는다고 하는데, 오동나무를 모친상에 사용하는 이유를 이 풍속과 관련지어 생각해 볼 수도 있을 것이다.

가시는 길이 너무나 멀구나

이제 망자를 보내야 할 때다. 관을 방에서 들고 나와 상여로 옮기는 것을 천구遷柩라 하고, 상여가 상가를 떠나 장지로 출발하는 것을 발인發 靷 또는 출상出喪이라 한다. 발인 시에는 견전제遣奠祭를 지낸다. 견전제는 노전路奠 혹은 노제路祭라고 한다. 견전제 때 관의 위치는 천구하여 관을 상여 앞에 두고 견전제를 지내는 경우와 영구靈柩를 상여 위에 올려 모신 다음 견전제를 지내는 경우가 있다.

견전제는 간단하게 제물을 차리고 발인 축祝을 읽고, 맏상주가 두 번 큰절을 한다. 발인제를 지내고 상여꾼들이 상여를 처음 들어 올렸을 때 망자의 집 쪽을 향해 세 차례 상여를 올렸다 내렸다 하는데, 망자가 집을 보고 하는 마지막 하직 인사이다. 상두꾼은 보통 남자들이지만 상여가 나갈 때 상여의 뒤쪽에 광목을 길게 늘어뜨려 부인들이 이것을 잡고 따라 가기도 한다. 이를 '설매' 또는 '배줄'이라 하는데, 혼이 저승 갈 때 타고 가라는 뜻이다.

발인 후 상여를 장지로 운반하는 것을 '운구'運柩 또는 '운상'運喪이라 하거나 '행상 나간다'고 한다. 운구를 담당하는 일꾼은 '상두꾼'이라 하며, 상여 노래의 앞소리를 하는 사람을 '선소리꾼'이라 한다. 운상 때는 맨 앞에서부터 방상씨方相氏, 명정銘旌, 영여靈輿, 만장輓章, 운아삽雲亞翣, 상여喪輿, 상주, 백관, 조문객의 차례로 줄을 잇는다. 이와 관련해서『꼬레아 꼬레아니』의 다음 글을 살펴보자.

횃불을 든 기수들이 이리저리 몸을 흔들며 뒤로 빛의 긴 자취를 남기면서 앞장서고 다음에 길 양쪽에 두 줄로 하얀 종이로 만든 등과 빨간색과 하

김준근이 그린 장례 행렬
1. 방상씨 2. 명정 3. 영여 4. 상여 5. 삽선 6. 돈전   프랑스 국립기메동양박물관 소장.

| 1 | 2 | 3 |
| 4 | 5 | 6 |

늘색 비단으로 만든 커다란 등을 든 기수들이 뒤따르며, 그 뒤에 흰말을 탄 장의 행렬의 총지휘자가 지난다. 또 그 뒤에는 한자로 죽은 자의 이름과 직위가 쓰인 거대한 깃발이 바람에 펄럭이고, 역시 한자로 쓰인 다른 깃발들이 뒤를 이으며, 바로 그 뒤에 등을 든 일렬의 기수들이 횡대로 걸어간다. 그리고 마침내 온통 한자로 장식된 화려한 색깔의 천으로 덮어씌워진 상여 위에 관이 놓여 있다.

246

노제 지내는 풍경   노제는 운구 도중 고향 마을 등 고인과 정들었던 곳의 노변에 머물며 정든 친족, 친지들과 마지막 작별을 나누는 의식이었다.

상여는 일단의 짐꾼들이 어깨 위에 짊어지는데, 이들 상여꾼의 숫자는 장례식의 중요성과 죽은 사람의 재력에 따라 달라진다. 대개의 경우 상여꾼은 12명이지만, '민'이라는 성을 가진 어떤 사람의 장례식에는 상여꾼들이 72명이나 되는 것을 본 적도 있다. 상여의 앞에는 상여꾼들의 우두머리가 서서 걸음에 박자를 붙이고, 이들은 박자에 맞춰 걷는다. 상여 뒤에는 흰말이나 당나귀를 탄 상주를 앞세운 고인의 가족들이 뒤따른다. 전통적인 상복을 입은 상주 주위에는 친척과 친지가 무리 지어 있으며 다시 그 뒤를 등불과 깃발·상징 등을 든 기수들이 따르는데, 경우에 따라 이들의 숫자는 달라진다.

한편 친척의 무리와 조금 떨어져서 고인의 이름을 적은 하얀 나무로 된 위패가 실려 있고, 세 번째 혼령이 머물고 있다고 믿는 빈 가마가 뒤따르는데, '혼의 상자'라 불리는 이 가마는 때로 상여의 뒤가 아니라 앞에 위치할 때도 있다.

민은 당시 권력을 쥐고 있던 민씨 집안 사람 중 하나로 보이는데, 일반적으로는 상두꾼 12명이 운구를 했지만, 세도가의 경우에는 상두꾼이 72명까지도 있었음을 알 수 있다. 노제는 지내지 않을 수도 있지만, 운구 도중에 보통 한 차례쯤 지낸다. 노제는 주로 망령亡靈의 친구들이 주제관이 되어 지내므로 원하는 우인友人들이 많은 경우는 두서너 차례 지내기도 한다. 『문종실록』에는 당시 세상 습속에서 노제에 명정이나 혼백을 영좌에 둔다고 되어 있는데, 이는 앞쪽에 보이는 조선 말기의 사진을 통해서도 확인된다. 노제는 마을 어귀·골목 어귀·삼거리 등 망령과 추억이 깃든 장소를 지날 때 지내는데, 친구들이 망자와의 이별을 섭섭히 여겨 마지막 하직 인사로 행하는 제사이다.

망자의 집자리를 찾아 묻다

발인 후 집을 떠난 상여는 망자가 묻힐 곳으로 이동하는데, 산소를 정하는 것은 매우 중요한 일이었다. 김준근의 〈상인구산〉喪人求山이나 〈구산다니는 풍수〉라는 그림을 보면, 상주와 지관으로 보이는 이들이 서로 말을 나누거나 묘의 위치를 살피고 있다. 제목으로 보아 산소를 정하기 위해 이야기를 나누고 있는 듯하다. 『하재일기』에 따르면, 김익준은 어머니가 정월 16일에 돌아가시자 사망 나흘째인 19일에 갈현葛峴이라는 곳에 가서 지관으로 여겨지는 안 생원과 어머니의 산소 자리를 둘러보고 한 곳을 잡아 놓고 돌아왔다고 한다.[15] 대렴이 끝난 다음 날에 무덤 자리를 정하고 있음을 볼 수 있다.

무덤을 어디에 결정하느냐에 따라 집안의 운명이 달라질 수 있다고

김준근, 풍수가와 묏자리를 고르러 다니는 모습 왼쪽 그림이 〈상인구산〉, 오른쪽 그림이 〈구산 다니는 풍수〉이다. 지관은 풍수지리설에 따라 묏자리나 집터의 길흉을 판단하는 사람으로, 지사地師 또는 풍수라고도 한다. 옛사람들에게 지형을 잘 보는 것은 매우 중요하고 귀중한 능력이었다. 중국의 귀곡자도 유명한 풍수가였고, 조선시대의 도선 국사나 서경덕, 이지함 등도 풍수가로 이름이 높았다. 프랑스 국립기메동양박물관 소장.

믿은 옛사람들에게 묘자리의 선택은 너무나도 중요한 일이었다. 『하재일기』에서 김인준의 어머니가 사망한 지 7일째에 발인을 하고 묘에 안장하는 모습을 볼 수 있다.

> 22일. 아침에 눈이 조금 내렸다. 익준 집에서 발인하여 휴함 뒤편에 이르러 광중(관이 들어갈 자리)을 만들었다. 해좌사향이다. 미시에 하관하고 봉분을 만드는데, 비와 눈이 번갈아 내려서 주인과 빈객이 모두 흠뻑 젖은 채로 돌아왔다.[16]

묘의 방위를 해좌사향이라고 부르고 있다. 묘소의 위치는 등 뒤를 좌坐라 하고 앞쪽을 향向이라 한다. 따라서 해좌사향은 해방亥方을 등지고 사방巳方으로 향한 좌향, 즉 정남에서 동쪽으로 30도 되는 방위를 중심으로 한 좌우 15도 안을 말한다. 이러한 자리는 전부 얻거나 전부 잃을 수 있는 자리라고 한다. 묘지 선택이 얼마나 중요했는지에 대해 『꼬레아 꼬레아니』는 이렇게 적고 있다.

무덤의 선택은 결코 쉬운 일이 아니다. 곧 주문이 시작되며 가족의 요청에 의해 무덤의 위치와 매장에 가장 적합한 길일을 결정하기 위한 지관의 작업이 시작된다. 무덤을 결정하기 위한 규칙은 매우 많고 기이하다. 무덤은 산의 혼령 중 하나의 보호를 받을 수 있도록 산비탈에 위치해야 하며 남향이어야 한다. …… 무덤이 그곳에 머무르고 있는 혼이 잘 지낼 수 있도록 자리를 잡으면 그 혼은 막대한 이익과 부·행복으로 후손들에게 보답하겠지만 무덤에 거주하는 혼이 불편함을 느끼면 가장 기본적인 의무를 소홀히 한 후손들에게 화를 폭발시켜 갖가지 재앙을 엄청나게 퍼부을 것이다. 따라서 한국인은 빈곤한 계층의 사람일지라도 지관의 현명한 조언을 구하고 지관이 죽은 사람을 매장하기에 적합한 장소라고 지적한 땅을 구입하기 위해 어떠한 희생도 감수한다.

무덤은 산비탈에 남향이어야 하고 혼이 불편함을 느끼지 않는 곳이어야 했다. 후손이 화를 입을 수도 있기 때문이다.

이후 장사를 지내기 위해 무덤을 파고 관을 묻은 다음에 봉분을 완성하기까지의 일을 통틀어 산역山役이라 하고, 여기에 동원되는 일꾼을 '산역꾼'이라 한다. 이후 묘를 만드는 순서를 『학봉집』을 통해 살펴보자.

(매장) 기일에 앞서 장지葬地를 잡고, 날을 택해 사후토祠后土, 개영역開瑩

域을 하고, 금정金井에 맞춰 파는데, 구덩이는 깊이가 9척이다. 외곽外槨을 내려놓고 사면을 회로 채우는데, 5~6촌의 두께로 단단하게 쌓기를 돌과 같이 한다. 장사 지내는 날에 하관을 하고 회를 쌓는데, 많이 쌓을수록 좋다. 습기를 제거하고 나무 뿌리가 침범하는 것을 막기 때문이다. 회를 다 채운 다음에는 흙을 채워 단단하게 다진다.

산역의 순서를 서술하는데 먼저 사후토가 기록되어 있다. 후토는 토지의 신이고, 사후토는 토지신에게 제사를 지내는 것이다. 즉 망자가 묻힐 땅의 주인인 토지신에게 땅을 사용할 수 있도록 허락을 받는 것이다. 그 다음 묘역을 처음 파는 개영역을 하는데, 이때도 개토제開土祭를 지낸다. 김승주金承霔 모친의 개토제 제문을 보자.

> 우리 박씨께서 병들어 돌아가심에
> 풍수가가 유택을 골라 주니 경기의 동쪽입니다
> 이에 땅을 파고자 신명께 고하오니
> 신명이 보우하사 그 혼령을 편하게 하고
> 자손에게 길이 아름다운 상서祥瑞를 내리소서[17]

경기 동쪽의 유택, 즉 묘지를 파기에 앞서 개토제를 지내고 있다. 개토제는 혼령을 편안하게 하고 자손에게 길함을 내려 주기를 바라는 마음에서 이루어졌음을 알 수 있다. 이후 구덩이를 팔 때는 길이와 너비를 금정金井이라는 나무틀을 이용하여 판다. 그리고 회격灰隔*을 하고 관을 묻

* 관을 구덩이 속에 내려놓고, 그 사이를 석회로 메워서 다짐.

김준근, 하관하고 무덤을 만들다   하관이란 관을 땅에 넣는 것이다. 관을 놓고 그 위에 명정을 덮었다. 그리고 상주는 '취토'取土를 세 번 외치면서 관 위에 흙을 세 번 뿌린다. 관을 묻고 땅을 다지고 나서 무덤을 만든다. 무덤을 만들고 나서 지내는 제사를 성분제成墳祭라 한다. 프랑스 국립기메동양박물관 소장.

고 다시 회격을 하고, 흙으로 채우는 순서로 이어진다. 회격은 습기와 뿌리가 침범하여 시신을 훼손하는 일을 막기 위한 조치였다. 시체가 훼손되지 않기를 바라는 마음은 관의 틈새를 메꾸는 데서도 나타난다.

> 지금 세상에서는 관의 틈새를 칠포漆布로 메운 다음에 그 위에 또 유지油紙를 바르는데, 일단 땅속에 들어가면 증기로 축축해져서 떨어져 버리고 마니 아무 소용 없는 일이다.[18]

관의 틈새를 칠포로 메운 다음에 유지를 바르는 것이 일반적이었던 듯한데, 이 또한 시신이 온전히 보전되기를 바라는 마음에서 비롯된 일이다. 신주神主를 다 쓰면 신주를 대신하던 혼백魂帛을 땅에 묻는다. 이어 흙을 쌓아 올려 봉분을 만든다. 봉분이 완전히 이루어졌을 때 술과 과일, 포를 차려 평토제平土祭를 지낸다. 『꼬레아 꼬레아니』는 묘가 만들어진 이후의 제사에 대해 이렇게 적고 있다.

> 매장이 끝나면 두 번의 제사가 행해진다. 첫 번째는 봉토 제사로서 고인의 혼령을 위해 베풀어진다. 마른 생선과 술·쌀 등이 차려진 조그만 탁자가 무덤 앞에 놓이고 그 앞에서 가족들은 땅에 엎드려 다섯 번 큰절을 올리며 매번 마지막으로 머물 곳을 찾아간 영혼에게 평안과 안정을 비는 특별한 주문을 되풀이한다.
> 두 번째 제사는 산신 제사로서 무덤이 자리 잡은 산에 살고 있는 혼령을 위해 베풀어진다. 만약 이 제사를 올리지 않으면 산신령은 그에 대한 복수로 가엾은 고인의 혼을 고달프게 하는데, 그러면 고인의 혼은 그 나름대로 가족에게 분풀이를 한다.

묘가 만들어진 이후 봉토제와 산신제를 지낸다고 하는데, 봉토제는 분묘가 모두 만들어지고 나서 올리는 평토제를 말하는 것으로 보인다. 평토제는 성분제成墳祭 또는 제주전題主奠이라고도 한다. 평토제는 영혼의 평안과 안정을 기원하는 것이다. 육신이 구덩이 안으로 들어가 묻혀 버리면 정신은 갑자기 떠돌기 때문에 빠르게 신주를 써서 의지하도록 하기 위한 것이다.[19]

산신제는 산신에게 허락을 요청하는 것인데, 앞서 서술한 토지신에게 제사를 드리는 사후토를 이렇게 표현한 것이 아닌가 생각된다. 장례 순서가 다른 것은 지역 차이 때문인 것 같다. 평토제를 지내고 나면 집사가 영좌를 철거하고 상주는 상여에 혼백을 모시고 왔던 길로 집으로 되돌아온다. 이때 망자의 옷가지나 상여나 상례에 사용한 기구는 불태운다.

엘리자베스 키스, 〈장례를 치르고 돌아오며〉 이 그림에는 "서울 성안에서 죽으면 성 밖에 묻는 게 법이다"라는 설명이 붙어 있다.

되돌아올 때 상주들은 상여를 뒤따르는데, 이를 반혼返魂이라 한다. 『영국화가 엘리자베스 키스의 코리아 1920~1940』을 보면, 〈장례를 치르고 돌아오며〉라는 그림이 있는데, 장례를 치르고 상여를 따라 돌아오는 모습을 묘사한 것으로 보인다. 집에 돌아오면 안 상주들이 곡하면서 혼백을 맞이한다. 혼백은 빈소에 모셔지고 그러면 망자에게 반혼을 고하는 제사를 지내는데, 이를 반혼제라 한다. 『꼬레아 꼬레아니』의 기록을 보자.

부유한 집에서는 모두 조상들의 사당을 갖추고 있는데, 가족이 죽으면 이곳에 고인의 이름이 적힌 하얀 나무패를 모신다. 생활이 어려워 사당이 없을 때에는 위패를 집에서 가장 좋은 방의 구석에 모신다. 장례 행렬이 돌아오면 위패를 가마에서 내려 제자리에 모셔 놓고 그것을 위해 제사를 올린다. 위패 앞에 놓인 상 위에는 밥·술·고기·떡 등으로 제물을 차려 혼령이 배불리 먹게 한다. 참석한 모든 사람이 다섯 번 절을 올리고 나면 제물을 가지고 다른 방으로 가서 그것을 먹어 치운다.

반혼제의 모습을 볼 수 있는데, 이익의 『성호사설』에는 속례俗禮에 장사를 지내고 반혼할 때 반드시 안마鞍馬를 앞세운다고 하면서 이를 좌마坐馬라 하고, 좌마를 탄마誕馬나 산마散馬 혹은 단마但馬라 부른다고 기록하고 있어 숙종에서 영조 대의 풍습을 살필 수 있다. 『꼬레아 꼬레아니』의 기록과는 다른 서술이다. 조선 말기에 가서 장례 풍속이 바뀐 것인지, 지역 차이에서 비롯된 것인지는 분명하지 않다.

아직 보내지 않았네 — 제사를 지내다

하관과 성분 이후에 반곡反哭의 절차를 거친 다음 집에 돌아와 우제虞祭를 지낸다. 우제는 세 번 지내는 까닭에 요즘에는 삼우제로도 많이 알려져 있다. 가문에 따라 다르지만, 세 차례 모두 그 집안의 기제사 방식과 동일하게 지내고 곡하는 것이 보통이다. 반혼한 혼백을 빈소에 모시며 제사를 지내는데 이를 초우제初虞祭라 한다. 초우제와 반혼제를 함께 지내는 경우가 많다. 초우제는 장사 당일에 지내야 한다. 초우제를 지내고 나면 상주 이하 상제들은 비로소 목욕을 할 수 있지만 빗질은 하지 못한다. 재우제再虞祭는 원래 초우제를 지내고 난 다음 날 또는 그 하루를 거른 다음 날 아침에 지낸다. 보통은 초우제 지낸 다음 날 아침에 지낸다.

삼우제三虞祭는 재우제 바로 다음 날 아침에 지낸다. 삼우제를 지내고 나면 상주는 비로소 묘역에 갈 수 있다. 상주는 간단한 묘제墓祭를 올리고 성분이 잘 되었는지 묘역이 잘 조성되었는지를 직접 살피고 잔손질을 한다. 삼우제를 지내고 3개월 이후 날을 잡아 졸곡제卒哭祭를 지내고, 다음에는 부제祔祭를 지낸다. 부제는 망자의 신주를 조상 신주 곁에 붙여 모시는 제사이다. 사당이 있는 경우 망자의 신주를 모셔 가서 이미 봉안되어 있는 선망신위先亡神位들과 존비·위차에 맞게 자리매김하여 제사를 모신다. 그리고 철상 후 빈소로 신주를 다시 모셔 온다.

사망 1주기가 되면 소상小祥을, 2주기가 되면 대상大祥을 지낸다. 소상은 사망 후 1년 만에 지내는 제사로 제사 방식은 우제와 비슷하다. 먼 친척도 오고 문상객(주로 초상 때 조문 오지 못한 사람)도 많이 오므로 음식을 충분히 장만해 대접한다. 소상을 치르고 나면 일반적으로 바깥 상주와 안 상주는 요질腰絰과 수질首絰을 착용하지 않는다. 『하재일기』를 보면, 지규식이 친구 이천유의 소상에 돈 10냥을 부조하기도 하고 1893년 7월 윤진사 댁 대상에도 10냥을 부조하는데, 이를 통해 이를 통해 옛사람들이 상부상조하는 모습을 볼 수 있다.

대상은 사망 후 2년 만에 지내는 제사로 소상과 같은 방식으로 지낸다. 보통 대상이 끝나면, 사당이 있는 경우 신주는 사당에 안치하고 영좌는 철거한다. 담제禫祭를 따로 지내지 않는 경우에는 이날 바로 탈상하고 상기喪期를 끝내기도 한다. 『꼬레아 꼬레아니』에는 각종 제사에 대해 다음과 같이 설명한다.

삼년상 중에는 매월 음력 1일과 15일에 위패 앞에서 제사를 지내며, 고인의 첫 번째 기일과 두 번째 기일의 전날 밤에는 소상·대상이라는 제사를 지낸다. 이러한 제사들은 극동 아시아 민족에게 혼령의 시간인 자정이 지

김준근, 〈소대상 제사하는 모양〉 소대상은 소상과 대상을 아울러 이르는 말로, 소상은 사람이 죽은 지 1년 만에 지내는 제사, 대상은 2년 만에 지내는 제사이다. 독일 함부르크민족학박물관 소장.

난 2시경에 치러진다. 기일에는 친지들이 애도를 표하기 위해 방문하며 가족은 이들에게 잔치를 베푼다. 또한 이때에는 대개 고인의 무덤을 찾아가 거기에 머물고 있는 혼령과 산신에게 제사를 지낸다. 3년째 기일이 지나면 위패를 조상들의 위패와 함께 치워 버리고 음력으로 매달 1일과 15일에 지내던 제사도 중지하나 기일에 집에서 지내던 제사는 계속한다.

김준근의 〈소대상 제사하는 모양〉을 보면, 병풍을 치고 영좌를 모셔 놓고 그 앞에 제상을 차렸다. 한 사람이 밖에서 소반으로 음식을 날라 오고 있는데, 대상 후 두 달째 되는 날을 잡아 제사를 지내고 이날 탈상하는 것이 원칙이었다. 담제 때 탈상을 하고 사당 고사를 한 번 더 지내는데 이를 길제吉祭라 한다. 이후의 제사는 기제사로서 이는 제례祭禮에 포함시키고 상례에는 포함시키지 않는다.

 담제가 끝나고 나면, 상이 다 끝났으므로 이때부터는 육류를 먹을 수 있다. 상주는 임종 후 담제 때까지는 육류를 먹을 수 없었던 것이다. 이와 관련해서는 어세겸魚世謙(1430~1500)의 일화가 전한다. 어세겸이 부모 상을 당했는데, 나이가 많은 그의 건강을 걱정한 임금 성종이 상중에도 고기를 먹도록 배려했다. 이에 어세겸이 손님들이 있는 데서도 고기를 마음대로 먹자, 조롱하는 소리가 많이 들렸다고 한다. 이때 어세겸은 자신은 고기를 먹어야 한다고 하면서 혼자 있을 때는 먹어도 되고, 여러 사람이 있을 때는 먹어서는 안 된다니 무슨 소리인지 모르겠다고 말했다고 한다.

 후에 김일손金馹孫(1464~1498)이 상중에 몸이 약해져 병들자, 다른 사람의 권고도 기다리지 않고 닭을 잡아먹고는 자신이 한림에 있을 때 어떤 재상(어세겸)이 고기 먹는 것이 옳지 않다고 쓴 적이 있는데 자신이 그 전철을 밟을 줄은 몰랐다고 토로하기도 했다.[20]

 담제까지 해서 3년 동안의 상을 마치게 되는데, 이 의례의 근거는 공자의 말에서 찾을 수 있다. 공자는 삼년상을 하는 이유에 대해 자식이 태어난 뒤 3년이 된 뒤라야 비로소 부모의 품을 떠나기 때문에 삼년상은 천하의 공통된 법이라고 했다. 삼년상을 자식이 태어나 혼자 먹고 활동할 수 없는 아기였을 때 어버이가 품 안에서 길러 준 은혜에 대한 보답으로 생각한 것이다.

3년 동안 생전처럼 모시다

시묘살이는 부모님이 돌아가시면 자식이 탈상을 할 때까지 3년 동안 묘소 근처에 움집을 짓고 산소를 돌보고 공양을 드리는 일이다. 『문소만록』聞韶漫錄•에 의하면 시묘살이는 포은圃隱 정몽주鄭夢周(1337~1392)로부터 비롯되었다고 한다. 이는 조선시대에도 풍속이 되어 사족士族의 집안뿐 아니라, 비록 천민일지라도 효행이 있는 자는 이를 본받아 행하는 자가 있었다고 한다.[21] 『꼬레아 꼬레아니』에는 시묘살이에 대해 다음과 같이 기록하고 있다.

아버지가 돌아가시면 아들은 삼년상을 치르게 되며 관직에 있을 경우에는 반드시 그 자리에서 물러나야 한다. 3년 동안 주된 임무는 고인에 대해 자식 된 도리를 이행하는 것이다. 자식은 거친 베로 된 옷을 입고, 머리에는 가는 대나무 살로 된, 몸을 반쯤 가리는 거대한 모자를 쓰며, 집 밖으로 나갈 때는 반드시 양 끝에 베로 만든 막을 고정시킨 막대를 두 손에 쥐어 얼굴을 가린 채 외출했다. 중국뿐 아니라 일본에서도 볼 수 없었던, 한국에만 있는 이러한 독특한 풍습에 대해 나의 통역관은, 한국 사람들은 아들의 잘못 때문에 아버지가 죽었다고 생각한다고 설명했다. 따라서 가장 끔찍한 죄를 지은 죄인은 3년 동안 그 죄를 갚을 때까지 하늘과 땅을 볼 자격이 없기 때문에 거대한 모자와 베로 된 막으로 시선을 감추어야 한다는 것이다.

• 조선 중기의 문신 윤국형尹國馨(1543~1611)이 임진왜란을 전후하여 국내에서 일어난 크고 작은 일들과 자신이 직접 보고 들은 이야기를 사실 그대로 기술한 일종의 수필집.

김준근, 시묘살이 조선은 엄격한 유교 국가이기는 했지만 시묘살이 3년을 강제하지는 않았다. 그만큼 힘들고 고통스러운 일이었기 때문이다. 프랑스 국립기메동양박물관 소장.

여기서 시묘살이의 모습을 잘 살펴볼 수 있다. 상주는 죄인이라 여겨 방립을 쓰고 얼굴도 가렸는데, 이는 부모의 죽음을 아들의 잘못 때문이라고 생각한 데서 비롯된다. 『송자대전』에는 이런 기록이 나온다.

4월 (송시열이) 여러 형제들과 함께 시묘를 살며 법제대로 지켜, 아침저녁에 밥 짓는 것도 남자 종을 시켜 하게 했고 3년 동안 부인을 보지 않았으며, 비록 채소라 하더라도 부인에게서 가져온 것이면 즉각 물리치고 먹지 않았다. 울며 슬퍼함을 사람들이 차마 볼 수 없었는데, 친구들이 아프게 됨을 민망히 여겨 조금 고치기를 청했으나 듣지 않았다.[22]

여기에서 보면 밥 짓는 것조차 남자 종을 시켜서 할 정도이고, 부인을 포함한 여성과의 접촉을 삼가고 있으며, 음식도 육류는 먹지 않았음을 알 수 있다. 시묘살이를 마지막으로 상례의 모든 절차가 완전히 끝난다.

이후에는 매년 기일마다 제사를 지내며 후손들이 기억하는 행위로 대체된다. 상례는 집안이나 지역에 따라 다르기도 하지만, 돌아가신 분을 추모하는 마음만은 다르지 않을 것이다. 상례가 옛사람들의 의례 중에서 가장 복잡한 것은 육체를 가진 한 사람의 일생을 정리하는 의례이기 때문이다. 그런 만큼 어떤 의례보다도 최선을 다하고자 했을 것이다.

조선 사회에서 양반으로 산다는 것

어떤 대접을 받았나

양반은 원래 문반과 무반 직을 가진 사람만을 의미했지만, 가족 또는 가문까지도 포함하게 되면서 점차 지배 신분층을 가리키는 용어로 사용되었다. 현실적으로 양반이란 선조의 계보가 분명하고, 그 선조 계보 중에 세상이 알 만한 유명한 선조가 있어 그들이 누구의 후손이라는 것이 확실하고, 일정하게 대대로 사는 지역이 있으며, 그 지역을 무대로 하여 어떤 일을 해 나가는 가문의 역사와 축적된 전통이 분명한 사람들을 말한다. 그런데 실은 조선시대 어느 씨족을 놓고 보아도 시조는 같지만 그 안에는 양반도 있고 평민도 있으며 심지어는 천민까지 있다. 그 씨족의 역사가 오래되고 구성원의 수가 많을수록 그러한 현상은 두드러진다. 따라서 시조가 같은 집안이라 해도 그 집안이 양반으로 대우를 받으려면 직계 조상 중에 시조 외에 유명한 선조인 현조顯祖가 있느냐가 중요한 기준이었다. 현조는 양반으로서의 전통과 지위를 유지 또는 강화하기 위한 노력을 계속하고 그 과정에서 어느 정도 이상의 업적을 이룩하는 데 성공한 사람을 가리킨다.[1]

양반은 사대부士大夫·사족士族·사류士類·사림士林이라 불리기도 했는데, 이 중 사대부는 글 읽는 사람으로서의 '사'와 관료를 가리키는 '대부'가 합쳐진 명칭으로, 원래 문관만을 지칭했지만 문관이 조선 사회를 주도하면서 관료 전체를 의미하는 용어로 사용되었다.

이익은 『성호사설』에서 영남 지방 양반에 대해 다음과 같이 적고 있다.

> 영남에는 사환仕宦 외에 세족世族이라는 것이 있다. 다만 학문에 전념하고 그들에게 어떤 하자가 없는 한, 비록 10대 동안에 관리가 (된 사람이) 단 한 사람이 없어도 망족望族으로서 스스로 높이며, (지위를) 전하는 것이 끝이 없다.[2]

영남 지역에 사환, 즉 집안에 벼슬을 하는 사람이 없어도 세족이라고 하는 양반이 있고, 이들은 한 지역에서 그 지방 제1급 양반이라는 망족으로 행세한다고 말한다. 이들은 10대가 흐르는 동안 관리가 된 사람이 하나도 없어도 그 지위를 전하는 것이 끝이 없다고 한다. 이러한 현상이 비단 영남 지역에서만 벌어지지는 않았을 것이다.[3] 양반의 지위가 그만큼 굳건했음을 보여 준다.

그러나 그러한 양반도 양반으로서 지켜야 하는 사항이 있었다. 이와 관련해 박지원朴趾源(1737~1805)의 「양반전」兩班傳을 보자.

> 대저 양반이란 복잡한 것이다. 글 읽은 이는 선비이고, 벼슬아치는 대부이며, 덕 있으면 군자이다. 무관 줄은 서쪽이고 문관 줄은 동쪽이다. 이것이 바로 양반이다. 비루한 일 끊어 버리고, 옛사람을 흠모하고 뜻을 고상하게 가지며, 5경이면 늘 일어나 유황에 불붙여 기름등잔 켜고서, 눈은 코끝을 내리 보며 발꿈치를 괴고 앉아, 얼음 위에 박 밀듯이 『동래박의』東

萊博議를 줄줄 외어야 한다. 주림 참고 추위 견디고 가난 타령 아예 말며, 이빨을 마주치고 머리 뒤를 손가락으로 퉁기며 침을 입안에 머금고 가볍게 양치질하듯 한 뒤 삼키며, 옷소매로 휘항揮項(추울 때 머리에 쓰는 모자의 한 가지)을 닦아 먼지 털고 털 무늬를 일으키며, 세수할 땐 주먹 쥐고 벼르듯이 하지 말고, 냄새 없게 이 잘 닦고, 긴 소리로 종을 부르며, 느린 걸음으로 신발을 끌듯이 걸어야 한다.

『고문진보』古文眞寶, 『당시품휘』唐詩品彙를 깨알같이 베껴 쓰되 한 줄에 백 글자씩 쓴다. 손에 돈을 쥐지 말고, 쌀값도 묻지 말고, 날 더워도 발 안 벗고, 맨상투로 밥상 받지 말고, 밥보다 국 먼저 먹지 말고, 소리 내어 마시지 말고, 젓가락으로 방아 찧지 말고, 생파를 먹지 말고, 술 마시고 수염 빨지 말고, 담배 필 땐 볼이 움푹 패도록 빨지 말고, 분한 마음이 들더라도 아내 치지 말고, 노하더라도 그릇 차지 말고, 아이와 여자에게 주먹질 말고, 종을 죽으라고 나무라지 말고, 말과 소를 꾸짖을 때 판 주인까지 욕하지 말고, 병에 걸리더라도 무당 부르지 말고, 제사에 중 불러 재齋를 올리지 말고, 화로에 불 쬐지 말고, 말할 때 입에서 침 튀기지 말고, 소 잡지 말고, 도박하지 말라.[4]

「양반전」은 강원도 정선에 사는 한 부자가 양반이 되기 위해 돈 천 냥으로 양반을 사려다가 진상을 깨닫고 양반이 되기를 거부한다는 내용의 작품이다. 인용한 글에는 양반으로서 해야 할 일과 하지 말아야 일을 언급하고 있다. 굶주려도 5경(새벽 3~5시)에 일어나서 『동래박의』를 읽거나 『고문진보』 또는 『당시품휘』를 베껴 쓰는 공부를 해야 하고, 공부 외에 돈과 관련된 것은 아예 입에도 올리지 말며, 먹는 일과 같은 일상 생활에서도 양반이 자신의 품위를 지키기 위해 해선 안 되는 일들이 매우 많음을 알 수 있다. 현대인에게는 제약과 구속이 많은 양반의 생활이 그다지 부럽지 않을 수도 있겠다.

그러나 양반이 조선시대에 그 지위를 유지하려 한 것은 특권이 그만큼 컸기 때문이다. 「양반전」에서 부자가 양반이 되고 싶어 하는 이유를 살펴보자.

양반은 아무리 가난해도 늘 높고 귀하며, 우리는 아무리 잘살아도 늘 낮고 천하여 감히 말도 타지 못한다. 또한 양반을 보면 움츠러들어 숨도 제대로 못 쉬고 뜰아래 엎드려 절해야 하며, 코를 땅에 박고 무릎으로 기어가야 하니 우리는 이와 같이 욕을 보는 신세다.

재력이 아무리 풍부한 부자일지라도 돈 없는 양반에게 엎드려 절을 해야만 하는 등 뛰어넘을 수 없는 거대한 신분의 장벽이 가로막고 있었던 것이다. 「양반전」에는 양반이어서 좋은 점도 나온다.

하늘이 백성을 내니, 그 백성은 넷이다. 네 백성 가운데 가장 귀한 자는 선비로, 양반이라 불리며 이익이 막대하다. 농사짓지 않고 장사하지 않으며, 대충 문장과 역사 섭렵하면 크게는 문과 급제, 작게는 진사가 되고, 문과 홍패는 (길이가) 두 자가 안 되지만 온갖 물건 구비되니 그야말로 돈자루인 것이다. 나이 서른에 진사 되어 첫 벼슬에 나가도, 오히려 이름난 음관蔭官이 되어 웅남행雄南行(위품位品이 높은 음관)으로 섬겨진다. 귀밑이 일산日傘의 바람에 희어지고, 배가 방울 소리에 커지며, 방에는 기생이 귀고리로 단장하고, 뜰에는 곡식으로 학을 기른다.

궁한 양반이 시골에 묻혀 있어도 마음대로 이웃의 소를 끌어다 먼저 자기 땅을 갈고 마을의 일꾼을 잡아다 자기 논의 김을 맨들 누가 감히 나를 괄시하겠는가. 너희 코에 잿물을 붓고 머리끄덩이를 회회 돌리고 수염을 낚아채더라도 누구 하나 원망하지 못할 것이다.

네 계층으로 나뉘는 백성 중에 양반이 가장 귀한 존재임을 전제하면서 과거에 합격만 하면 돈이고 명예고 다 차지할 수 있는 권력을 가지게 된다고 썼다. 또한 비록 과거 급제도 못한 채 시골에 사는 별 볼일 없는 양반이라도 자기 마음대로 마을 사람들을 부릴 수 있었단다. 양반이라는 지배층의 특권이 조선 사회에서 얼마나 컸는지를 확인할 수 있지 않은가.

물론 정선의 부자는 이러한 양반의 특권에 대해 "그만두시오. 그만두시오. 참으로 맹랑한 일이오. 나보고 장차 도적놈이 되란 말입니까?"라며 머리를 흔들고 가서는 죽을 때까지 다시는 양반이 되겠다는 말을 입 밖에 내지 않았다 한다. 물론 박지원의 「양반전」은 소설이므로 사실과 다를 수도 있다. 그러나 소설은 당대의 사회상을 반영하고 있다는 사실을 감안하면 조선 후기 양반의 모습을 어느 정도는 살필 수 있다.

과거 급제는 양반의 꿈

「양반전」에서 주목할 것 중 한 가지는 과거 급제에 대해 큰 의미를 부여하고 있다는 점이다. 서른 살에 진사가 되어도 편안한 생활이 보장된다고 서술하고 있는데, 평균 수명이 짧았던 당시에 서른이라는 나이는 결코 어린 나이가 아니었다. 그런데 그러한 사람이 대과 급제도 아닌 소과 진사시를 통과하는 것만으로도 부를 보장받았다는 것이다. 이는 시간이 아무리 많이 걸려도 과거 공부에 치중할 수밖에 없는 하나의 요인으로 작용했을 것이다. 그 시대를 살았던 양반들이 과거 급제를 인생의 목표로 삼은 것도 충분히 이해가 간다. 그러한 이유로 양반가에서 사내로 태어난 아이들은 태어난 순간부터 자신의 의지와는 관계없이 '과거 급제'라는 목표가 설정되고, 그 목표를 이루어야 하는 환경에 처하게 되는 것이다.

이러한 점은 조선 후기에 나타난 '평생도'平生圖를 통해서도 알 수 있다. '평생도'는 옛날 사람들이 가장 이상적으로 생각한 삶의 내용을 여덟 폭으로 표현한 그림이다. 대개, 태어나서 첫 생일날을 그린 '돌잔치', 인생에서 가장 중요한 일로 여겨지는 '혼인', 과거에 장원 급제해서 어사화를 꽂고 사흘 동안 거리를 순회하는 '삼일유가', 남들이 다들 인정하고 부러워할 만한 관직을 거쳐 은퇴할 때까지의 이야기로 구성되어 있다.

《모당 홍이상 평생도》를 보면 돌잔치를 그린 〈초도호연〉初度弧宴과 혼례를 하러 가는 신랑의 모습을 그린 〈혼인식〉婚姻式 그리고 혼례 60주년을 기념하는 〈회혼식〉回婚式을 제외하면, 나머지는 삼일유가를 그린 〈응방식〉應榜式과 다른 사람들이 부러워할 만한 관직 생활을 그린 〈한림겸수찬시〉翰林兼修撰時, 〈병조판서시〉兵曹判書時, 〈송도유수도임식〉松都留守到任式, 〈좌의정시〉左議政時 등이다. 즉 과거·관직과 관련된 내용이 집중적으로 나타나고 있다. 이는 그만큼 과거 급제와 관직 생활이 한 개인의 인생에서 큰 비중을 차지했음을 말해 주는 것이다. 그중에서도 과거 급제는 음서나 천거로 나가는 일부를 제외하고는 일반적으로 양반에게 관직에 나아가기 위한 전제 조건이었다.

태어난 지 만 1년이 되는 아이의 돌잔치의 돌잡이에 천자문이나 붓 등 공부와 필요한 물건이 들어가 있고, 이르면 5세 정도부터는 독선생을 두거나 서당을 다니며 글을 읽어야 했다. 일찍부터 공부에 매진하기를 바란

것도 다 과거 급제를 위해서였다. 유생 또한 유명한 학자의 문하에 들어가 여러 해 동안 유교 경전 등을 배우는 것으로 알려져 있지만, 이런 경우는 매우 드물고 대개 과거 공부를 위해 연령이나 수학 정도가 비슷한 동료나 선후배끼리 거접居接하며 공부했다. '거접'은 산속에 있는 조용한 절과 서원 또는 향교 등지에서 함께 숙식하며 경전을 읽고 제술을 하는 것인데, 효율적으로 과거 시험에 대비하고 시험 정보를 상호 공유하기 위한 방법이었다.[5] 도덕이나 철학 교육보다는 과거 시험에 나왔던 기출 문제와 예상 문제를 집중적으로 푸는 것이 유생의 주된 공부였던 것이다.

과거가 한 사람의 인생을 좌우했기 때문에 합격하기 위해 갖가지 부정한 방법을 동원하기도 했다. 글을 대신 써 주는 사수寫手와 문장을 대신 지어 주는 거벽巨擘을 돈 주고 사서 시험을 보거나 책을 들고 시험장에 들어가거나, 숙종 25년(1699)에 일어난 기묘과옥己卯科獄처럼 수험생과 시험 관리자가 공모하는 부정한 방법이 사용되기도 했다. 이 기묘과옥은 조선 역사상 초유의 대규모 과거 부정 사건으로, 개인 인적 사항을 적은 시험지의 피봉皮封을 바꿔치기하여 합격자를 바꾸는 수법이 사용되었다. 봉미관이 피봉을 넣어 둔 상자를 함부로 뜯고 미리 알아 둔 합격자의 피봉을 찾아 자신과 모의한 수험생의 피봉으로 바꿔치기해서 합격을 가로채는 수법이었다.[6] 또한 김구의 『백범일지』에 보이듯 늙은 양반들이 합격을 구걸하기도 했다. 그만큼 과거가 조선이라는 사회에서 갖는 의미가 컸던 탓이다.

이러한 점은 순조 5년(1805)에 태어난 정순교가 85세 되던 고종 27년(1890)에 과거에 합격한 사례에서도 볼 수 있다. 관직에 나갈 수 있는 나이를 훌쩍 넘어 죽을 때가 다 된 노인이 과거 시험을 봐야만 했던 것이다. 자신의 개인적인 영화를 위해 시험을 봤다고는 생각되지 않는다. 그만큼 과거 합격은 꼭 하지 않으면 안 되는 양반의 숙명이었으리라. 양반가에서 태어난 사내에게도 말 못할 고충이 있었던 것이다.

또 하나의 짐, 효

'평생도'를 보면, 과거 합격과 관직 생활을 제외하면 돌잔치와 혼인이 남는다. 이 두 가지는 양반들이 가치판단을 하는 데 중요한 기준 중의 하나였던 효孝라는 관점에서 설명이 가능하다.

18세기 이후 우리 사회에서는 자손을 낳아 집안의 대를 잇는 것이 가장 중요한 일의 하나였다. 의술이 발달하지 못한 당시에는 아이가 태어나 건강하게 자라는 것도 어려운 일이었다. 신생아가 죽는 경우가 많아 대를 잇기 어려운 경우가 비일비재했다. 특히 집안의 대를 잇고 가문의 영광을 재현할 사내아이를 원했다. 따라서 아이의 생존이 어느 정도 안정되었다고 여겨지는 만 1년 생일인 첫돌에는 조그만 잔치를 마련하여 아이의 복과 장수를 기원했다.

혼인 또한 다른 가문과의 결합을 통해 집안의 가격家格을 높일 뿐 아니라 후사를 얻기 위해 매우 중요한 일이었다. 대를 잇는다는 것은 조상의 제사를 받들 사람을 만든다는 의미가 있기 때문이다. '부안 김씨' 집안의 고문서를 보자.

(내) 나이가 예순이 되었는데도 친손자를 얻지 못해 슬하가 무료할 뿐 아니라 (혹시) 후사가 끊어지지 않을까 항상 크게 근심해 왔다. (그런데 때마침) 막내아들 문이 비로소 아들을 낳아 이름을 수종壽宗이라 했다.

……큰아들 번璠이 만일 끝내 자식을 낳지 못하면, (이 아이가) 당연히 봉사손奉祀孫이 될 것이니 그 경사스럽고 다행함은 이루 말로 표현할 수가 없다.[7]

이 기록은 김명열金命說이 현종 13년(1672)에 손자 김수종金守宗(壽宗에서 守宗으로 개명)의 돌이 지나자, 손자에게 재산을 특별히 나누어 주면서 작성한 문서의 일부로, 큰아들 김번金璠이 아들을 낳지 못해 근심하던 차에 둘째아들 김문金璊이 아들을 낳자 제사를 받들 봉사손이 될 손자를 둔 것에 대한 감격을 표현했다.

제사와 관련하여 『예기』「제통」祭統 편을 보면, "제사라는 것은 다하지 못한 봉양을 하는 것이고, 효도를 계속하는 것이다"라고 적혀 있다. 조상의 사후에도 살아생전같이 후손이 조상을 모시는 제사는 또 다른 효의 표현인 셈이다. 특히 조선 후기로 갈수록 피의 가깝고 멂에 따라 적자嫡子와 지자支子로 나뉘는 종법宗法 질서가 강화되면서 조선 후기에 조상의 제사를 지낼 사내아이의 유무는 양반에게 매우 중요한 문제였다. 물론 그 자손이란 첩의 자식이나 비공식적인 경로를 통한 경우가 아닌, 흠이 없는 배우자와의 사이에서 난 적장자여야 한다는 전제가 있었다. 그렇지 못하면 집안 내에서 흠 없는 양자를 들여서라도 대를 이어야 했다. 다시 '부안 김씨' 집안의 고문서로 돌아가 보자.

종가宗家에서 제사를 받드는 법은 예문禮文에 소상히 밝혀져 있듯이 매우 중하고 엄하다. 그래서 봉사전민奉祀田民을 많이 마련하여 전적으로 종가에서만 제사를 받들도록 했고 여러 아들은 제사를 번갈아 가며 지내지 못하도록 했다.

그러나 우리나라는 종가의 법이 무너진 지 오래되었다. (그래서 예법을 안다고 하는) 사대부 집안에서조차 여러 아들에게 (제사를) 윤행시키는 것이 하나의 관행처럼 되어 버렸다. 실정이 그러하니 이를 (하루아침에) 바꾼다는 것은 어려운 일이다.

그런데 딸들은 출가한 이후에는 곧바로 다른 가문의 사람이 되어 버리니 그 지아비를 따르는 도리가 (다른 무엇보다도) 중요하다. 그렇기 때문에 성인들이 예법을 만들면서 출가한 딸은 한 등급 낮추었으며 정과 도리 모두를 가볍게 했다. (그럼에도 불구하고) 세간의 사대부 집안에서 제사를 사위에게 돌려 가며 지내도록 하는 경우가 매우 많다.

내가 일찍이 살펴보니, 다른 집안의 사위와 외손들이 (제사를) 서로 미루다가 빼먹는 경우가 많았다. 또 비록 제사를 지낸다 해도 제물을 정결하게 마련하지 못하고 예를 정성과 경외의 마음 없이 행하니 (그렇게 제사를 받들 바에야) 차라리 지내지 않는 것이 더 나을 정도였다.

그래서 우리 집에서는 일찍이 이 일을 아버지께 아뢰어 정하고 또 우리 형제들이 충분히 논의하여 결정했으니 (이제부터는) 제사를 결단코 사위나 외손의 집에 윤행시키지 말라. 그리고 이를 정식으로 삼아 대대로 준행토록 하라.

아비와 자식 사이의 정리라는 면에서 보면 아들과 딸 사이에 차별이 있어서는 안 되겠지만 (딸들은 출가하여 멀리 떨어져 살기 때문에 부모) 생전에 봉양할 방법이 없고 (또) 사후에 제사의 예마저 차리지 않는데 어찌 유독 재산만은 (제사를 지내는) 남자 형제와 균등하게 나누어 가질 수 있겠는가? 그러므로 딸들은 (이제부터 남자 형제들이 물려받는) 재산의 삼분의 일만 나누어 갖도록 해라.[8]

이 기록을 보면, 종법이 지켜지지 않는 현실을 개탄하며 제사를 지내지 않는 사위나 외손에게 재산을 분배하지 말 것을 강하게 언급하고 있다. 딸마저도 혼인 후 멀리 떨어져 살기 때문에 생전에 봉양도 하지 않고, 사후에는 제사를 지내지 않으면서 재산을 원하는 것은 도리에 맞지 않는다고 한다. 즉 자식이 재산을 상속받는다는 것은 살아생전에 부모를 봉양하고 사후에는 제사를 지내겠다고 약속하는 것이다. 17세기 중반 이전의 우리 사회에서는 아들이나 딸을 구분하지 않고 균등하게 재산을 분배했다. 물론 재산을 분배받은 후손은 제사를 돌아가며 지냈는데, 이를 윤회봉사 輪回奉祀라고 한다.

양반 사회에서의 여성

부모를 봉양하고 제사를 지내는 것은 아름다운 풍속이다. 그러나 이러한 풍속이 남성, 그중에서도 적장자 중심의 사회를 만들어 간 측면도 있다. 앞서 언급한 대로, 대를 잇고 제사를 지내기 위해서는 흠 없는 여자가 낳은 사내아이가 반드시 필요했다. 사내라도 흠이 있는 아이는 종법에 어긋나 제사에 참여할 수 없었기 때문이다. 그래서 조선시대 남자들은 흠 없는 사내아이를 얻기 위해 여러 차례 혼인하기도 했다. 조선 후기를 살았던 무반 가문인 노상추 집안의 혼인을 살펴보면, 아버지 노철盧哲은 쉰 또는 쉰한 살에 세 번째 혼인을 했고, 노상추도 열일곱 살에 초혼·스물세 살에 재혼·스물아홉 살에 삼혼을, 동생인 노상근盧尙根도 열아홉 살에 초혼, 스물다섯 살에 재혼을 했다. 여성이 아이를 낳다 죽는 경우도 많았지만, 자손을 낳아 대를 이어야 하는 의무 아닌 의무가 존재한 탓이었다. 50대 이후에는 대개 혼인하지 않았는데, 이는 아이를 낳을 의무가 사라진 덕이다. 그때는 첩을 두어 생활하면 되었다.

반면에 여성은 재혼이 불가능했다. 20대 중반의 나이에 요절한 노상추의 맏형 노상식의 처는 재혼하지 않고 노씨 집안에서 평생을 수절하면서 살았고, 하회로 시집갔다가 4년 만에 청상과부가 된 노상추의 여동생 또한 재혼하지 않고 시댁이 있는 하회에서 생활했다.[9] 여성은 제사를 지낼 필요도 없었고 가문의 대를 이을 자격도 없었기 때문에 굳이 재혼이 필요하지 않았던 것이다.

『영국화가 엘리자베스 키스의 코리아 1920~1940』에는 아이 낳는 일을 다음과 같이 설명하고 있다.

유교 정신이 투철한 한국 사회에서는 자식을 낳아 대를 잇는 것이 아주 중요한 일이다. 때로는 미성년자도 중매 결혼을 하며 열일곱 살이 되기 전에 아기를 가지기도 한다. 대가 끊긴다는 것은 가문의 비극이므로, 남자도 그렇지만 여자도 그것을 피하려고 최선의 노력을 다한다. 의사 말에 따르면, 어떤 여자는 무려 열두 번을 임신했는데, 번번이 해산하다가 유산했다. 주위의 모든 사람들이 이제는 단념하라고 했지만, 그 여자는 죽는 한이 있어도 대를 끊어지게 할 수는 없다며 또 임신을 했고, 출산일이 다가오자 마지막 희망을 품고 시어머니와 친구들이 동대문 부인 병원으로 그 임산부를 데리고 왔다. 그녀는 의사의 마취를 받고 무사히 해산을 했는데, 너무 기뻐서 출산 나흘 만에 병원에서 도망치려 했다. 그녀는 너무 기쁘고 자랑스러워서 빨리 아기를 가족에게 보여 주고 싶었던 것이다. 아쉽게도 아기는 딸이었지만![10]

조선 말기의 모습이지만, 대를 잇는다는 것이 여성에게 얼마나 고통스러운 일인지 알려 준다. 대를 잇는 일이 자신의 목숨보다 중요했던 것이다. 그만큼 조선은 여성에게 불리한 사회였다. 조선 말기 여인들의 고달픈 삶은 『꼬레아 꼬레아니』에서도 읽을 수 있다.

한국 여인의 삶은 상상할 수 없을 만큼 불행하다. 한번 아버지의 집에서 나와 남편의 집으로 온 여인은 아주 노예가 되어 버린다. 그것도 남편의 하녀뿐 아니라 남편 어머니의 하녀까지 되는 것이다. 한국 시어머니의 권한이 무엇인지 잘 모르는 사람들은 그들이 어떠한 사람인지 진정으로 안다고 말할 수 없다. 시어머니는 집안의 여왕이다. …… 일반적으로 며느리는 자신 또한 곧 시어머니가 되고 아들의 장래 부인에게 복수하려는 희망에 위안을 받아 매우 끈기 있게 참아낸다. 또한 이러한 현상은 한국에서 혼인이 그렇게 어린 나이에 이루어지는 이유를 설명해 준다. 실제로 혼인을 독촉하는 것은 어머니가 빨리 시어머니가 되고자 하기 때문이다. 세상의 어느 나라도 한국에서처럼 엄격하게 여인들을 격리시키는 곳은 없다. 양반층의 여인이건 중류층의 여인이건 간에 집에서 나가는 일이 결코 없으며 할 수 없이 외출해야 할 때에는 반드시 완전히 차단된 가마를 이용해야 했다. 길가에서 볼 수 있는 얼마 안 되는 여인들은 모두 사회적으로 최하층에 속하는 사람들이며 이들 또한 대체로 얼굴을 가리고 있다.[11]

외국인의 눈에는 결혼한 여성이 남편 혹은 시어머니의 노예나 하녀로 비쳤던 것이다. 결혼한 여성이 어서 빨리 자신 또한 시어머니가 되어 며느리에게 동일한 행위를 하고 싶어 조혼을 시켰다고 보는 까를로 로제티의 견해는 문제의 소지가 있지만, 조선 후기 여성의 삶에 많은 제약이 가해졌음은 부정할 수 없다.

조선시대를 살았던 양반에게 대 잇기와 과거 급제를 통한 가문의 번영은 너무나 큰 부담이었다. 흠 없는 사내아이를 낳아 조상의 제사를 받들게 하고, 과거에 급제해서 관료가 되어 가문을 빛내야 했기 때문이다. 그렇지 못한 양반은 평생, 죄의식 아닌 죄의식을 지닌 채 살아가야만 했다. 그 죄는 남성뿐 아니라 그 집안 여성의 죄이기도 했다.

누군가는 희생해야만 하는 사회

양반이 아들을 낳아 대를 잇고 조상의 제사를 받들며 과거 급제를 통해 집안의 번영을 유지하기 위해서는 노비의 희생이 필요했다. 누군가는 그들이 그런 생활을 할 수 있도록 일해야 했기 때문이다. 앞서 인용된 까를로 로제티의 글을 보면, 양반이 어떠한 종류의 일도 하기 싫어한다면서 양반 중 아무도 생산적인 일에 참여하지 않았다고 지적한다. 양반이 일하기를 거부한 이유는 노동이 자신의 품위를 떨어뜨린다고 믿은 탓이었다. 몰락한 양반일지라도 일을 하기보다는 누군가에게 들붙어 사는 방법을 택할 정도였다. 『청성잡기』青城雜記에서도 그러한 모습을 볼 수 있다.

지금은 양반이 온 나라에 깔려 있으니, 음직도 조상의 공업도 다 끝나고 토지도 노예도 없으며 글도 무예도 익히지 않아 모습과 언동이 평민만도 못한 주제에, 그래도 조상의 훌륭한 유업을 들먹이며 남에게 사역당하는 것을 부끄러워한다. 한갓 남의 땅을 움켜쥐고서 이름만 소작일 뿐이지 자기는 쟁기질도 호미질도 제대로 않고 평민을 부리려 드니, 평민이 그 말

김홍도, 〈풍속화첩〉 중 〈벼 타작〉　양반은 노동하는 것이 자신의 품위를 떨어뜨린다고 믿었고, 누군가는 이 때문에 희생을 해야 했다. 국립중앙박물관 소장.

을 듣겠는가. 이 때문에 농사일에 번번이 때를 놓쳐 땅 주인만 피해를 입게 되며, 땅 주인이 조금이라도 책망하면 마구 욕을 해 대고 그나마 소출도 다 주지 않는다. 사정이 이러하니 땅 주인이 땅을 빼앗지 않을 수 없고, 빼앗을 수 없으면 팔아야 하는데 팔려고 하면 틀림없이 빼앗기게 된다. 이래서 서로 땅을 주지 말라고 경계하는 것이니, 흑립黑笠을 쓴 양반이 어찌 더욱 빈궁해지지 않을 수 있겠는가.[12]

성대중은 영남 지역에서 소작을 주지 말아야 할 세 부류의 사람을 들었는데, 노비, 친구와 더불어 양반을 들고 있다. 양반은 일할 줄도 모르고, 소출도 제대로 주지 않으려고 한다는 것이다. 이를 통해 양반이 얼마나 노동하기를 싫어했는지 알 수 있다. 그런 그들을 대신해 노동할 존재가 필요했고, 그 존재가 바로 노비奴婢였다. 조선시대에는 한번 노비가 되면, 특별한 계기가 없는 한 자손까지도 노비로 살아야만 했는데, 거기에는 다 현실적인 이유가 있었던 것이다.

노와 비는 각각 사내종과 계집종을 가리키는데, 주인의 소유물로 매매가 가능했다. 태조 7년(1398)에 말 한 마리 값이 베나 무명으로 품질이 중간쯤 되는 오승포五升布 400~500필인 반면, 노비는 150필밖에 되지 않자 매매가를 나이 열다섯 이상에서 마흔 이하인 자는 400필, 열넷 이하와 마흔하나 이상인 자는 300필로 정하기도 했다.[13] 노비의 매매가는 조선 후기에 이르기까지 여러 차례 변화가 있었겠지만, 말과 비슷하거나 그보다 못했을 것으로 생각된다.

노비는 그가 속한 양반가의 소유물이었으므로 정상적인 혼인 생활을 유지하기 어려웠다. 혼인을 했다 하더라도 계집종은 주인으로부터 자신의 성性을 지킬 수도 없었고, 사내종도 자기 여자를 지킬 수 없었다. 『청성잡기』의 글을 보자.

> 사내종이 그 주인을 따라 봄에 언 강을 건너고 있었는데 주인이 물에 빠졌다. 하인이 주인 상투를 붙잡아 반쯤 끌어올리다 말고는 그에게 다짐을 받았다.
> "나리께서는 또다시 눈을 헤치고 벗을 만나러 가시겠습니까?"
> "아니네."
> "제 처를 건드리겠습니까?"
> "아니, 아니네."
> 약조를 받고서야 주인을 끌어올렸다.[14]

종이 주인이 물에 빠지자, 먼저 구해 주기보다는 눈길에 친구를 만나지 말 것과 자신의 처를 희롱하지 말 것을 요구한다. 주인의 목숨을 담보로 내건 두 가지는 현실적으로 사내종에게 너무나 참기 힘든 고통이었을 것이다. 『청성잡기』의 저자인 성대중은 이에 대해 "눈길을 헤치고 벗을 만나러 가는 것은 주인에게는 흥취 있는 일이지만, 하인에게는 제 계집을 희롱하는 것보다 더 괴로운 일이었다. 이는 혹독한 추위를 견디기 어려워서였다"라고 적고 있다. 하지만 사내종은 자신의 처를 희롱하지 말 것도 조건으로 내걸고 있다. 자기 처의 성을 지켜 주고 싶은 남편의 마음이 아니겠는가. 물론 노비가 이와 같이 과감하게 행동하는 경우는 거의 없었을 것이다. 조선 후기에는 양반의 풍요로운 삶을 위해서 누군가 희생하는 것이 당연하게 받아들여졌기 때문이다.

사람의 삶은 변하지 않는다

　조선시대를 중심으로 양반이 태어나서 죽을 때까지의 삶을 살펴보았다. 요즘 사람들이 태어나서 돌잔치를 한 후 학교를 다니고 결혼을 하고 직장을 다니듯, 옛날 사람들도 돌잔치를 하고 결혼을 하고 서당을 다니다가 과거에 급제한 후 관직에서 일했다. 물론 이들 중 행운아는 회갑과 회혼례 그리고 회방연까지 누렸을 것이다.

　요즘 사람들이 좋은 직장 혹은 남이 갖고 싶어 할 만한 직업을 갖기 위해 노력하듯이 조선시대 사람들도 과거 급제를 통해 남이 부러워할 만한 관직을 얻으려고 부단히 애썼다. 전근대에는 선망받는 직업의 범위가 지금보다 좁았기 때문에 나름대로 힘들었을 것이다. 관직에 나간 사람도 관직을 유지하고 승진하기 위해 윗사람에게 아첨도 하고 자신에게 해가 되는 사람에게는 냉정하게 등도 돌렸을 것이다. 조선시대의 양반은 가문의 영광을 위해 과거에 합격해야 했고, 그 관문을 넘어서지 못한 사람은 언제나 개인 차원의 자책 말고도 조상 앞에 죄인으로 살아야만 했다. 고위 공무원이 되어 권력과 명예를 얻고자 하거나 돈을 많이 벌기를 바라는 현대인의 삶과 별반 다르지 않았으리라.

　사람이 사는 모습은 크게 변하지 않는다. 물론 사용하는 도구가 바뀌거나 주거지의 형태가 달라지는 등의 외형적인 변화가 없었던 것은 아니다. 그에 따라 생활 방식도 조금씩 변했을 것이다. 그러나 집안을 책임지는 가장으로서, 생계 도모 또는 출세를 위해 번뇌하는 인간으로서의 삶은 지금과 무엇이 크게 다르겠는가.

미주

1장

1 『養兒錄』,「穜醣文」.
2 허인욱 외 2인이 1995년 12월 2일부터 9일까지 전북 남원시 수지면에서 조사한 내용이다. 이하 동일하다.
3 정종수, 『사람의 한평생』, 학고재, 2008.
4 『養兒錄』 星州城東南底玉山里.
5 한국문화상징사전편찬위원회, 『한국문화상징사전』, 동아출판사, 1992.
6 한국문화상징사전편찬위원회, 『한국문화상징사전』, 동아출판사, 1992.
7 『文宗實錄』 卷3, 文宗 卽位年 9月 8日.
8 한국문화상징사전편찬위원회, 『한국문화상징사전』, 동아출판사, 1992.
9 『慕堂年譜』,「慕堂年譜」.
10 『星湖僿說』 卷4, 萬物門 南草.
11 『荷齋日記』 1892年 12月 30日.
12 『靑莊館全書』 卷4, 題阿弟所學字卷末.
13 『陽村先生文集』 卷5, 憶黔童.
14 『陽村集』 卷首, 陽村先生年譜.

2장

1 『高麗圖經』 卷40, 儒學.
2 『東國李相國全集』 卷16, 古律詩 謝申大丈教授愚息澄.
3 『成宗實錄』 卷15, 成宗 3年 2月.
4 『正祖實錄』 卷5, 正祖 5年 11月.
5 『順菴先生文集』 卷27, 行狀 歙谷縣令獨坐窩金公行狀.
6 『里鄉見聞錄』 卷1, 竹軒 安光洙.
7 강명관, 『조선의 뒷골목 풍경』, 푸른역사, 2003.
8 이옥의 글은 실시학사 고전문학연구회에서 역주한 『이옥전집』, 소명출판, 2001을 참조했으며,

이후에도 동일하다.
9 『國朝寶鑑』卷38, 孝宗 10年 2月.
10 김구의 글은 돌베개에서 2005년에 간행한 『쉽게 읽는 백범일지』를 이용했으며, 이후에도 동일하다.
11 임동권, 『한국민요집』5, 집문당, 1974.
12 이종필, 「서당풍속에 관한 연구」, 강원대 교육학석사학위논문, 2005.
13 『荷齋日記』癸巳 2月 21日.
14 『鶴峯先生文集』卷7, 行狀 先考成均生員府君行狀.
15 심미정, 『조선후기 서당교육』, 인제대 교육학석사학위논문, 2005.
16 『太宗實錄』卷7, 太宗 7年 3月.
17 『海東竹枝』中編, 跳索戲.
18 권태훈 구술·정재훈 엮음, 『천부경의 비밀과 백두산족 문화』, 정신세계사, 1989.
19 『寄齋雜記』卷2, 歷朝舊聞 2 中宗.
20 『養兒錄』, 「撻兒嘆」.
21 『弘齋全書』卷101, 經史講義38 易1 蒙之爲卦.
22 『慵齋叢話』卷9, 金君懼知字謹夫.
23 『弘齋全書』卷11, 講說引.
24 『海東竹枝』中編, 罷接禮.
25 조용진, 『동양화 읽는 법』, 집문당, 1989.
26 『燃藜室記述』卷18, 宣祖朝故事本末 宣祖條의 相臣.
27 이종필, 『서당풍속에 관한 연구』, 강원대 교육학석사학위논문, 2005.

3장

1 『經國大典』卷3, 禮典 婚嫁.
2 『順菴集』卷14, 雜著 壻行儀.
3 『白湖全書』卷31, 雜著 婚禮.
4 『京都雜誌』卷1, 風俗 婚儀.
5 『順菴集』卷14, 雜著 婚禮酌宜 壻行儀.
6 『順菴集』卷14, 婚禮酌儀 壻行儀.
7 한국문화상징사전편찬위원회, 『한국문화상징사전』, 동아출판사, 1992.
8 『京都雜誌』卷1, 風俗 婚儀.

9 조용진,『동양화 읽는 법』, 집문당, 1989.
10 엘리자베스 키스, 송영달 옮김,『영국화가 엘리자베스 키스의 코리아 1920~1940』, 책과함께, 2006.
11 『靑莊館全書』卷20, 應旨各體, 金申夫婦傳.
12 한국문화상징사전편찬위원회,『한국문화상징사전』 2, 동아출판사, 1992.
13 조용진,『동양화 읽는 법』, 집문당, 1989.
14 『沙溪全書』卷26, 家禮輯覽 冠禮.
15 『閨閣叢書』4, 牛亨問答 雁.
16 『海東竹枝』中篇, 東床禮.
17 『李鈺全集』奴婢紅裙.
18 『京都雜誌』卷1, 風俗 婚儀.
19 이광규,『한국인의 일생』, 형설출판사, 1985; 정종수,『사람의 한평생』, 학고재, 2008.
20 정종수,『사람의 한평생』, 학고재, 2008.
21 『沙溪全書』卷26, 家禮輯覽 昏禮 婦見舅姑.
22 『溪西野談』卷6, 市北南政丞以雄條.

1장

1 전경목,「조선후기 지방유생들의 修學과 과거 응시―권상일의『淸臺日記』를 중심으로―」『史學硏究』88, 2007.
2 『經國大典』卷3, 禮典 諸科.
3 『錦溪日記』6月 1日.
4 『睿宗實錄』卷6, 元年 6月 11日 禮曹啓.
5 『中宗實錄』卷85, 中宗 32年 8月 2日.
6 『錦溪日記』6月 초2日.
7 『英祖實錄』卷7, 英祖 元年 8月 4日 諫院正言朴奎文申前啓.
8 『經國大典』卷3, 禮典.
9 『經世遺表』卷15, 春官修制, 科擧之規 1.
10 『遣閑雜錄』科場借述.
11 이원명,『조선시대 문과급제자 연구』, 국학자료원, 2004.
12 『盧尙樞日記』1, 1779年 8月 30日.『盧尙樞日記』는 이하 국사편찬위원회, 2005 간행본을 이용했다.

13 허인욱,「『關西武士試取榜』의 弄槍과 梨花槍」『體育史學會誌』13, 2004.
14 유홍준,『풍속화』, 중앙일보사, 1985.
15 허인욱,『옛 그림에서 만난 우리무예풍속사』, 푸른역사, 2005.
16 『盧尙樞日記』1, 1779年 9月 20~22日.
17 허인욱,『옛 그림에서 만난 우리무예풍속사』, 푸른역사, 2005.
18 심승구,「조선시대 무과에 나타난 궁술과 그 특성」『학예지』7, 육군사관학교 육군박물관, 2000.
19 『文宗實錄』卷8, 文宗 元年 7月.
20 허인욱,『옛 그림에서 만난 우리무예풍속사』, 푸른역사, 2005.
21 『盧尙樞日記』1, 1780年 3月 21日.
22 『端宗實錄』卷5 端宗 元年 2月 己亥.
23 『林下筆記』卷23, 文獻指掌編 探花郞.
24 『薊山紀程』卷5, 附錄 科制.
25 이 글에서 인용한「한양가」는 강명관,『한양가』, 신구문화사, 2008을 참고했다. 이하 동일하다.
26 『溪西野談』卷6, 五峰李僖公好閔.
27 『海東竹枝』中篇, 唱新.
28 『高麗圖經』卷19, 民庶 進士.
29 『寄齋雜記』2, 歷朝舊聞2 中宗.
30 이원명,『조선시대 문과급제자 연구』, 국학자료원, 2004.
31 『京都雜誌』卷1, 風俗聲伎.
32 『京都雜誌』卷1, 風俗遊街.
33 이규태,『깨어라 코리아』, 신태양사, 1988.
34 『經世遺表』卷15, 夏官修制 武科.
35 『荷齋日記』癸巳 5月 27日.
36 『부안김씨우반고문서』분재기16, 한국정신문화연구원, 1983. 이 문서의 해석은 전경목,『고문서를 통해 본 우반동과 우반동 김씨의 역사』, 신아출판사, 2001을 참고했다. 이하 동일하다.
37 『부안김씨우반고문서』분재기17, 한국정신문화연구원, 1983.

5장

1 토지박물관 소장.
2 『中宗實錄』 卷21, 中宗 9年 11月 15日.
3 『太宗實錄』 卷33 太宗 17年 3月 丙辰.
4 『明宗實錄』 卷14, 明宗 8年 3月 11日.
5 『成宗實錄』 卷199, 成宗 18年, 正月 甲子.
6 『中宗實錄』 卷97, 中宗 36年 12月 10日.
7 토지박물관 소장.
8 면신례와 관련해서는 박홍갑, 「조선시대 면신례 풍속과 그 성격」, 『역사민속학』 2, 2000(285쪽)에서 많은 도움을 받았다.
9 『寄齋史草』 上, 朴錦溪東亮著 辛卯史草 5月.
10 『京都雜誌』 卷1, 風俗呵導.
11 장지영·장세경, 『이두사전』, 정음사, 1976.
12 李錫浩, 『朝鮮歲時記』, 東文選, 1991.
13 『林下筆記』 卷25, 春明逸史 玉牌沿革.
14 『世宗實錄』 卷97, 世宗 24年 9月 19日.
15 『燕巖集』 卷1, 煙湘閣選本 咸陽郡興學齋記.
16 『潛谷先生遺稿』 卷13, 神道碑銘 贈左贊成謚忠肅白公神道碑銘.
17 이규태, 『깨어라 코리아』, 신태양사, 1988.
18 『燕山君日記』 卷9, 燕山君 元年 10月 7日.
19 『端宗實錄』 卷3, 端宗 卽位年 閏9月 2日.
20 『成宗實錄』 卷140, 成宗 13年 4月 1日.
21 『林下筆記』 卷23, 文獻指掌篇 致士書.
22 『禮記』 曲禮 上.
23 『顯宗實錄』 卷15, 顯宗 9年 11月 27日.

6장

1 『林下筆記』 卷32, 旬一編.
2 『弘齋全書』 卷178, 日得錄 18 訓語 5.
3 『順菴集』 卷19, 題後 題族弟聖弼壽席詩帖後(辛丑).

4 『靑莊館全書』卷10, 雅亭遺稿2 賀人夫婦周甲.

5 『勉菴集』卷2, 詩 晬日志感.

6 『修堂集』卷5, 序 兪都正六十一歲壽序.

7 『荷齋日記』甲午 5月 初1日.

8 『海東竹枝』中篇, 回婚禮.

9 『宋子大全』卷88, 答權致道 別紙.

10 『茶山詩文集』卷12, 回巹宴宴壽樽銘.

11 『海東竹枝』中篇, 回婚禮.

12 『조선시대 기록화의 세계』, 고려대학교박물관, 2001.

13 『肅宗實錄』卷58, 肅宗 42年 9月 16日.

14 『陶谷集』卷17, 墓誌銘 工曹判書李公墓誌銘 幷序.

15 『日省錄』正祖 10年 3月 任戌.

7장

1 백성현·이한우, 『파란 눈에 비친 하얀 조선』, 새날, 1999.

2 유권종, 「유교의 상례와 죽음의 의미」 『철학탐구』 16, 2004.

3 까를로 로제티, 서울학연구소 옮김, 『꼬레아 꼬레아니』, 숲과나무, 1996.

4 정종수, 『사람의 한평생』, 학고재, 2008.

5 『惺所覆瓿稿』卷25, 說部4 惺叟詩話 河西亡後條.

6 『肅宗實錄』卷43, 肅宗 32年 6月 13日.

7 『鶴峯先生文集』卷6, 雜著 我國喪禮.

8 『澤堂先生別集』卷16 雜著 家誡.

9 『順菴集』卷14, 雜著 追錄.

10 『顯宗改修實錄』卷2, 顯宗 卽位年 12月 4日.

11 『肅宗實錄』卷65, 肅宗 46年 6月 9日.

12 『茶山詩文集』卷11, 論 孝子論.

13 『世宗實錄』五禮 凶禮序例.

14 정종수, 『사람의 한평생』, 학고재, 2008.

15 『荷齋日記』壬辰陰晴錄 1月 19日.

16 『荷齋日記』2, 壬辰陰晴錄 1月 22日.

17 『春亭集』追補 祭文.

18 『澤堂先生別集』卷16, 雜著 家誡.
19 국사편찬위원회 편, 『상장례, 삶과 죽음의 방정식』, 두산동아, 2005.
20 『溪西野談』卷6, 魚文貞公世謙 字子益條.
21 『聞韶漫錄』麗季鄭圃隱.
22 『宋子大全』附錄 卷2, 年譜1.

에필로그

1 宋俊浩, 『朝鮮社會史研究』, 一潮閣, 1987.
2 『星湖僿說』卷9下, 嶺南.
3 宋俊浩, 『朝鮮社會史研究』, 一潮閣, 1987 참조.
4 『연암집』 권8, 별집 방경각외전放璚閣外傳 양반전兩班傳. 이하 동일하다.
5 전경목, 「조선후기 지방유생들의 修學과 과거응시 — 권상일의 『淸臺日記』를 중심으로」, 『史學研究』 88, 2007.
6 禹仁秀, 「조선 숙종조 科擧 부정의 실상과 그 대응책」, 『韓國史研究』 130, 2005.
7 『부안김씨우반고문서』 분재기12, 한국정신문화연구원, 1983.
8 『부안김씨우반고문서』 분재기7, 한국정신문화연구원, 1983.
9 문숙자, 『68년의 나날들, 조선의 일상사』, 너머북스, 2009.
10 엘리자베스 키스·엘스펫 K. 로버트슨 스콧 지음, 송영달 옮김, 『영국화가 엘리자베스 키스의 코리아 1920~1940』, 책과함께, 2006.
11 까를로 로제티, 서울학연구소 옮김, 『꼬레아 꼬레아니』, 숲과나무, 1996.
12 『靑城雜記』卷4, 醒言 嶺南畜田土者.
13 『太祖實錄』卷14, 太祖 7年 6月 壬戌.
14 『靑城雜記』卷4, 醒言 奴從其主涉春冰而主陷焉.

* 이 책에 수록된 모든 중앙국립박물관 소장 도판의 허가번호는 **중박 201003-96**입니다.